長沙走馬樓三國吳簡

竹簡〔貳〕

(下)

長沙簡牘博物館
中國文物研究所
北京大學歷史學系
走馬樓簡牘整理組 編著

文物出版社

釋文

一　□中里户人公乘蔡威年五十五　妻姑年卌九

二　·右坑家口食二人

三　·右家口食二□

四　□□里户人公乘蔡客年卌六　妻大女汝年卌九

五　〼右元家口食二人

六　〼米二百九十七斛七斗七升〼

七　·右若家口食〼

八　〼　右平鄉入租米十六斛

九　小武陵鄉謹列嘉禾五年限佃□户口食人名簿

一〇　·右衣家口食二人

一一　右陰家口食二人

一二　義成里户人公乘壬署年卌一

一三　□里户人公乘潘蘇年七十一

一四　右士家口食□人

一五　右□家口食□人　〼

一六　〼……租米□□斛□□□升……

一七　〼　右□□家……〼

一八　右□□口食□□

一九　〼據付倉吏黄諱史番慮受

二〇　入廣成鄉私學限米四斛〼

二一　〼米十六斛〼〼

二二　□□里户人公乘高……　〼

二三　右十一人應（?）□户□　〼

二四　入西鄉嘉禾元年税米一斛九斗〼嘉禾元年十一月三日唐下丘大男

二五　陳文關（?）〼

二五　〼黄龍元年私學限米……〼

二六　入模鄉嘉禾元年……〼

二七　〼米卅斛〼嘉禾元年三月□□卅日□下丘大男□〼

二八　入都鄉嘉禾元年租米五斛□〼

二九　〼……關邸閣郭□付倉吏黄諱……

三〇　安陽里户人公乘孫陶年卅七　妻大女思年廿六

三一　富貴里户人公乘吴□年卅□　妻大女汝年廿九

三二　新造里户人公乘貿巡年卅二　妻大女逴年卅

三三　·右都鄉士妻子租米廿斛七斗

三四　〼五十五　贛妻秋年卅九　贛小女姑年三歲

三五　□集凡小武陵西二鄉新住限佃客卅四户口食卅一人故户中□

三六　·其二千五百九十二斛一斗一升六合五勺□斛米

三七　彈溲里户人公乘唐啓（?）年六十二　中　妻應年五十一

【注】「中」字爲紅色筆蹟。

三八　右□家口食二人

三九　右□家口食□人

四〇　其□鄉吏□□□□

四一　右廣成鄉入吏帥客限米六斛七斗五升

四二　入南鄉嘉禾元年租米二斛四斗〼嘉禾元年十一月廿一日□象丘男〼

四三　·其一户口食一人下□□□傳送詣宫

四四　·其一千三百五十斛四斗五升黄龍三年吏帥客限米

四五　·右惕家口食二人

四六　□貴里户人公乘龔士年卅□　妻大女宋（?）年卅九

四七　□民還黄龍元年□□平斛米一斛二斗七升□□□□八月十五日付

大□丘□

四八　斗四合……郭……

四九　右西鄉入佃帥限米十八……

五〇　其卌三斛……黄龍三年……限米〼

五一　家屬可詭責者已列言依癸卯書原除

五二　·右中鄉入司馬黄松限米一百五斛

☒斛四斗乂嘉禾三□……☒　五三
記□護緒稟功曹□佐齎詣府勿失限日分别言郡督軍都尉　五四
　其卅三斛一斗六升三州倉米　五五
常遷里户人公乘烝稠年廿二☒　五六
☒……斛嘉禾元年四月□日……☒　五七
小赤里户人公乘潘奴年廿　妻阿年☒　五八
　右儀家口食二人　五九
入嘉禾元年新吏限米四百五十九斛二斗□□　中　六〇
　•其八十九人應射家貧窮不□兵弩乞請官　六一
☒•右驚家口食三人　六二
　•右□家口食☒　六三
☒禾三年正月十日桑（？）丘男子廖瞻關邸閣李嵩付倉吏黄諱史
番慮　☒　六四
　•右愁家口食六□　☒　六五
　右堤家口食五人　六六
　•其二斛□斗黄龍二年大豆租　六七
　右□家口食□□　六八
洹（？）里户人公乘周倉年五十五　妻大女湛（？）年卅七　六九
☒五千一百□十□斛□□升□□合二勺
米二萬八千三百一十斛六斗四升□□一勺　七〇
【注】此簡二行，右行右側殘損嚴重。
五唐里户人公乘周尊年八（？）十二　七一
　右怒家口食三人　七二
……户人公乘程（？）塼年卅五　妻大女黄年卅一　七三
……六月十六日吏□典田掾□□　七四
宜陽里户人公乘潘衣年卅九　妻大紫年卅五　七五
【注】依文例，「大」下脱「女」字。
入都鄉嘉禾元年租米十斛乂嘉禾元年十一月十一日州吏董宣關邸
閣郭據付倉吏黄諱史潘慮受　七六
右□家口食三人　七七
春平里户人公乘潭澤年卅五　妻大女休年卅一　七八
　其一斛四斗五升黄龍二年佃爲限米　七九
吉陽里户人公乘李堤年卅　妻大女服年廿五　八〇
　•右鐵家口食二人　八一
☒　……十八斛一斗黄龍三年吏帥客限米　八二
　•右䐁家口食二人　八三
【注】「䐁」，《集韵·獮玉韵》：「篆也。」《莊子·達生》「䐁楯」成玄英《疏》：「䐁，畫飾也。」音zhuàn。
富貴里户人公乘鄭米（？）年六十七　妻大女汝年六十一　八四
　•右雜米三千二百七十四斛二升三合……别……　八五
　•右□家口食□人……　八六
　右新入雜米一千一百廿一斛□斗　八七
　•其□斛□斗□□黄☒　八八
入模鄉二年税米二☒　八九
☒乂嘉禾元年十一月十五日咩丘男子信岑關邸☒　九〇
☒龍二年……☒　九一
☒萬八千四百六十二斛二斗四升二合黄龍三年税米　九二
☒□斛九斗四□船師張……☒　九三
☒□閣李嵩付倉吏黄諱潘慮　九四
□□米　九五
□九斛七斗　九六
□黄龍三年税米☒　九七
☒□一斛八斗□升黄龍□年租米　九八
☒其一百斛五斗一升監運□□□度漬米　☒　九九
☒户人公乘張愓年廿五　妻大女□年十八　一〇〇
平眺里户人公乘□□年五十□　妻大女□年□□　一〇一

·右西鄉入租米十九斛七斗　一〇二

嘉禾元年□□米五斛二升嘉禾元年三月十五日付大男……　一〇三

安陽里户人公乘李□年卅□　妻□年卅六　一〇四

其廿九斛……　一〇五

□□里户人公乘雷怒年廿七　妻大女姑年廿六　一〇六

·其二斛六斗黃龍三年□□□□米　一〇七

·其十三斛四斗☑　一〇八

·其廿一斛☑　一〇九

☑……客軍雜□合一斛☑　一一〇

□□里户人公乘唐䖍年卌　妻大女汝年☑　一一一

☑圖郭據付倉吏黃諱史潘慮受　一一二

☑邸閣李嵩付倉吏黃……☑　一一三

☑〓嘉禾元年☑　一一四

入都鄉嘉禾元年雜米一斛□斗〓☑　一一五

☑元年税米一斛五斗　●　☑　一一六

☑倉吏黃諱潘慮受　一一七

☑□二年租米一斛三斗二升〓嘉禾三年正月四（？）日□□州吏□關邸閣……黃諱……　一一八

入都鄉嘉禾元年税米二斛三斗五升〓嘉禾□年二月廿五日乘（？）丘張三（？）關邸閣……倉吏黃諱潘慮□　一一九

【注】「二斛」的「二」字，上横下似有一短横。

入中鄉嘉禾二年舊米一斛六斗〓嘉禾三年正月十三日三須丘男子鄧震（？）關邸閣李嵩付倉吏黃諱潘慮受　一二〇

其廿斛黃龍三年□民限米　一二一

☑……年税米二斛二斗〓嘉禾三年正月十二日必戀丘男子潘大關邸閣李嵩付倉吏黃諱潘慮　一二二

☑鄉入租米七百一（？）十九斛三斗四升　☑　一二三

·其一斛員口漬米　☑　一二四

入廣成□……嘉禾元年二月十八日……　一二五

右都鄉入火種租米二斛六斗　一二六

☑〓嘉禾三年正月八日租下丘李詘關邸閣李嵩付倉吏黃諱番慮　一二七

☑租米三斛六斗〓嘉禾三年正月七日戀中丘大男張才關邸閣李嵩付倉吏黃諱潘慮　一二八

【注】右側有另一份莂券殘劃。説「戀中丘」之「戀」應釋爲「變」。

右諸鄉入火種租米十一斛八斗　一二九

·右小武陵鄉☑　一三〇

☑□郡吏區奇黃龍二年鹽□米☑　一三一

☑入火種租米八斛二斗　一三二

☑……客限米卅二斛二斗六升　一三三

☑嘉禾年限米四斛〓嘉禾三年正月四日緒中丘私學李近關邸閣李嵩☑　一三四

【注】上段之「嘉禾」下脱年份數。

☑□付倉吏□諱……　一三五

☑□付倉吏黃諱史潘慮　一三六

☑……丘陳□關邸閣……☑　一三七

☑……斛〓嘉禾三年三月二日男子費菊（？）關邸閣☑　一三八

□民無有家屬可詭責者已列言依癸卯書原除　一三九

入黃龍三年佃卒限米□斛二斗一升　●　一四〇

入黃龍三年□雜米五斗　☑　一四一

☑　·其……税米☑　一四二

·□□斛郡吏□□黃龍……☑　一四三

□四千二百卌四□五升□……黃龍三税米　一四四

【注】依文例「三」下脱「年」字。

右倉家口食二人　一四五

·右西鄉入佃□限米十斛□斗　一四六

☑□□□□□限米二斛五斗二升〓嘉禾元年□月十二日楊溲丘蒴陶（？）關邸閣李嵩付倉吏黃諱潘慮　一四七

右諸鄉入屯田司馬黃松限米一百五十五斛　一四八

富貴里户人公乘費可（？）年六十　妻大女貞年卌九　一四九

☒……丘□□關邸閣李嵩付倉吏黃諱潘慮　一五〇

☒正月十日□☒　一五一

其卌四斛黃龍元年……米　一五二

……限米一千一百五十四斛八斗四升　一五三

入黃龍元年新吏□□米十六斛……　一五四

□□吏吳宮□□張霸黃龍二年鹽米三□□已入畢付州中倉　•　一五五

入黃龍元年叛士限米十四斛　•　一五六

出黃武四年佃吏□□□□佃禾准米十五斛嘉禾元年十二月十五日☒　一五七

☒□斛一斗〼嘉禾三年正月十日緣中丘大男文□關邸閣□□付倉
吏黃諱潘慮　一五八

☒……五斛九斗□升□合一勺　•　一五九

入嘉禾元年六月簿領餘雜吳平斛米一萬二千□百八十七斛□斗五
升☒　一六〇

☒……〼嘉禾三年正月十一日緣中丘郡吏劉豔關邸閣李嵩付倉吏
黃諱□□　一六一

•其四斛黃龍元年……米　•　一六二

☒廿七斛二斗四升付州中邸閣李嵩倉吏監賢□　一六三

入西鄉嘉禾二年稅米十一斛四斗五升〼嘉禾三年正月八日龍穴丘
苗世關邸閣李嵩付倉吏黃諱史番慮　一六四

•其六（？）斛七斗黃龍二年……　•　中　一六五

☒……〼嘉禾□年十月二日男子廖渚（？）關邸閣□□付倉吏黃
諱吏潘慮　一六六

【注】此簡破莂時左右券分剖不均，下部存右券左半字，左券左半字殘缺。此處衹録左券文字。

……新吏秦……黃武六年粢准米□□黃……　一六七

右西鄉新……限米……　一六八

☒□□〼嘉禾三年正月四日平攴丘大男吳威關邸閣李嵩付倉吏黃
諱潘慮　一六九

•……米三萬五千三百九十斛……☒　一七〇

☒其卌八斛九斗八升黃龍□年新吏……　一七一

☒斛九斗八升　•　一七二

☒……黃龍□年……　•　☒　一七三

☒……一日□□□關邸閣……黃諱潘慮　一七四

☒……黃龍三年□吏限米　☒　一七五

已入三百□十□斛……升　中　一七六

☒租米十六斛〼嘉禾三年正月九日□□丘州吏桓慈家人士關邸閣
李嵩付☒　一七七

其百五斛負者□還宮無有家屬可詭責者已列言依癸　一七八

☒……丘胡公關邸閣李嵩付倉吏黃諱史番慮　一七九

其一百一十五斛負者見詭課貧窮無有錢入已列言依癸卯　一八〇

……年□月……雜□米　一八一

其卅九斛七斗八升□……年□□稅米☒　一八二

右南鄉入吏帥客限米四斛□斗　一八三

☒已入七十五斛……關……嵩……諱潘慮　一八四

右西鄉入佃卒限米五斛　☒　一八五

其六十八斛九斗七升負者見詭課貧窮無有錢入已列言依　一八六

☒禾二年租米十一斛三斗〼嘉禾三年正月十二日緣中丘大男烝昭
關邸閣李嵩付倉吏黃諱潘慮☒　一八七

入平鄉嘉禾三年租米十六斛七斗〼嘉禾三年正月五日僕丘郡吏廖
俊關邸閣董基付倉吏黃諱史番慮　一八八

右都鄉入租米廿七斛六斗八升　一八九

富貴里户人公乘……　妻大女恩年卅九　一九〇

•其九斛九斗……嘉禾二年……　一九一

•右平鄉入私學限米十三斛 ● 一九二
☒斛七斗黃龍元年吏帥客限米☒ 一九三
☒□起嘉禾元年□月十二日訖□日□嘉禾二年租稅雜限米合一千□百六十一斛一斗 一九四
☒東扶（？）里户人公乘李□年廿一 一九五
☒㚒嘉禾三年正月七日唐中丘大男黃肝關邸閣李嵩付倉吏黃諱潘慮 一九六
☒　其一百□斛……黃龍三年…… 一九七
☒……六十三斛三斗 ● 一九八
……其七斛五斗黃龍二年叛士限米…… 一九九
•其卌□斛□☒ 二〇〇
☒　右入黃龍……☒ 二〇一
其二萬九百六十斛六斗七升□☒ 二〇二
☒其六……☒ 二〇三
入中鄉州吏黃□嘉禾元年租米四斛□□㚒嘉禾元年十一月十五日……☒ 二〇四
☒客關邸閣李☒ 二〇五
☒關邸閣李嵩付倉吏黃諱史潘慮受 二〇六
☒□米三□□☒ 二〇七
☒黃龍二年……　☒ 二〇八
☒限米五斛㚒嘉禾三年三月卅日龍穴丘吏周□☒ 二〇九
……斛七斗□黃龍元年縣吏□限米 二一〇
☒……嘉禾元年三月十五日……州中倉□□□ 二一一
☒……限米☒ 二一二
•其八十斛四斗☒ 二一三
☒　其廿一斛五斗五升□☒ 二一四
☒上中下品户數簿 二一五
☒嘉禾元年稅米十六斛五斗㚒嘉禾元年十月一日□☒ 二一六
☒……關邸閣董基吏鄭黑受 二一七
☒□□限米一百八十七斛九斗四升 二一八
☒四百斛☒ 二一九
☒粢米二斛㚒嘉禾三年二月八日□丘□□☒ 二二〇
☒禾二年稅米卌五斛……☒ 二二一
☒右領□雜……☒ 二二二
☒吏黃諱潘慮受 二二三
☒□郡吏區業給稾事□☒ 二二四
出黃龍□年□米五斛一斗嘉禾元年八月十一日……☒ 二二五
☒□□鄉黃龍元年私學限米☒ 二二六
•其一千二百七十斛九斗……☒ 二二七
☒□户下品　☒ 二二八
☒禾元年租☒ 二二九
☒……☒ 二三〇
詭責者起□□☒ 二三一
☒……租役……年稅米☒ 二三二
•右贛家口食三人□☒ 二三三
☒……慮□ 二三四
入小武陵鄉嘉禾元年租米十三斛三斗㚒嘉禾元年十一月十三日□丘☒ 二三五
•右覆家口食二人　訾五十 二三六
☒……民還黃龍二年□稅米 二三七
☒可詭責者依癸卯書原除　中 二三八
入嘉禾二年稅米六百五十七斛四斗八升五合 ● ☒ 二三九
•右度家口食□人 ● 二四〇
其二户口食四人新民應役户 二四一
……九斛四斗四升民還黃龍二年稅米 ● 二四二
富貴里户人公乘文□年卌□　妻大女黃年卅二 二四三

•右躭家口食二人 ▼ 二二四四

入西鄉新□雜米一百一十四斛一斗七升六合 二二四五

右莫家口食一人 二二四六

緖中里户人公乘黃懷年卅二 妻大女合年卅 ▼ 二二四七

•其□萬六百□□□斛□斗七升黃龍三年稅米⧄ 二二四八

頡以其□關邸閣郭據付□黃諱吏潘慮 二二四九

•右七户口食十二人故八户 ⧄ 二二五〇

右小武陵鄉入吏帥客限米十四斛 二二五一

東扶里户人公乘唐若年五十二 妻會年卅九 二二五二

⧄ •其七十八斛九斗黃龍三年□□限米 ▼ 二二五三

詭責已列言依癸卯書原除 二二五四

其十五斛二斗二升黃龍二……漬米 ⧄ 二二五五

□□里户人公乘李馮年五十 妻愛年卅九 二二五六

君教 丞出給民種粻掾烝□如 曹期會掾烝 録事掾谷水校
主簿 省 嘉禾三年五月十三日付三州倉領雜米起
嘉禾元年七月一日訖九月卅日一時簿 二二五七

入都鄉嘉禾元年稅米十七斛〼嘉禾元年十一月十七日大男黃漢關
邸閣郭據付倉吏黃⧄ 二二五八

⧄ □其三斛船師張蓋……折咸米 二二五九

右道家口食二人 ▼ ⧄ 二二六〇

•右文家口食一人 ▼ ⧄ 二二六一

•右□家口食一人 ▼ 二二六二

入船師張蓋折咸米□士斛 二二六三

入黃龍三年□米…… ⧄ 二二六四

⧄……□米 ⧄ 二二六五

⧄鄉嘉禾二年新還民限米七斛四〼嘉禾三年三月七日戀中丘大男
劉元關邸閣李嵩付倉吏黃諱潘慮 二二六六

領黃龍元年私學限米四千五百九十五斛八斗…… 二二六七

⧄佃卒限米五斛〼嘉禾三年三月三日錫丘男子五組關邸閣李嵩付
倉吏黃諱潘慮 二二六八

⧄嘉禾元年二月十三日長坑丘吏唐玉關邸閣郭據付倉吏黃諱潘慮 二二六九

入西鄉嘉禾元年租米十六斛七斗〼元年十一月十三日龍穴丘男子
□□關邸閣郭據付倉吏黃⧄ 二二七〇

入嘉禾元年佃卒限米□百九十五斛四升 二二七一

入模鄉嘉禾元年租米九斛二斗〼嘉禾元年十一月十四日稄丘男子
鄧斗關邸閣郭據付倉吏黃諱史⧄ 二二七二

入都鄉嘉禾元年稅米十五斛五斗二升〼嘉禾元年十一月十七日栗
中丘力田周□鄧□關邸閣郭據付倉吏黃諱潘⧄ 二二七三

⧄□年和米十二斛三斗〼嘉禾三年三月三日上容（？）丘大男魯
仨（？）關邸閣李嵩付倉吏黃諱潘慮 二二七四

入模鄉嘉禾元年稅米五斛〼嘉禾三年正月□日集（？）丘莫（？）
顯（？）關邸閣李嵩付倉吏黃諱史潘慮 二二七五

入都鄉懷溲丘嘉禾□年稅米九十二斛七斗〼嘉禾元年二月八日大
男潘令關邸閣郭⧄ 二二七六

⧄四斗〼嘉禾三年五月五日□田丘……付倉吏黃諱…… 二二七七

入模鄉嘉禾元年租米三斛三斗〼嘉禾元年十一月十五日東山丘郡
吏區邯關⧄ 二二七八

⧄禾二年租米三斛〼嘉禾三年十月九日□樊丘州吏劉習關邸閣李
嵩付倉吏黃諱潘慮受 二二七九

⧄嘉禾二年稅米十八斛〼嘉禾三年五月十三日〓下丘男子鄭升關
邸閣李嵩付倉吏黃諱潘⧄ 二二八〇

【注】「〓」，似爲「龍」字之訛。

入都鄉嘉禾元年稅米十七斛〼嘉禾元年十一月廿五日葩（？）□
丘□黃（？）關邸閣郭據付倉吏黃諱史潘□⧄ 二二八一

▨嘉禾三年五月八日下桯丘男子周秩關邸閣李嵩付倉吏黄諱潘慮　二八二

▨丘郡士租米五斛二斗𠀤嘉禾元年十一月廿六新唐丘謝元關

邸……▨　二八三

【注】「廿六」下脱「日」字。

▨□邸閣郭據付倉吏黄▨　二八四

▨嵩付倉吏黄諱潘慮　二八五

弁差重夫民斫伐□□▨　二八六

▨三人□共出新□□散□百枚……　●　二八七

入嘉禾元年私學限米十九斛三斗七升　二八八

▨□中邸閣李嵩倉吏李金　二八九

▨年税米十三斛三斗𠀤嘉禾二□▨　二九〇

▨□月十二日必（？）戀丘……關邸閣李嵩付倉吏黄諱潘慮　二九一

宜陽里户人公乘李遺年五十　妻大女妾年卌一　二九二

▨租米五斛𠀤嘉禾元年八月□日……關邸閣郭據……慮　二九三

▨年五月二日帛水丘大男區竹關邸閣李嵩付倉吏黄諱潘慮　二九四

▨嘉禾二年助佃吏唐晊限▨　二九五

□曹（？）□如騰□卅□　▨　二九六

富貴里户人公乘吴胡年卅五　妻大女姑年▨　二九七

▨……者若死……户□　二九八

▨……諱史……▨　二九九

▨嘉禾元年□□税米□斛……▨　三〇〇

無有家屬可詭責者已列▨　三〇一

·其一斛五斗五升黄龍二年□佃□限米　三〇二

▨……故户▨　三〇三

▨唐丘縣吏張遠關邸閣郭據付倉吏黄諱潘慮▨　三〇四

掾五葱　□▨　三〇五

▨……　三〇六

【注】此簡左右券分剖不均，致使右側殘存左半字，左側殘存右半字，皆漫漶不清。

▨嘉禾元年□月……丘大男□薄關邸閣▨　三〇七

▨□百卅……黄龍元年租米　三〇八

▨關邸閣郭據付倉吏黄諱史潘慮受　三〇九

▨吏黄諱史潘慮　三一〇

入南鄉嘉禾元年租米三斛𠀤嘉禾元年八月四▨　三一一

▨□客關邸閣李嵩付倉吏黄諱潘慮受　三一二

▨□言▨　三一三

右別家口食二人　三一四

▨鄉嘉禾二年□▨　三一五

入三州倉運黄龍二年所□黄龍元年□▨　三一六

▨食黄龍元年士租米六斛運集中倉付吏李金　●　三一七

其六十四户下品　●　三一八

▨右模鄉入吏▨　三一九

▨□關邸閣郭據付掾黄諱潘慮受　三二〇

▨□帥客限米十斛　三二一

▨男郭當關邸閣郭據付倉吏黄諱潘慮受　三二二

入嘉禾三年四月廿七日□□丘……▨　三二三

▨正月三日唐□丘大男黄肝關邸閣李嵩付州□▨　三二四

▨□嵩付倉吏黄諱史潘慮　三二五

其一千二百七十斛九斗……▨　三二六

入中鄉嘉禾元年租米三斛𠀤嘉禾元年十一月十六日殊溲丘縣吏李

翔關邸閣郭據付倉吏黄諱史番慮受　三二七

▨十六日長（？）世丘力田逢練（？）關邸閣李嵩付倉吏黄諱潘慮　三二八

▨中　三二九

入都鄉嘉禾元年税米五斛八斗𠀤嘉禾元年二月三日高□丘男子胡▨　三三〇

☐□□☐ 三三一

☐李嵩付倉吏黄諱史潘慮受 三三二

☐關邸各郭據付倉吏黄諱潘慮受 三三三

【注】「各」，應爲「閣」字之誤。

☐□☰嘉禾三年正月八日槧丘大男馮解關邸閣李嵩付倉吏黄諱潘慮 三三四

☐月十日緫中丘力田吴荃（莖？）關邸閣郭據付倉吏黄諱史潘慮受 三三五

入中鄉嘉禾二年新白米二斛二斗☰嘉禾三年三月九日□上丘鄭平 三三六

【注】「緫」似爲「總」字之誤。

關邸閣李☐

右雜米□廿……☐ 三三七

☐……米二斛☰嘉禾元年十一月廿一日□□丘潘政關邸閣郭據付倉吏黄諱史潘慮☐ 三三八

☐米□斛☰嘉禾元年二月十一日逢唐丘男子周十（？）關邸閣李嵩付倉吏黄諱潘慮受 三三九

☐關邸閣郭據付倉吏黄諱☐ 三四〇

☐☰嘉禾二年十一月十一日上薄丘男子鄧得關邸閣☐ 三四一

☐□□□付倉吏黄諱潘慮 三四二

☐嘉禾元年租米一斛☰嘉禾……☐ 三四三

☐……☰□□□□七月廿日……☐ 三四四

☐男勇馬關邸閣郭據付倉吏黄諱史潘慮受 三四五

☐十斛☰嘉禾元年十一月四日……☐ 三四六

☐　魯子女馮年五歲　☐ 三四七

入中鄉嘉禾元年税米十斛☰☐ 三四八

☐☐關邸閣李嵩付倉吏黄諱☐ 三四九

入中鄉嘉禾元年税米六斛☰嘉禾元年十一月二日帛水丘大☐ 三五〇

入都鄉石下丘嘉禾元年税米九十四斛三斗六升☰嘉禾元年十一月九日大男張高關邸閣郭據付倉吏黄諱潘慮受 三五一

·右中鄉入佃卒限米廿二斛　●

其九百卅八斛八斗☐ 三五二

☐□口食二人 三五三

☐丘縣吏……☐ 三五四

☐鄉……☐ 三五五

☐七斛六斗四升☐ 三五六

☐據□□☐ 三五七

入都鄉嘉禾二年税米一斛二斗☰嘉禾三年正月十二日白石丘大男谷黑（？）關邸閣李嵩付州中倉吏黄諱潘慮 三五八

入模鄉嘉禾元年租米五斛☰嘉禾元年十一月十五日利分（？）丘大男□午（？）關邸郭據付倉吏黄諱潘慮受 三五九

【注】依文例，「關邸」下脱「閣」字。

入樂鄉嘉禾二年税白米五斗☰嘉禾三年正月廿日□□□□關邸閣李嵩付倉吏黄諱潘慮 三六〇

入中鄉嘉禾二年税米十一斛☰嘉禾三年正月十六日帛丘大男雷迎關邸閣李嵩付倉吏黄諱潘慮受 三六一

入西鄉嘉禾二年税米廿一斛四斗☰嘉禾三年三月二日松田丘男子魯礼關邸閣李嵩付倉吏黄諱史番慮受 三六二

入西鄉嘉禾二年税米廿二斛五斗☰嘉禾三年四月十七日南强丘男子黄如關邸閣李嵩付倉吏黄諱史潘慮 三六三

入屯田司馬黄松嘉禾二年限米一百五斛☰嘉禾三年正月四日石淳丘帥謝訁關邸閣李嵩付倉吏黄諱史番慮 三六四

入西鄉嘉禾二年税白米八斛五斗☰嘉禾三年三月十六日東扶丘鄧將關邸閣李嵩付倉吏黄諱史番慮 三六五

入西鄉嘉禾二年税米十五斛四斗五升☰嘉禾三年三月二日上俗丘大男林廖（？）關邸閣李嵩付倉吏黄諱史番慮 三六六

出小武陵鄉嘉禾二年火種租米八斛二斗☰嘉禾三年正月十八日白 三六七

石丘男子文解關邸閣李嵩付倉吏黃諱史潘慮受　三六八

入中鄉嘉禾二年税白米二斛☰嘉禾三年正月十八日三頃丘男子潘
□關邸閣李嵩付倉吏黃諱潘慮　三六九

☐鄉嘉禾二年還民限米二斛六斗四升☰嘉禾三年正月八日戀中丘
鄧絅關邸閣李嵩付倉吏黃諱史番慮　三七〇

【注】「戀」，按，此字下部從攵，即「必」，爲「心」之訛。或説應釋「變」。《集韻·没韻》：「絅，縷縈也。」音hú。

入中鄉嘉禾二年税米十二斛二斗☰嘉禾三年正月十三日下桯丘周
彦關邸閣李嵩付倉吏黃諱潘慮　三七一

入□鄉嘉禾二年税米十四斛☰嘉禾三年正月十二日唐（？）中丘
□□關邸閣李嵩付倉吏黃諱史潘慮　三七二

入□鄉嘉禾二年税米廿五斛一斗一升☰嘉禾三年正月九日□□丘
男子□□關邸閣李嵩付倉吏黃諱史□□　三七三

入西鄉嘉禾二年租米十四斛七斗☰嘉禾三年正月八日龍穴丘吏謝
福關邸閣李嵩付倉吏黃諱史潘慮　三七四

入都鄉嘉禾元年税米廿一斛五斗☰嘉禾二年正月□日劉里丘力田
鄧□關邸閣郭據付倉吏黃諱史潘慮受　三七五

入南鄉嘉禾……斛☰嘉禾……丘周□關邸閣李嵩付倉吏黃諱潘慮　三七六

入西鄉佃吏逢養嘉禾二年限米五斛五斗☰嘉禾三年二月十六日高
樓丘大男逢固（？）關邸閣李嵩付倉吏黃諱史番慮受　三七七

☐……税米……☰嘉禾三年正月八日□□丘男子賈潘關邸閣李嵩
付倉吏黃諱史□□　三七八

☐禾二年税米十二斛一斗☰嘉禾三年三月十六日東扶丘大男鄧將
關邸閣李嵩付倉吏黃諱史潘慮　三七九

【注】此簡下半段破莂時左右券分剖不均，致使右側殘存右券左半字，今略而不録。

入廣成鄉縣佃吏嘉禾二年限米二斛☰嘉禾三年四月十二日弦丘蔡
□關邸閣李嵩付倉吏黃諱史番慮　三八〇

入西鄉嘉禾二年税米二斛☰嘉禾三年四月廿五日錫丘男子馮（？）
常關邸閣李嵩付倉吏黃諱史番慮受　三八一

入□鄉嘉禾元年租米十一斛五斗☰嘉禾五年十一月廿七日唐（？）
中丘郡士陳□關邸閣郭據付倉吏黃諱史潘慮受　三八二

入都鄉嘉禾二年還民限米廿斛☰嘉禾三年正月廿二日劉里丘大男
劉元關邸閣李嵩付倉吏黃諱史潘慮　三八三

入□□鄉□□里嘉禾元年税米□一斛☰嘉禾元年十一月廿一日
督軍糧御（？）史勸□關邸閣郭據付倉吏黃諱番慮受　三八四

入廣成鄉嘉禾二年助佃吏限米三斛☰嘉禾三年二月七日下彈溲丘
男子黃鼠關邸閣李嵩付倉吏黃諱潘慮　三八五

入都鄉嘉禾二年税米七斛☰嘉禾三年正月七日唐中丘烝惕關邸閣
李嵩付倉吏黃諱史潘慮　三八六

☐……月五日□☐　三八七

☐吏鄭黑　三八八

☐月□一日付大□☐　三八九

入廣成鄉私學米廿二斛□☐　三九〇

入都鄉嘉禾二年□☐　三九一

入□鄉嘉禾元年……☐　三九二

☐關邸閣郭據付☐　三九三

☐□□□□□☐　三九四

☐年租米三斛五斗☰☐　三九五

☐付倉吏□☐　三九六

☐丘大男秦香關邸閣郭據☐　三九七

☐諱史番慮受　三九八

☐諱番慮受　三九九

入都鄉嘉禾元年税米卌☐　四〇〇

☐·右□家口食二人☐　四〇一

☐·其☐　四〇二

〼曼溲丘郡吏蔡□關邸閣□〼　四〇三

〼諱潘慮　四〇四

【注】此簡左右券破莂時剖分不均，致使右側殘存右券文字左旁，左側殘存左券文字右旁，今祇録一行殘字。

〼黄諱番慮　四〇五

〼　・其卅四斛〼　四〇六

〼□新丘張□〼　四〇七

入中鄉嘉禾元年税米□〼　四〇八

〼丘男子吴卓（？）徐孝（？）□〼　四〇九

〼……郡吏姚達（？）關〼　四一〇

入西鄉嘉禾元年年租米……☒〼　四一一

〼元年佃租米二百卅七斛□斗☒嘉禾元〼　四一二

〼嵩付倉吏黄諱番慮　四一三

入都鄉嘉禾元年税米〼　四一四

〼　・其四斛付郡倉吏監賢　四一五

入都鄉嘉禾元年租米十一斛四斗☒嘉禾元年十一月十八日坪上丘
唐延關邸閣郭〼　四一六

〼五斗☒嘉禾元年十一月十九日桐下丘婁詐關邸閣郭據付倉吏黄
諱潘慮受　四一七

入中鄉嘉禾元年税米三斛五斗☒嘉禾元年十一月十五日湛上丘男
子鄭平關邸閣郭據付倉吏黄諱番慮受　四一八

入中鄉嘉禾元年税米卅四斛☒嘉禾元年十一月四日鵠丘魯奇關邸
閣郭據付倉吏黄諱史番慮受　四一九

【注】「鵠」，「鶴」字之或體。《集韵・鐸韵》：「鶴，鳥名。《説文》：『鳴九皋，聲聞于天。』或作鵠。」

〼□鄉嘉禾元年租米廿四斛☒嘉禾元年十一月十日員東丘州吏常
終關邸閣郭據付倉吏黄諱史潘慮受　四二〇

〼□□☒嘉禾元年十一月二日泉溲丘男子□□關邸閣郭據付倉吏
黄諱史潘慮受　四二一

入西鄉嘉禾元年税米九斛☒嘉禾元年十一月四日□□丘大男宗物
關邸閣郭據黄諱史番慮受　四二二

【注】據文例，「郭據」下脱「付倉吏」三字。

□吏鄧應年卅二　四二三

……年廿七　妻汝年廿六　四二四

・右西鄉入吏帥客限米廿斛　四二五

右懷家口食二人　四二六

□□南鄉領限佃户二户口食六人故户　四二七

〼□黄龍元年□□限米　四二八

入中鄉嘉禾元年租米卅斛☒嘉禾元年十一月二日男子潘蒖關邸閣
郭據付倉吏黄諱史番慮受　四二九

□黄武六年餘……〼　四三〇

〼嘉禾□年十一月十一日□下丘男子樹（？）□關邸閣郭據付倉
吏黄諱潘慮受　四三一

入州佃吏鄭脩（？）黄龍元年□□□□斛　四三二

入運三州黄龍二年□□□□八斛四斗五升　……　四三三

【注】「升」下簡文皆爲小字，漫漶不滿，不能辨識。

〼□□三州倉運米……　四三四

・□六斛三斗五升三州倉運米　……百　四三五

九月十七日典田掾文騰白　四三六

□大女奴年十七　四三七

・右民入租米八十五斛五升　中　四三八

〼斛☒嘉禾元年十一月十七日蕢溲丘大男郭宗關邸閣郭據倉吏黄
諱〼　四三九

……黄龍三年貸食黄龍□年吏帥客限米一斛三斗　……　四四〇

其□百八十八斛一斗九升黄龍□年私學限米　四四一

〼租米□四斛□□☒□□□年十一月二日……鄧（？）□關邸閣
郭據付掾黄諱史潘慮受　四四二

入黃武六年粢租米廿八斛七斗八升　黃武六年八月廿五日□　四四三
·其七十一斛六斗五升黃龍三年□□租米　四四四
〼□田霸助四六佃吏嘉禾二年限米二斛二斗〓嘉禾三年四月廿四日〼　四四五
入中鄉嘉禾元年租米二斛四斗〓嘉禾元年十一月十五日□〼　四四六
〼小武陵鄉黃龍元年租米十二斛〓黃龍元年十一月九日□□丘〼　四四七
〼□□兵……部伍并□應作吏民賈（？）□□　四四八
……渏□□□迎廷蓋郭者尉書五□郎中散𢻫　四四九
……十八日勸農掾□〼　四五〇
已入六十斛□□　四五一
〼……日□丘男子鄧釦關邸閣郭據付倉吏黃　潘慮受　四五二
·右時（？）家口食二人　▲　四五三
〼　其五十五斛二斗黃龍元年私學限米　四五四
王憲蔡短（？）胡番（？）盛□馮景王業（？）孟□謝□□□黃議（？）孫離（？）　四五五
〼……所領黃龍□年雜吳平斛米卌斛嘉禾元年□月□□□卯……　四五六
入廣成鄉嘉禾二年還民限米十二斛〓嘉禾三年三月廿七日弦丘男子□〼　四五七
〼蔡（？）炭關邸閣李嵩付倉吏黃□〼　四五八
〼　·其一斛二斗七升民還黃龍元年税米　四五九
其十三斛付吏張惕給□□州郡縣吏馬□　▲　四六〇
〼……□二月十日史潘　白　四六一
入中鄉嘉禾元年税米九斛三斗〓嘉禾元年十一月廿一日帛水丘黃（？）昭關邸閣郭據付倉吏黃諱史潘〼　四六二
入黃龍三年貸食黃龍二年吏帥客限米十二斛五斗……付吏……　四六三
……税米□□□斛二斗負者□家屬……　四六四
〼十一月十三日□丘男子鄧嗣關邸閣郭據付倉吏黃諱史潘慮　四六五
〼□家口食二人　……訾五十　四六六
□□□年廿　四六七
·其六百廿七斛五斗七升黃龍三年租米　〼　四六八
·其八十二斛三斗黃龍元年吏張復田米　四六九
入廣成鄉佃卒限米四斛〼　四七〇
〼謹列所領雜米□□〼　四七一
〼〓嘉禾元年十一月四日下桯丘大男周元關邸閣郭據〼　四七二
入廣成鄉私學限米八斛□〼　四七三
……廬開年卅六　妻……年廿九……　四七四
〼合三（？）勺□□□簿□請連傳（？）入事（？）到役（？）　四七五
□□□復白　四七六
右湖家口食二人　四七六
〼倉吏黃諱史潘慮受　四七七
入都鄉嘉禾元年租米廿斛五斗二升〓嘉禾元年十一月三日□下丘郡吏董諭（？）關邸閣郭據付倉吏黃諱史潘慮受　四七八
入黃龍元年租米卌（？）斛□□　▲　四七九
·其廿斛五斗黃龍二年叛士限米　四八〇
……付州中邸閣……〼　四八一
〼　其廿（？）二斛□司馬……□　四八二
〼……鄉嘉禾二年税米廿一斛七斗〓嘉禾三年三月十一日錫丘男子高惕關〼　四八三
……吏□□□□關邸閣……黃諱史潘慮　四八四
□倉謹列起嘉禾元年八月訖三年□月卅日領運黃龍元年雜米數簿　▲　四八五
·右中鄉入吏帥客限米九十四斛八斗三升　四八六
〼……年廿一□□□　四八七
〼□□〓嘉禾元年十一月十一日□□丘樊（？）回（？）關邸閣

郭據付倉吏黄諱史番慮☑ 四八八

☑五斛𠂤□□☑ 四八九

其五百九十一斛九斗五升黄龍元年吏帥客限米 四九〇

☑歲　中 四九一

右小武陵鄉入税米七十二斛四斗☑ 四九二

右郎家口食二人　…… 四九三

·其六百斛一升黄龍三年租米 四九四

☑六斛𠂤嘉禾元年十一月四日奇（？）丘州吏趙□氾丞唐升（？）關邸閣郭據付倉吏黄諱史潘慮受 四九五

入黄龍元年新吏限米卌七斛四斗六升 四九六

☑三日龍丘□□關邸閣□□付倉吏黄諱史番慮 四九七

入中鄉嘉禾元年租米七斛𠂤嘉禾元年十一月六日小赤丘大男潘□關邸閣郭據付倉吏黄諱史番慮受 四九八

·右鈞家口食二人　……　訾五十 四九九

☑嘉禾二年子弟限米卅四斛五斗𠂤嘉禾三年二月廿九日□枯（？）丘大男唐俳關☑ 五〇〇

☑𠂤嘉禾元年十一月……據付倉掾黄諱史潘慮受 五〇一

☑　史潘岱　史謝（？）勞（？） 五〇二

入中鄉嘉禾元年税米十一斛七斗𠂤嘉禾元年十一月廿一日下於（？）丘□毛關邸閣郭據付倉吏黄諱史☑ 五〇三

入黄龍三年叛士米十一斛 五〇四

·右黄龍元二年租税雜米合二千二百廿二斛四斗七升☑ 五〇五

入甲鄉嘉禾元年税米田四斛𠂤嘉禾……郭據付倉吏黄☑ 五〇六

☑　其四百卌四斛七斗黄龍□年吏帥客限米 五〇七

☑　無 五〇八

☑湛龍丘黄□關邸閣郭據付□☑ 五〇九

☑依癸卯書原除 五一〇

☑□關邸閣郭據☑ 五一一

入三州倉黄龍二年所□黄□☑ 五一二

☑租米☑ 五一三

☑□一斛五斗三升□☑ 五一四

☑□見一户□☑ 五一五

☑□和米□斛☑ 五一六

☑元年租米五斛𠂤嘉禾元年十☑ 五一七

其一百廿六斛七斗州吏潘朔李珠□□嘉禾元年□□□ 五一八

右歲伍卒□領吏民八十八户 五一九

·右諸鄉入嘉禾二年郵卒限米卅四斛五斗 五二〇

☑　其廿八户下品 五二一

右□鄉入復民限米一斛五斗 五二二

東夫里户人公乘朱物（？）年廿八　☑ 五二三

☑入黄龍三年税米三百七十□斛六斗六升 五二四

□歲月伍五户 五二五

入都鄉□□□□□米十四斛二斗 五二六

大成（？）里户人公乘朱遺……　……年卅…… 五二七

☑……□錢□□□□弩□□三人□□□ 五二八

☑　·其一百一十九户下品 五二九

☑　其五十四斛□斗黄龍□□佃卒旱限米 五三〇

☑　·……領黄龍元年□□限米 五三一

☑……𠂤嘉禾元年十一月十一日小赤丘男子潘𧙗關邸閣郭據付☑ 五三二

☑斛……黄龍二年□□限米 五三三

☑　·其五十四斛三斗黄龍……旱限米 五三四

☑四斛二斗 五三五

☑　·其卅二斛四斗付中倉吏李金 五三六

獻不敢具弩气（乞）請官□鈞芊人□□前金 五三七

☑米三百八十□斛八斗五升 五三八

☒頓窮獨女户三户下品　五三九

☒吏帥客限米一斛五斗　……☒　五四〇

☒□佢□廿（?）二户　☒　五四一

☒□關邸閣……☒　五四二

☒租米二斛五斗𠬝嘉禾元年十一月八日帛水丘郡吏唐□☒　五四三

☒　·其月廿六日□□□☒　五四四

☒倉吏黃諱潘慮　五四五

☒　其二百九十二斛三斗八升黃龍□年吏帥客限米　五四六

其一户中品　五四七

出黃龍元年鹽賈吳□斛米卅三斛六斗四升嘉禾元年八月十五日付
大男蒴（?）平運詣州　五四八

□詎三紀輕□□□□□往□如牒記到□知□　五四九

右小武陵鄉入佃吏限米☒　五五〇

……待復……所記□已□□□☒　五五一

☒嘉禾二年私學限米廿六斛𠬝嘉禾三年正月十四日楊溲丘𠅄春關
邸閣李嵩付倉吏黃諱史潘慮　五五二

【注】「𠅄」，疑爲「蒴」字之訛。

其二户中品　五五三

入監運掾姻度漬米卅一斛五斗八升　五五四

☒稅米二斛𠬝嘉禾□年十一月□日……　五五五

【注】此簡左右券破莂剖分不均，致使下部右側殘存右券文字左旁，右側殘存左券文字右旁，皆漫漶不清。

☒租米卅九斛𠬝嘉禾三年□月九日郡吏這□關邸閣☒　五五六

☒　其六户窮獨女户下品　五五七

·其一百廿九斛二斗三升黃龍二年私學□限米☒　五五八

其四百五十九斛二斗三升黃龍三年新吏限米　五五九

·右西鄉入司馬黃松限米五十斛　五六〇

領郡吏三户　五六一

☒　·其二户上品　五六二

☒右都鄉入私學限米十三斛　五六三

☒卒限米二斛𠬝嘉禾三年三月廿一日湛龍丘張幽關邸閣李嵩付倉
吏黃諱史番慮受　五六四

領郡吏三户　五六五

右西鄉入私學限米廿六斛三斗　五六六

入……吏限米田三斛　五六七

入都鄉嘉禾二年稅米四斛𠬝嘉禾三年正月十二日渚下丘月伍五□
關邸閣□□☒　五六八

☒鄉□吏（?）□户□品　五六九

·其五户下品　五七〇

其一户上品　五七一

☒郭據付倉吏黃諱史潘慮受　五七二

其三户中品　五七三

右諸鄉入郵卒限米六十二斛五斗　五七四

入西鄉吏謝福助佃吏嘉禾二年限米五斛𠬝嘉禾三年四月廿三日龍
穴丘□□☒　五七五

·右中鄉故吏□□□□□米八斛五斗二升　五七六

☒𠬝嘉禾元年十一月九日□伍丘吏……☒　五七七

☒……米三斛𠬝嘉禾三年□月□日禾（?）丘吳閂關邸閣□☒　五七八

【注】「閂」，閉，見《廣碑別字》引漢張遷碑。

其七百八十七斛八斗二升黃龍□年……☒　五七九

領歲月伍五户下品　五八〇

其四百五十四斛六（?）斗九升黃龍四年佃卒租米　五八一

其一百□□□斛五斗一升黃龍三年稅米　五八二

入都鄉嘉禾二年限米十八斛八斗𠬝嘉禾三年五月四日□□□□□
□□周客關邸閣李☒　五八三

☒……斛𠬝……年正月七日□下丘……　五八四

……關邸閣郭據……　五八五

☐嘉禾三年子弟限米七斛⿱三乂嘉禾三年正月十六日郭渚丘大男由胡
關邸閣李嵩付倉吏黃諱潘慮　五八六

……民……　五八七

☐其廿一户下品　五八八

☐□倉雜米卅六斛四斗運集中倉盡　五八九

其七户中品　五九〇

·其二户上品　五九一

入西鄉嘉禾二年稅米十九斛⿱三乂嘉禾……丘男子□□關邸閣郭據付
倉吏黃諱吏潘慮　五九二

其一户上品　五九三

其四户上品　五九四

☐　右□鄉入□稅米三斛五斗四升　五九五

☐⿱三乂嘉禾三年年正月四日□渚丘大男杜忽關邸閣李嵩付倉吏黃諱
吏潘慮　五九六

☐　其二户下品　五九七

☐□年□米□斛三斗⿱三乂嘉禾□年正月□☐　五九八

☐日複（？）溲丘唐斗關邸閣李嵩付倉吏黃諱吏番慮　五九九

☐　·其三户中品　六〇〇

☐⿱三乂嘉禾□年十一月二日州吏孫悁比伍濯（翟）存關邸閣郭據付
倉掾黃諱史潘慮受　六〇一

【注】「悁」，疑爲「悁」字別體。「悁」，《集韵·緝韵》：「心不正也。」音qì。「比伍」，《漢書·尹翁歸傳》「盜賊發其比伍中」顏注：「比謂左右相次者也。五家爲伍，若今五保也。」

☐　·其一百廿一斛七斗三升□□黃龍元年八月廿四日十一月……
四日十一月廿二日十一月☐　六〇二

右東鄉入稅米三斛四斗　六〇三

☐　其八户老頓窮獨女户　▼☐　六〇四

·其五斛黃龍元年□□米　☐　六〇五

·其十一（？）斛二斗黃龍二年……限米　▼　六〇六

☐　右都鄉入郵卒□米四斛四斗　六〇七

☐小武陵鄉佃卒限米三斛□斗⿱三乂☐　六〇八

……租米……☐　六〇九

·其二百卅七斛☐　六一〇

其九百八斛七斗給假□☐　六一一

☐其一户上品　▼　六一二

入中鄉嘉禾二年子弟限米廿四斛⿱三乂嘉禾二年十月十三日下□☐　六一三

☐領郡卒二户下品　▼　六一四

☐右西鄉入吏帥客限米廿三斛　▼　六一五

☐年三月十一日平安（？）丘男子吳廖關邸閣李嵩付倉吏黃諱史
番慮　六一六

領應役民廿六户　六一七

其二户下品　六一八

☐□歲伍番祝領吏民五十五户　六一九

☐□鄉入郵卒限米廿三斛二斗　▼　六二〇

……嘉禾元年稅米三百廿八斛□嘉禾元年五月十六日□□□男劉
□運集州中□□　六二一

其十七户下品　六二二

入西鄉二年助佃吏限米二斛二斗⿱三乂嘉禾三年四月十七日郡吏□□
關☐　六二三

其十户中品　六二四

☐……⿱三乂嘉禾二年四月廿四日後□丘宗物（？）關邸閣李嵩付倉
吏黃諱史□☐　六二五

其廿四户下品　六二六

領軍吏四户　▼　六二七

☑年税白米一斛二斗五升〓嘉禾三年十一月□日肥猗（？）丘謝 六二八
震關邸閣郭據付倉吏黄諱潘慮 六二九
☑□一户下品 六三〇
右都鄉入□帥限米廿斛 六三一
•其二户上品 六三二
•其二百五十斛五升黄龍□年私學旱限米 六三三
☑　•其五百卅五斛□斗五升黄龍元年吏帥客旱限米 六三四
其十六户老頓窮獨女户下品 六三五
☑監運掾姬度漬米九十斛　二年……　☑ 六三六
其卅四斛船師張蓋建安廿六年折咸米　● 六三七
•其□□九斛二斗黄龍元年私學限米 六三八
其十□斛一斗黄龍三年□□米 六三九
☑入小武陵鄉嘉禾元税米十四斛一斗〓嘉禾元年十一月四日……
關邸閣郭據付☑ 六四〇

【注】依文例「小武陵鄉嘉禾元」下脱「年」字。

☑年税米六（？）百七十五斛嘉禾元年十二月六日付大男毛麦 六四一
（？）□□ 六四二
☑□年正月□日□丘大男……　● 六四三
其七十二斛九斗□升黄龍……租米 六四四
☑庫謹列□官……其矢金□當 六四五
□里户人公乘李攷年卅　☑ 六四六
☑鄧（？）騰年六十　妻大女妾年五十九　●☑ 六四七
入西鄉二年助佃吏☑ 六四八
☑諱潘慮受 六四九
☑六斗黄龍元年私學限米 六五〇
☑……雜米□二斛□斗四升 六五一
☑嵩付倉吏黄諱史番慮 六五〇
□嘉禾元年十月□□□☑ 六五一
右勝家口食三人　筭二　訾☑ 六五二
☑□羽　☑ 六五三
☑……月二日付吏黄欣 六五四
☑□十五斛□吏王敷（？）黄武六年佃禾准米　● 六五五
入黄龍三年新吏限米卅（？）六斛□□ 六五六
•右三人應共出弩一張箭二百枚句石二百□☑ 六五七
☑主簿　省 六五八
☑其二百□□斛□斗三升黄龍□年佃卒限米 六五九
領應役民十九户 六六〇
☑□黄殷關邸閣李嵩付倉吏黄諱史潘慮 六六一
入□鄉嘉禾元年租米十斛〓嘉禾元☑ 六六二
☑税米二斛三斗〓嘉禾二年正月十□日湛龍丘番度關邸閣李嵩付
倉吏黄諱番慮 六六三
☑〓嘉禾三年正月☑ 六六四
右模鄉入……☑ 六六五
☑……關邸閣李嵩付倉吏黄諱潘慮 六六六
☑□入私學……☑ 六六七
☑……廿六斛八斗五升黄龍元年私學旱限米 六六八
☑嘉禾二年税米☑ 六六九
☑百枚 六七〇
☑……米九斛〓嘉禾元年十一月二日栗中丘力田周□□□□關☑ 六七一
☑……悉（？）具□□□者到並合□□ 六七二
☑斛四斗嘉禾元年四月廿三日付大男張□運集州中 六七三
☑鄉入佃吏限米九斛九斗 六七四
☑其五百廿七斛二斗一升黄龍元年吏帥客旱限米 六七五
☑……關邸閣李嵩付倉吏黄諱史番慮受 六七六
☑……故□□□ 六七七

□五百八十斛六斗□□黃龍三年吏帥客限米　六七八

☐……歲（?）徒書到（?）州（?）□行（?）其宜没（?）
□□記□□書□有（?）□□　六七九

☐〼嘉禾□年五月十二日杸（?）奇丘男子曹升關邸閣……☐　六八〇

其二百卅二斛……☐　六八一

☐……關邸閣李嵩付倉吏黃諱☐　六八二

☐……郭據付□☐　六八三

☐□□里□□☐　六八四

☐□□關邸閣郭據付倉☐　六八五

☐郭據☐　六八六

入西鄉嘉禾二年稅米十三斛三斗〼嘉禾三年三月一日龍穴丘男子
馬嵩關邸閣李嵩付倉吏黃諱番慮受　六八七

入西鄉司馬黃松嘉禾二年屯田限米十一斛〼嘉禾三年正月田二日
杸丘廖興關邸閣董基付倉吏黃諱史潘慮　六八八

入都鄉嘉禾二年郵卒限米四斛四斗〼嘉禾三年三月十三日林（?）
下丘陳識關邸閣李嵩付倉吏黃諱潘慮受　六八九

・右狶家口食二人　☐　六九〇

入西鄉嘉禾二年限米廿一斛〼嘉禾三年三月一日龍穴丘子弟唐蕭
（?）關邸閣李嵩付倉吏黃諱番慮　六九一

入西鄉嘉禾二年稅米卌四斛二斗五升〼嘉禾三年三月一日溫丘毛
張關邸閣李嵩付倉吏黃諱史潘慮　六九二

入中鄉嘉禾二年稅白米九斗〼嘉禾三年三月五日梨下丘大男文常
關邸閣李嵩付倉吏黃諱潘慮　六九三

〼□鄉嘉禾二年租米四斛〼嘉禾三年正月六日石下丘子弟烝有關
邸閣李嵩付倉吏黃諱史潘慮受　六九四

☐稅米一斛〼嘉禾三年正月七日鵠丘高郡（?）關邸閣李嵩付倉
吏黃諱潘慮　六九五

☐□年貸食黃龍元年鹽賈米四斛運集中倉付吏監賢　六九六

入西鄉嘉禾二年子弟限米一斛〼嘉禾三年三月三日上□丘男子呂
□關邸閣李嵩付倉吏黃諱番慮　六九七

入中鄉嘉禾二年稅米廿四斛三斗〼嘉禾三年三月四日柘唐丘男子
唐弓關邸閣李嵩付倉吏黃諱潘慮　六九八

入西鄉司馬黃松嘉禾二年限米六斛〼嘉禾三年正月八日復皁丘大
男朱若關邸閣李嵩付倉吏黃諱史潘慮　六九九

入中鄉嘉禾二年稅米一斛〼嘉禾三年正月五日梨下丘大男廖嗣
（?）關邸閣李嵩付倉吏黃諱潘慮　七〇〇

☐二年稅白米二斛〼嘉禾三年五月十一日進渚丘月伍劉喜關邸
閣李嵩付倉吏黃諱史潘慮　七〇一

☐□鄉嘉禾二年稅米廿八斛五升〼嘉禾三年正月十七日□□丘大
男吳□關邸閣李嵩付倉吏黃諱潘慮　七〇二

【注】此簡左右券破莂時剖分不均，致使下部文字殘存左旁，而左側另存左券文字之右旁，今略而不錄。

入都鄉嘉禾二年稅米五斛〼嘉禾三年正月十一日緒下丘月伍五大
關邸閣李嵩付倉吏黃諱史潘慮　七〇三

入西鄉嘉禾二年稅米十九斛〼嘉禾三年正月八日慮（?）丘大男
鄧衎關邸閣李嵩付倉吏黃諱史潘慮　七〇四

【注】「衎」，《說文・行部》：「行喜皃」。音kàn。

入西鄉嘉禾二年稅米八斛六斗〼嘉禾三年三月二日高樓丘男子烝
兒關邸閣李嵩付倉吏黃諱潘慮　七〇五

入□鄉嘉禾二年□□限米四斛□升〼嘉禾三年正月□日□丘男子
黃□關邸閣……　七〇六

☐米十四斛□斗四升〼嘉禾三年四月十七日龍穴丘男子楊□關邸
閣李嵩付倉吏黃諱史番慮　七〇七

☐□吏限米二斛〼嘉禾三年四月廿八日樂（?）下丘男子張齊
（?）關邸閣李嵩付倉吏黃諱史番□　七〇八

入西鄉嘉禾二年子弟限米一斛〼嘉禾三年三月二日溫丘胡材關邸

閣李嵩付倉吏黄諱史潘慮　七〇九
☒年郵卒限米十斛𬼄嘉禾三年正月十三日[illegible]下丘男子鄭升關邸閣
李嵩付倉吏黄諱潘慮　七一〇
入西鄉嘉禾元年租米十四斛☒　七一一
・其……　七一二
入中鄉二年稅米卅五斛四斗二升𬼄嘉禾三年三月二日東夫☒　七一三
入西鄉嘉禾元年租米四斛𬼄嘉禾□☒　七一四
☒　嘉禾二年貸食　七一五
☒□關邸閣郭據付倉吏黄諱潘慮受　七一六
領黄龍三年貸食黄武五年稅米九斛八斗運集中倉付吏李☒　七一七
☒　其二百二斛一斗給貸嘉禾二年□□佃秣種粻收還別□　七一八
☒閣郭據付倉吏黄諱史番慮受　七一九
【注】此簡爲券書下段，左右券破莂時剖分不均，致使下部文字存右旁，而右側另存右券文字之左旁，今略而不録。
物故無所詭責已列言依癸卯書原除　中　七二〇
所賜兵物者人名簿☒　七二一
☒稅米卅四斛𬼄嘉禾三年正月十二日下俗丘男子□□關邸閣郭據
付倉吏黄諱史番慮　七二二
已入八十九斛□□鄉縣吏貸食……　中　七二三
・右西鄉入私學限米廿一斛　七二四
☒……丘谷惕（?）關邸閣李嵩付倉吏黄諱潘慮　七二五
☒其六户下品　七二六
☒□□丘大男徐□關邸閣李嵩付倉吏黄☒　七二七
☒郭據付倉吏黄諱史潘慮受　七二八
……者□□☒　七二九
☒嵩付倉吏黄諱史番慮　、　七三〇
☒□□□白米　七三一
☒□謹列黄龍元年□旱限米　七三二
其二百一斛……　☒　七三三
・右民入稅布四百卅七□☒　七三四
☒據付倉吏黄諱史潘慮受　七三五
☒□□斛七斗黄龍□年吏帥客旱限米　七三六
☒年卅九　七三七
☒□□□☒　七三八
☒□□□金給與廿三人兵……
廿四人縣□丞□□　七三九
其卅七斛四斗□升付邸閣□□倉吏黄諱潘慮　七四〇
☒……吏帥客限米　七四一
☒嵩付倉吏黄□☒　七四二
☒鄧馬（?）關邸閣□☒　七四三
☒邸閣郭據付倉吏黄諱□　七四四
☒□二年租米六斛……𬼄嘉禾三年正月六日吏蔡（?）□關邸☒　七四五
☒……吏帥客限米　七四六
入東鄉嘉禾三年□租米□斛□斗一升𬼄嘉禾三年十一月十日□□
丘郡吏☒　七四七
☒……關邸閣李☒　七四八
☒……倉吏黄諱☒　七四九
☒……忄□□□☒　七五〇
☒閣李嵩付倉吏黄諱潘慮☒　七五一
☒□米九斛五斗𬼄嘉禾二年四月十五日□□丘文政（?）關邸閣
李嵩付倉吏黄諱史潘慮　七五二
其一斛付三州邸閣董基……　七五三
其三千一百□十三斛一斗七升付州中邸閣……倉吏□□　七五四
・右平鄉入吏□☒　七五五
☒四斛三斗𬼄嘉禾元年十一月十五日新眺丘☒　七五六

領應役民卅户　〼　七五七
〼……升〓嘉禾三年正月□日州吏□〼　七五八
〼□弟今年四（？）　七五九
【注】依文例「四」下應脱「歲」字。
〼□□五斛七斗　〼　七六〇
〼□税吴平斛米一千二百……〼　七六一
〼〓嘉禾三年正月七日唐還（？）〼　七六二
〼嵩付倉吏黄諱史番慮　七六三
〼邸閣郭據付倉吏黄諱〼　七六四
……〼　七六五
其一百五十〼　七六六
〼一日兵曹史黄□見□……　……　七六七
……〼　七六八
〼□□年十□〼　七六九
〼嘉禾二年十一月廿一日林溲〼　七七〇
〼入西鄉雜米十二斛　〼　七七一
〼□斛〓嘉禾二年十一月□日〼　七七二
〼嘉禾三年三月卅（？）日龍穴丘楊□關邸閣李〼　七七三
〼宗莨關邸閣□□〼　七七四
〼……廿九〼　七七五
……十二斛八斗四升……邸閣董基倉吏鄭黑　七七六
〼嘉禾二年佃卒限米四斛〓嘉禾三年三月十六日東扶丘鄧將關邸
閣□□付倉吏黄諱史□□　七七七
入都鄉嘉禾二年佃帥限米廿斛〓嘉禾三年二月廿九日進渚丘男子
周角關邸閣李嵩付倉吏黄諱史潘慮受　七七八
已入八百八十□斛六斗三升　●　七七九
〼　其二户中品　●　七八〇
·其二户老□女户下品　七八一
〼……吏黄諱史番慮受　七八二
·其卌四斛六斗黄龍元年私學限米〼　七八三
〼私學旱限米　〼　七八四
〼□元年租米〼　七八五
〼〓嘉〼　七八六
〼□斛〓〼　七八七
入西鄉□□□〼　七八八
入西鄉嘉禾……米二斛〓嘉禾三年……鵠丘□喬岑關邸閣李嵩付
倉吏黄諱史潘慮　七八九
〼……〓……關邸閣李……　七九〇
〼□六合　□　七九一
其〼　七九二
〼□關邸閣□□付倉吏黄諱番慮受　七九三
〼吕岱所督都尉（？）□□□陳綜司馬吕石（？）等所領士衆　七九四
〼年税□白米三斛〓嘉禾三年五月九日李溲丘大男逢勝關邸閣李
嵩付倉吏黄諱史潘慮　七九五
其五（？）百廿七斛二斗一升黄龍□年□□□旱限米　七九六
……入租米五千三百九（？）田二斛七斗九升八（？）合三勺　七九七
列言依癸卯書原除　七九八
□老頓窮獨女户八户下品　七九九
其三斛六斗黄龍三年……　八〇〇
民懸尔（？）領（？）釒□　中　八〇一
領縣卒一户下品　八〇二
領并閭民一户下品　八〇三
·其□斛五斗民還黄武六年税米　八〇四
〼〓嘉禾三年五月五日新畋丘大男楊中（？）關邸閣李嵩付倉吏

黄諱史番慮　八〇五
・右廣成鄉佃吏限米六斛　八〇六
□□若復者（？）留乏案（？）兼（？）□民皆會月廿八日□□　八〇七
☑龍元□年叛士限米二斛運集中倉付吏李金□　八〇八
☑吏限米廿七斛〼嘉禾三年正月十二日唐鄉（？）丘誦（？）曹
關邸閣李嵩付倉吏黄諱潘慮　八〇九
☑九斛五斗五升　八一〇
・其七户上品　☑　八一一
……廿七斛……☑　八一二
☑　其六十三斛一斗一升黄龍三年新吏限☑　八一三
☑梁（？）令關邸閣李嵩付倉吏黄諱史番□　八一四
☑□斛五斗民入　……元年十月廿八日……
……　☑　八一五
右三户口食六人過年别户各有父母兄☑　八一六
其七十二斛五斗五升郡士黄龍三年租米　八一七
其七百六斛九斗五升黄龍三年□☑　八一八
☑……付倉吏黄諱史番慮受　八一九
☑□□關邸閣李嵩付倉吏黄☑　八二〇
☑……〼嘉禾……☑　八二一
入模鄉嘉禾……限米四斛五斗〼嘉禾三年正月六日臨溲（？）丘
大男陳殷關邸閣李嵩付倉吏黄諱潘慮受　八二二
☑十六斛一斗　八二三
已入郡吏鄧□□☑　八二四
☑　元年八月十五日……　八二五
其九斛……☑　八二六
☑四月廿八日平鄉□□丘大□☑　八二七
☑　其四户窮獨女户下□　八二八
□書□令　□□□並守書□□　八二九
☑斛二斗二升　八三〇
十一月十日右郡申綦監移　八三一
……五升　八三二
☑三斛九斗五升付州中邸閣李嵩倉吏黄諱潘慮　八三三
☑　右平鄉入吏帥客限米九斛　八三四
☑□斛〼嘉禾三年五月九日□□丘□□關邸閣李嵩付倉吏黄諱番
慮　八三五
領鍛佐一户下品　八三六
☑　其二户中品　八三七
右都鄉入新還民限米卅六斛七斗四升　八三八
☑白石丘新吏文弼關邸閣李嵩付倉吏黄諱史潘慮受　八三九
☑□□關邸閣郭據付倉吏黄諱番☑　八四〇
☑□□□無有家屬可詭責負者已列言依癸卯書原除　八四一
☑稅米一百一十九斛六斗嘉禾元年四月廿三日付大男楊瀘（？）
運集州中　八四二
☑□除　八四三
☑……郡卒……斛　☑　八四四
☑　其七十六斛三斗黄龍□年吏張（？）復田米　八四五
☑□年九月卅受黄龍元二年□□□數簿□　八四六
【注】依文例，「卅」下脱「日」字。
□里户人言肥年卅二　八四七
☑……丘大男田□關邸閣李嵩付倉吏黄諱史潘慮受　八四八
☑嘉禾元年吏帥客限米一千二百廿六☑　八四九
☑限米八斗　八五〇
☑一斛七升〼嘉禾元年十一月廿八日湊丘男子范得關☑　八五一
☑……屬（？）……給　八五二
☑丘吏□□關邸閣李嵩付倉吏☑　八五三

☐吏限米十一斛六斗五升　八五四
收畢五月……米　八五五
·其十一斛五斗□☐　八五六
☐三年四月廿四日上□丘大男□□☐　八五七
☐據付倉吏黄☐　八五八
其一百一十七斛四斗付邸閣吏董基倉吏鄭黑　八五九
·其一百七十五斛□斗□升黄龍二年粢租米　八六〇
☐□升黄龍二年粢租米　八六一
□气（乞）請官□☐　八六二
☐乂嘉禾□年五月十五日湛上丘男子鄭平關邸閣郭據付倉☐　八六三
☐□關邸閣董基□□□☐　八六四
☐乂嘉禾三年五月六日石渚丘朱達（？）☐　八六五
☐乂……　八六六
☐□關邸閣☐　八六七
☐税米二斛☐　八六八
☐□年屯田限米十斛乂嘉禾二年□月三日☐　八六九
☐鄉……米二斛　八七〇
☐□□□　☐　八七一
☐□□□□二升……·責□貧窮物故無所　八七二
其三户中品　☐　八七三
☐關邸閣李嵩付倉吏黄諱潘慮　八七四
☐閣李嵩付倉吏黄諱史潘慮　八七五
入都鄉嘉禾元年税米五斛乂嘉禾元年十一月十日☐　八七六
☐……訖米□州中倉吏李金所領☐　八七七
氵□里户人公乘謝狶年六十二　狶妻客年卌　☐　八七八
☐禾二年郵卒限米九斛一斗乂嘉禾二年十一月十日栗丘男子區湧（？）關邸閣☐　八七九
☐閣郭據付倉吏黄諱史潘慮☐　八八〇
☐□□倉吏黄諱史潘慮受　八八一
☐　主簿　省☐　八八二
☐五升乂嘉禾三年五月十二日錫丘胡苦（？）關邸閣李嵩☐　八八三
法曹掾區□年卅五　八八四
☐□黄武六年船師張☐　八八五
☐……乂嘉禾元年☐　八八六
入南鄉嘉禾元年税吴平斛米四斛一斗乂嘉☐　八八七
☐禾元年十一月廿一日郭渚丘比伍杜忽關邸閣郭據付☐　八八八
☐領黄龍三年貸食雜米斛數簿☐　八八九
□督□别諮督軍糧都尉任所督□□　八九〇
☐……物故無有家屬可詭責……　八九一
無所詭責已列言依癸卯書原除　八九二
☐龍二年吏帥客限米十二斛五斗　正月入倉　八九三
☐□雜職吏合百九人其十一人□☐　八九四
☐　妻應年卅　八九五
☐關邸閣李嵩付倉吏黄諱史潘慮　八九六
☐□卅斛九斗　□　八九七
☐關邸閣李嵩付倉吏黄☐　八九八
領叛士黄龍二年限米卅六斛三斗☐　八九九
□□若　☐　九〇〇
☐關邸閣李嵩付倉吏黄諱史潘慮　九〇一
☐黄龍二年佃卒限米　九〇二
入中鄉嘉禾二年税早米五斛六斗乂嘉禾二年十一月二日□渡丘勇☐　九〇三
入西鄉嘉禾二年私學限米廿一斛乂嘉禾三年二月十二日☐　九〇四
☐……上合□□☐　九〇五
·其廿五斛……　☐　九〇六
☐百付庫吏殷連□　九〇七

九〇八　……米四斛四斗……☒
九〇九　史番孔　☒
九一〇　☒倉吏黄諱番慮□
九一一　☒邸閣李嵩付倉吏☒
九一二　☒嵩付倉吏黄諱潘慮
九一三　☒□諱史番慮受
九一四　☒□□□☒
九一五　☒史潘慮受
九一六　☒限米□□斛□斗
九一七　入桑鄉税米□☒
九一八　入黄龍元年復田☒
九一九　☒……黄龍□年……☒
九二〇　入都鄉□□嘉禾□年☒
九二一　☒月五日□城丘這龍關邸☒
九二二　☒□卅斛佃吏徐廣（？）黄龍元年限米……
九二三　☒　□年八月二日□年一月廿九日□年七月廿九日
九二四　☒□升黄……限米
九二五　☒關邸閣李嵩☒
九二六　☒限米廿□斛㕦嘉禾三年正月四日□☒
九二七　☒吏黄諱史番慮
九二八　☒諱潘慮受
九二九　☒……漬米三斛四斗☒
九三〇　☒年五月七日陵丘童丑關☒
九三一　☒□吴平斛☒
九三二　其四☒
九三三　☒關邸閣李嵩付倉吏黄諱潘慮
九三四　☒禾三年五月六日東田丘□卒周惕關邸☒
九三五　☒……☒
九三六　☒閣郭據付□□☒
九三七　☒十一月十六日郡吏蔡慎關邸閣郭☒
九三八　☒小武陵鄉入叛士限米十七斛☒
九三九　入□鄉税米八斛□☒
九四〇　☒閣李嵩付倉吏☒
九四一　入廣成鄉私學□☒
九四二　☒倉吏黄諱史潘慮☒
九四三　☒米七十□斛四斗㕦☒
九四四　☒黄諱潘慮
九四五　☒録（？）事☒
九四六　☒限米五十斛　☒
九四七　☒□田□□☒
九四八　☒　八月十二日十二月十四日二□
十三日十四日……☒
九四九　☒……□李☒
九五〇　☒□□吏□☒
九五一　☒六斛三斗黄龍元☒
九五二　・右☒
九五三　☒□七月□日……
九五四　☒□□記□□☒
九五五　☒吏黄諱☒
九五六　☒斗㕦□☒
九五七　入東鄉税米五斛五☒
九五八　☒潘慮受
九五九　☒□田□☒
九六〇　☒□□二年五☒
九六一　☒□□嘉禾元年□☒
九六二　☒右□☒

⧄關邸閣□⧄ 九六三
⧄□黃□嘉禾⧄ 九六四
入中鄉嘉禾元年⧄ 九六五
⧄□付倉吏黃⧄ 九六六
⧄潘慮受 九六七
⧄租□□⧄ 九六八
⧄□倉吏黃諱⧄ 九六九
⧄□□米九斛二斗 九七〇
⧄・右⧄ 九七一
入南鄉□⧄ 九七二
⧄□□□⧄ 九七三
⧄中⧄ 九七四
⧄訾□⧄ 九七五
⧄斛 九七六
⧄……⧄ 九七七
⧄□運集州中倉⧄ 九七八
⧄
・卅九斛……
□廿三斛……　⧄ 九七九
⧄□史番慮 九八〇
⧄……米廿七斛八斗　● 九八一
右信（?）家口食二人　⧄ 九八二
⧄五月□日□中丘大男李春（?）關邸閣李嵩□□□黃諱史番慮 九八三
⧄……斛□斗五升六合負者已得（?）送詣□給二年新吏……　● 九八四
⧄……倉（?）……賢…… 九八五
其廿五户中⧄ 九八六
⧄税米一斛五斗⧄嘉⧄ 九八七
□□黃龍二年餘□鹽米□二斛　⧄ 九八八
⧄……黃諱史潘慮 九八九
其廿一斛□⧄ 九九〇
⧄□米十九斛八斗　□年□月□日……　⧄ 九九一
⧄……付倉吏黃諱潘慮 九九二
⧄五斗 九九三
□詣官⧄ 九九四
其五十九斛三斗⧄ 九九五
⧄□屬可詭責⧄ 九九六
⧄……陳（?）□可□⧄ 九九七
其二百⧄ 九九八
部長沙督軍糧督□都尉□□書到復……郡縣屯田⧄ 九九九
右奴家口食□□⧄ 一〇〇〇
武昌□□軍督領□□□承書從事□□…… 一〇〇一
⧄關邸閣李嵩付倉吏黃諱潘慮受 一〇〇二
⧄……九斗四升⧄ 一〇〇三
⧄……任烝（?）□□者□⧄ 一〇〇四
⧄領郡（?）州將上（?）大將（?）軍（?）⧄ 一〇〇五
⧄□龍三年……三斛　●⧄ 一〇〇六
入中鄉嘉禾元年租米八斛六斗⧄嘉禾元年十一月十九日⧄ 一〇〇七
⧄　・其十四斛三斗民入……⧄ 一〇〇八
⧄五十四斛三斗黃龍元年佃卒旱限米　● 一〇〇九
⧄妻大女汝年卅一 一〇一〇
⧄　其五百五十斛……⧄ 一〇一一
⧄……關邸閣李嵩付倉吏黃諱史潘慮受 一〇一二
⧄區□關邸閣李嵩付倉吏黃諱潘慮 一〇一三
入南鄉嘉禾元年租米五十四斛⧄嘉禾元年十一月……⧄ 一〇一四

詭責已列言依癸卯書原☑ 一〇一五
其三百廿斛八斗三升五合☑ 一〇一六
☑付倉吏黃諱潘慮 一〇一七
☑……□□米一百□九斛☑ 一〇一八
☑□□三州倉吏谷漢□ 一〇一九
☑□付倉吏黃諱史潘慮 一〇二〇
・已入三百☑ 一〇二一
☑……付倉吏黃諱史潘…… 一〇二二
入模鄉嘉禾二年限米六斛⿱三乂嘉☑ 一〇二三
☑新吏限米十斛八斗☑ 一〇二四
☑米二斛六斗胄米畢⿱三乂嘉禾元年□月☑ 一〇二五
☑□廿七斛八斗三升　☑ 一〇二六
☑□五月七日東溪丘谷（？）懸（？）關邸閣☑ 一〇二七
☑□五年入□豆二斛九斗　☑ 一〇二八
入南鄉吏黃□艮嘉禾元年租米五☑ 一〇二九
入廣成鄉郡……☑ 一〇三〇
入小武陵鄉嘉禾二年□☑ 一〇三一
☑將阝□ 一〇三二
☑□黃龍元年鹽賈米 一〇三三
☑□丘□□□□關邸閣☑ 一〇三四
☑……限米　☑ 一〇三五
☑下品　☑ 一〇三六
當者……☑ 一〇三七
☑　其五斛二斗□☑ 一〇三八
☑□米十四斛⿱三乂嘉禾三年正月五日□田丘大男□☑ 一〇三九
☑關邸閣李……□☑ 一〇四〇
☑……廿九斛□斗☑ 一〇四一
☑……倉吏黃諱史□□ 一〇四二
☑□私學限米□ 一〇四三
☑關邸閣李嵩☑ 一〇四四
☑三年正月六日胡□丘□☑ 一〇四五
☑蓋何春傅忠□☑ 一〇四六
☑□□二百九□☑ 一〇四七
☑諱史潘慮受 一〇四八
☑閣郭據☑ 一〇四九
☑……民□☑ 一〇五〇
☑朝□□□☑ 一〇五一
☑黃龍三年稅米 一〇五二
☑七百餘米畢☑ 一〇五三
☑禾元年租米二斛⿱三乂嘉禾元年☑ 一〇五四
入都鄉嘉禾二年稅米十斛⿱三乂☑ 一〇五五
☑嘉禾□年火種租米……☑ 一〇五六
☑邸閣郭據付倉吏☑ 一〇五七
☑李嵩☑ 一〇五八
入中鄉嘉禾□☑ 一〇五九
☑吏黃諱☑ 一〇六〇
☑丘大男彭萌關☑ 一〇六一
入東鄉……☑ 一〇六二
☑還民限米☑ 一〇六三
入小武陵鄉……☑ 一〇六四
☑□斛⿱三乂……☑ 一〇六五
☑□簿　☑ 一〇六六
☑史潘慮受 一〇六七
☑□丘□□關☑ 一〇六八
☑□番慮☑ 一〇六九
☑□關邸閣☑ 一〇七〇

☒……九十五斛□☒　一〇七一

・其□□九斛……☒　一〇七二

☒□□鄉黄龍□年佃卒限米　一〇七三

☒十四斛六斗□□元年佃吏限米　一〇七四

□□里户人公乘度貴（？）年五十五　妻大女休年廿九　☒　一〇七五

【注】「度」，姓。《通志・氏族略四》：「度氏，古掌度之官，因以命氏。後漢荆州刺史右鄉侯度尚。」

入西鄉嘉禾租米廿斛五斗𠔁嘉禾元年十一月十九日龍丘……關邸閣☒　一〇七六

【注】依文例，一段「嘉禾」下脱年份。

領新吏四户　☒　一〇七七

☒□合一千五百一十二斛……　一〇七八

☒……付倉吏黄諱☒　一〇七九

☒　其三百□□□斛……☒　一〇八〇

其□百八十八斛四斗……　一〇八一

其二斛七斗黄龍二年……　一〇八二

其八十斛黄龍□年……米　一〇八三

其六百十六斛□斗七升黄龍元年租米　一〇八四

☒　……𠔁……月□日楊溲丘䈅（蒴？）角關邸閣李嵩付倉吏
黄諱史潘慮　一〇八五

領軍吏一户下品　☒　一〇八六

右舉家口食□人　☒　一〇八七

入黄龍二年吏帥客限米三斛　☒　一〇八八

☒黄龍元年新吏限米九斛□□
□□黄龍元年新吏限米□□□斗　□　一〇八九

・其一千三百十二斛九斗吏雷□黄龍三年鹽賈☒　一〇九〇

・其二百斛黄龍三年□☒　一〇九一

右都鄉□□□雜米廿四斛　一〇九二

・其□斛黄龍□年……☒　一〇九三

・其廿四斛嘉禾元年……　一〇九四

□　郡吏監賢　卒　一〇九五

□黄龍三年領吳平斛米四斛六斗五☒　一〇九六

高遷里户人公乘趙鹽（？）年五□☒　一〇九七

☒關邸閣李嵩付倉吏黄諱潘慮受　一〇九八

・右□家口食□人　☒　一〇九九

・其十八斛九斗黄龍二年□稅米　一一〇〇

其□斛黄龍三年旱限米　一一〇一

吉陽里户人公乘常宜年卌　妻當年卌九　一一〇二

其六户□品　一一〇三

其……黄龍三年□□限米　一一〇四

・右歲伍謝胥（？）領吏民七十五户　☒　一一〇五

☒……斛四（？）升黄龍□年□米　一一〇六

入黄龍三年租米一斛三斗八升　☒　一一〇七

其一户上品　☒　一一〇八

入黄龍□年私學限米□斛□斗　一一〇九

□嘉禾元年正月七日劉銀□□模（？）鄉（？）□□□史□堂付
市吏番☒　一一一〇

領黄龍元年……雜米三千四……☒　一一一一

☒□人一具合……　一一一二

・其廿斛□斗□☒　一一一三

☒其卅七户下品　☒　一一一四

☒上品　☒　一一一五

☒……限米☒　一一一六

・其一百八十五斛四斗五升黄龍元年私學限米　一一一七

其廿八斛七斗六升關邸閣李嵩倉吏……　一一一八

一一一九 入黃龍三年租米田□斛一斗八升　⧄
一一二〇 •其九百廿八斛八斗九升黃龍三年私學限米
一一二一 •其一百十七斛八斗五升黃龍元年私學旱限米
一一二二 出黃龍三年稅吴平斛米□十四斛嘉禾元年五月□日□付大男盧張運詣州中
一一二三 •其□斛九斗八升七合黃龍□□佃吏稅米⧄
一一二四 其八十一斛三斗黃龍元年稅白米
一一二五 其廿一斛八斗郡吏區曾（？）黃龍二年鹽賣米
一一二六 •其廿斛五斗黃龍二年叛士限米　⧄
一一二七 •右模鄉入租米一百五十二斛三斗　□　中
一一二八 •……百八十九斛□斗八升黃龍□年私學限米
一一二九 其卅斛郡吏氾（？）和黃龍二年□□□
一一三〇 •右五人應共出弩一張箭百枚句……⧄
一一三一 南鄉謹列嘉禾五年限佃人户口食人名簿　•⧄
一一三二 •右九月入雜吴平斛米□七斛一斗四升八合□□□
一一三三 •其六十六斛一斗黃龍元年⧄
一一三四 ⧄……詣宮給□□⧄
一一三五 入平鄉稅叐一斛□⧄
一一三六 ⧄□閣李嵩付倉吏黃潘□⧄

【注】依文例，「黃」下脱「諱」字。

一一三七 領郵卒黃龍二年稅米……⧄
一一三八 領郡吏二户下品　⧄
一一三九 ⧄私學限米一斛⧄
一一四〇 ⧄李嵩付倉吏黃諱史番慮　⧄
一一四一 ⧄李嵩付倉吏黃讓番⧄
一一四二 ⧄據付倉吏黃諱史番慮⧄
一一四三 ⧄□□蔡楊（？）運集州中倉⧄
一一四四 廣成鄉私學□⧄
一一四五 ⧄□□審□⧄
一一四六 ⧄□諱□⧄
一一四七 ⧄丘大男謝……⧄
一一四八 ⧄□升黃龍三年私學限⧄
一一四九 ⧄□龍二年粢租米　⧄
一一五〇 •其七十六斛三斗黃龍元年□□稅米
一一五一 ⧄……元年稅米……≡嘉禾元年十一月四日□下丘□□關邸閣⧄
一一五二 右□家口食□人　□
一一五三 •右□家口食二人⧄
一一五四 •其一户上品　⧄
一一五五 ⧄十日□□丘男子文□⧄
一一五六 入□鄉嘉禾□年□⧄
一一五七 ⧄□□稅米⧄
一一五八 入小武鄉子弟□⧄

【注】「小武鄉」疑爲「小武陵鄉」之誤。

一一五九 ⧄諱史潘慮受
一一六〇 ⧄嘉禾三年□⧄
一一六一 ⧄據付倉吏黃諱⧄
一一六二 ⧄□稅白米二斛□⧄
一一六三 ⧄　•其四户下品　⧄
一一六四 ⧄史番慮
一一六五 ⧄□斗五……
一一六六 入平鄉□□二年□□□限米□⧄
一一六七 ⧄嘉禾□年十一月十一日小赤丘大男潘萇關邸閣郭據⧄
一一六八 ⧄斛≡嘉禾元年十一月十一日東扶丘力田鄧將關邸閣郭據⧄
一一六九 ⧄　•其四十二斛九斗六升黃龍□年郡士租米
一一七〇 ⧄……⧄

☒□□丘……☒　一一七一
·右諸鄉入佃帥限米☒　一一七二
入中鄉嘉禾元年税米四斛……☒　一一七三
☒邸閣郭據☒　一一七四
☒付倉吏黄諱史番☒　一一七五
☒元年八月三日□十月廿一日□□□□月十一日　一一七六
☒□倉（？）吏……　一一七七
☒鄭黑謹列起六月□日☒　一一七八
☒十五斛五斗旲嘉禾□□□□日小赤丘☒　一一七九
☒……☒　一一八〇
☒其卅九斛九斗六升……擿米　☒　一一八一
☒……斛六……☒　一一八二
☒慮受　一一八三
☒付倉吏黄諱潘☒　一一八四
☒□□（？）年卅六（？）☒　一一八五
☒據付倉吏黄☒　一一八六
☒關邸閣郭據☒　一一八七
☒□百廿□斛七斗☒　一一八八
☒□□卒限米　☒　一一八九
☒□月七日□☒　一一九〇
☒租税米二百斛☒　一一九一
入模鄉嘉禾二年郵卒☒　一一九二
☒□慮受　一一九三
☒右小武陵鄉入黄龍……☒　一一九四
☒□付倉吏……　一一九五
☒三日□□丘☒　一一九六
☒吏□年限□　一一九七
入□鄉嘉禾☒　一一九八

☒□米三斛□□☒　一一九九
☒據付倉吏黄諱史☒　一二〇〇
☒據付三州倉吏黄☒　一二〇一
入小武陵鄉税米一斛□☒　一二〇二
入黄龍元年吏帥客限☒　一二〇三
☒□□□限米☒　一二〇四
☒嵩付倉吏黄☒　一二〇五
☒倉吏黄諱潘慮受　一二〇六
☒　中　一二〇七
☒□□□米☒　一二〇八
☒□詔和□☒　一二〇九
☒禾二年佃吏限☒　一二一〇
富貴里户人公乘☒　一二一一
☒禾三年正月七日唐鄉丘吴□☒　一二一二
☒諱史潘慮　一二一三
☒　其□□斛☒　一二一四
·其☒　一二一五
☒□斛嘉禾□☒　一二一六
入……鄉税……☒　一二一七
☒旲嘉禾☒　一二一八
☒□陳（？）□　一二一九
妻睸年☒　一二二〇
☒倉吏黄諱史番☒　一二二一
☒米一斛三斗旲嘉禾元□☒　一二二二
入小武陵鄉税米□☒　一二二三
☒　其七十二斛九斗……☒　一二二四
入東鄉税米四斛□☒　一二二五
☒……嘉禾元年租米☒　一二二六

入中鄉嘉禾元年租米☒ 一二二七
☒　其一户☒ 一二二八
☒□關邸閣李☒ 一二二九
☒□限米 一二三〇
☒　□丘男子伍大關邸☒ 一二三一
☒黃龍二年□☒ 一二三二
☒李金 一二三三
☒□黃□□□☒ 一二三四
☒□□斛八斗　☒ 一二三五
☒倉吏黃諱史☒ 一二三六
☒五☒ 一二三七
☒田周計☒ 一二三八
·右□☒ 一二三九
☒卅□　☒ 一二四〇
☒□李（？）……☒ 一二四一
☒□□入倉☒ 一二四二
入東鄉税米☒ 一二四三
☒□□關邸閣☒ 一二四四
☒訨□□☒ 一二四五
☒□黃諱□□ 一二四六
入□鄉□米☒ 一二四七
入小武陵鄉税米☒ 一二四八
☒⿱三乂嘉禾元年十一月☒ 一二四九
已□百卌（？）斛五斗七☒ 一二五〇
☒□受嘉禾二年□米☒ 一二五一
☒荅（？）□□☒ 一二五二
☒九斛七斗八升七合□☒ 一二五三
☒區平關□☒ 一二五四
☒⿱三乂嘉禾五□☒ 一二五五
☒諱史潘□☒ 一二五六
□□☒ 一二五七
☒關邸閣☒ 一二五八
入西鄉□☒ 一二五九
□嘉禾元☒ 一二六〇
☒盛關邸閣☒ 一二六一
☒邸閣李嵩付倉☒ 一二六二
☒□□☒ 一二六三
☒閣李嵩付☒ 一二六四
☒關邸閣李☒ 一二六五
入中鄉□☒ 一二六六
□□□嘉禾二年☒ 一二六七
☒□米一百□☒ 一二六八
·右□☒ 一二六九
☒九斛 一二七〇
☒□畢⿱三乂☒ 一二七一
☒丘男子廬（盧）宸（？）關☒ 一二七二
☒□二斛七斗☒ 一二七三
☒□諱（？）☒ 一二七四
☒關邸閣☒ 一二七五
☒百七十四☒ 一二七六
□東鄉税☒ 一二七七
☒⿱三乂嘉禾☒ 一二七八
入中鄉□☒ 一二七九
☒五年税☒ 一二八〇
☒禾三年□□☒ 一二八一
☒……吏鄭…… 一二八二

其二百八十九斛七斗……倉吏黃諱潘□⧄　一二八三
⧄□三户口食□六人⧄　一二八四
⧄領官⧄　一二八五
⧄五□⧄　一二八六
⧄□户　⧄　一二八七
⧄　·其一千六十斛一升黃龍三年……　⧄　一二八八
入都鄉嘉禾元年税米廿三斛〼嘉禾元年十一月十日員東丘力田彭　一二八九
萌民黃□⧄　一二九〇
⧄其一百六十五⧄　一二九一
　·右中鄉入⧄　一二九二
⧄一斛〼嘉禾三年⧄　一二九三
⧄□米二斛　•⧄　一二九四
⧄慮□⧄　一二九五
⧄廿五斛四斗黃龍二⧄　一二九六
入桑鄉税⧄　一二九七
⧄日小赤丘大男⧄　一二九八
⧄五月……⧄　一二九九
⧄吏潘慮　一三〇〇
⧄□閣李⧄　一三〇一
　·其二户⧄　一三〇二
⧄□□石丘（?）⧄　一三〇三
⧄米一斛□⧄　一三〇四
⧄其十七户中品⧄　一三〇五
⧄□□關□□⧄　一三〇六
⧄……二年子弟限米十斛　⧄　一三〇七
入平⧄　一三〇八
⧄〼嘉禾元年□月五日　一三〇九
⧄□一斛八斗□⧄　一三一〇
⧄……丘縣吏區⧄　一三一一
入都鄉嘉禾元年……⧄　一三一二
⧄吏黃諱番⧄　一三一三
⧄……倉吏黃諱⧄　一三一四
⧄吏黃諱潘⧄　一三一五
⧄元□□⧄　一三一六
⧄□□□⧄　一三一七
⧄□□□⧄　一三一八
⧄□年卅（?）二⧄　一三一九
⧄番□⧄　一三二〇
⧄領吏民□⧄　一三二一
⧄税米五斛⧄　一三二二
⧄　·其一斛員口□⧄　一三二三
⧄□廿六人應列⧄　一三二四
⧄……斛〼嘉⧄　一三二五
⧄嵩付倉吏黃⧄　一三二六
⧄斛二斗〼⧄　一三二七
⧄嘉禾二年⧄　一三二八
⧄吏潘慮　一三二九
⧄嘉禾元年⧄　一三三〇
⧄五十四斛⧄　一三三一
⧄據付倉吏黃⧄　一三三二
⧄千□百□⧄　一三三三
入平鄉嘉禾元年領⧄　一三三四
⧄元年十月⧄　一三三五
⧄黃諱□⧄　一三三六
⧄鹽米⧄　一三三七
⧄中

☐禾二年稅米一斛☐ 一三三八
入都鄉嘉禾元☐ 一三三九
入都鄉嘉禾☐ 一三四〇
☐一十二斛☐ 一三四一
☐吏黃諱□☐ 一三四二
☐□新唐□☐ 一三四三
入西鄉嘉☐ 一三四四
☐季☐ 一三四五
☐董基☐ 一三四六
☐……稅米□□☐ 一三四七
☐□九□☐ 一三四八
☐訾五☐ 一三四九
☐□□□□☐ 一三五〇
☐吏番☐ 一三五一
☐九斗九升七合黃龍三年吏帥客限☐ 一三五二
☐　其廿□斛六斗四升□吏□☐ 一三五三
☐關邸閣郭據付倉吏黃諱潘慮 一三五四
入中鄉嘉禾元年稅米六十九斛𦏵嘉☐ 一三五五
☐倉麦以其月十□日關邸閣郭據付倉吏□☐ 一三五六
其廿四斛六斗黃龍元（？）年□限米　☐ 一三五七
入黃龍三年□□稅米　☐ 一三五八
其一百斛一□☐ 一三五九
☐□斛二斗𦏵嘉禾元年十☐ 一三六〇
☐年十一月廿五日□□☐ 一三六一
·……限米 一三六二
入西鄉嘉禾二年☐ 一三六三
□□□年五月七日關邸閣郭據付倉吏黃諱史番慮 一三六四
·其四百七十二斛五斗□升黃龍元年吏帥客旱限米 一三六五
☐妻妾年卅一　☐ 一三六六
☐□□□□☐ 一三六七
區里户人公乘……☐ 一三六八
□入西鄉☐ 一三六九
☐□□□☐ 一三七〇
☐·其五斛吏☐ 一三七一
☐年租米十四斛𦏵嘉禾☐ 一三七二
☐□金限米二斛冑畢𦏵☐ 一三七三
入平鄉稅米九斛☐ 一三七四
□賣□☐ 一三七五
☐其一斛五斗三升黃☐ 一三七六
☐冑畢𦏵盧☐ 一三七七
☐嘉禾二年稅米□□☐ 一三七八
☐□肅倉曹掾☐ 一三七九
入北（？）鄉嘉禾二年郵卒限米□斛☐ 一三八〇
☐其十八斛九斗黃龍□年□米　☐ 一三八一
臨湘□吏☐ 一三八二
☐其卅（？）六斛六（？）斗黃龍元☐ 一三八三
☐……百三斛九斗九升　☐ 一三八四
·右四人應☐ 一三八五
入□鄉稅米十四斛九斗四升☐ 一三八六
☐𦏵嘉禾三年正月☐ 一三八七
☐五斛黃龍三年租米　☐ 一三八八
☐限米十三斛　☐ 一三八九
入中鄉嘉禾□□☐ 一三九〇
□嘉禾二年□☐ 一三九一
☐斗二升負者罟死叛☐ 一三九二
☐□租米七☐ 一三九三

一五〇一　〼廣成鄉□□〼
一五〇二　〼三年五月三日□〼
一五〇三　入嘉禾元年□□□〼
一五〇四　〼倉吏黃諱□〼
一五〇五　〼吏帥客限〼
一五〇六　〼黃龍元年鹽賈米〼
一五〇七　〼米　〼
一五〇八　〼□□元年……〼
一五〇九　〼諱史番〼
一五一〇　〼□白米廿斛五〼
一五一一　〼三州倉〼
一五一二　入都鄉〼
一五一三　〼□年……〼
一五一四　〼……〼
一五一五　〼西鄉〼
一五一六　〼□黃龍〼
一五一七　〼□丑嘉〼
一五一八　〼溲丘大男〼
一五一九　〼諱番〼
一五二〇　〼慮〼
一五二一　〼吏番〼
一五二二　〼佃卒限米〼
一五二三　〼關邸閣郭□〼
一五二四　〼　·其……限米
一五二五　〼……
一五二六　·……斛□斗□升……〼
一五二七　〼□限米　〼
一五二八　〼□卒□□〼
一五二九　〼□月廿日〼
一五三〇　〼據付倉……〼
一五三一　〼……李嵩付倉□〼
一五三二　〼黃諱番〼
一五三三　〼□文□〼
一五三四　□黃龍元年……〼
一五三五　入□鄉嘉禾三年□□〼
一五三六　專妻大女□年六十　象女弟汝年十六筭一
一五三七　雙（？）弟仕伍牙年五歲
一五三八　賢妻大女婢年卅三　賢子男仕伍業年五歲
一五三九　州卒梅誌（？）年卅二
一五四〇　□男周從年廿三　□母妾年七十二踵（腫）足
一五四一　□□公乘龍年八十六　□□大女□年廿三筭一
一五四二　□□□□□頭（？）年廿五　頭（？）父公乘張年八十
一五四三　·□史潘慮……
一五四四　□子公乘囷年十三
一五四五　史子女鵠年八歲
一五四六　……吏……客家數年紀口食人名簿
一五四七　黃弟仕伍孔年四歲　張姪子公乘謾年……
一五四八　右盡家口食□人
一五四九　〼　張安□□年七歲
一五五〇　縣卒吴帛年廿七　帛妻大女貪年廿三
一五五一　□老父公乘閅年八十一盲兩目　閅妻大女熹年六十一

【注】「閅」，《玉篇·門部》：「門不開。」音dàng。

一五五二　州吏潘釘年卅三
一五五三　·胡女弟練年二歲　□小妻𣎳年廿五已死

【注】「𣎳」，《龍龕手鑑》：「音木」。

一五五四　·右厚（？）口食九人　訾五十〼

……年□歲　□叔父公乘㑬年六十七踵（腫）兩足　一五五五

·□弟□□年五歲　□妻□□年□□□□☒　一五五六

其二户江（？）師　一五五七

·庳子男仕伍福年八歲　福男弟仕伍□年五□☒　一五五八

銀弟仕伍奴年七歲　造（？）姪子仕伍平年八歲　一五五九

·右誌家口食十□人　一五六〇

□姪子仕伍□年四歲　綟女弟㽅（？）年三歲　一五六一

【注】「綟」，疑即「㬎」字，通「顯」。《説文·日部》：「㬎，象微杪也。從日中視絲，古文以爲顯字。」

邪兄公乘炭年卌五給佃帥　炭妻大女陵年卌四　一五六二

【注】「邪」，《玉篇·邑部》：「睢陽鄉名。」音huì。或説同「邪」。

……　□弟仕伍□年三歲　☒　一五六三

……　□□仕伍□年十六　一五六四

狶（？）姪子女□年廿　牛弟仕伍□年六歲　一五六五

·右邪家口食七人　一五六六

張女弟懟年十六　□寡嫂大女持年七十四　一五六七

【注】「懟」，疑爲「懟」之俗寫。《説文·心部》：「懟，怨也。」

民男子蔡郃年卅八　一五六八

□寡女弟宜年卌二　□弟仕伍業九歲　一五六九

其九户給郡縣吏　……　一五七〇

其三户給驛兵　一五七一

宜子女卵年六歲　卵女弟將年三歲　一五七二

【注】「卵」，或釋爲「肥」。

從女弟□年□歲　一五七三

造子女兀年十八筭一　兀女弟鉏（？）年十四　一五七四

芬子仕伍夏年三歲　一五七五

民男子蔡成年卅六刑右足　一五七六

……潘□……　……女□年三歲　一五七七

□吏五桓（？）年卅五　桓妻大女汝年廿二筭一　一五七八

妻□謀（？）年五十　☒　一五七九

妻大女耳年廿七　子小女珖年六歲　一五八〇

【注】「珖」，《集韵·唐韵》：「玉名」。音guāng。·□男弟仕伍㨉年九歲　庳父公乘平年七十二　一五八一

民男子唐南年卌四腹心病　一五八二

筭妻大女□年卌　筭子女萇年九歲　一五八三

·右蒲家口食二人　☒　一五八四

【注】「蒲」，「蓿」之俗字。「蓿」，《玉篇·艸部》：「草根。」音xiāo。

·達母大女□年六十九　妻大女□年十□刑□　一五八五

□子仕伍强年九歲腹心病　强弟仕伍□年七歲　一五八六

倫兄公乘觀年卌一刑右足　觀妻大婢年卌五刑□□　一五八七

【注】依文例，「大」下脱「女」字。

·釘兄公乘桐年六十盲左目　桐妻大女梨年六十二　一五八八

·惦母大女繐年六十六　惦寡姑大女芬年五十　一五八九

☒卒潘囊年廿一　一五九〇

·㮝子公乘印年十歲　粱（？）大父示（？）年九十一　一五九一

·賢男桓年卅六給習射　桓子女主年十一　一五九二

民男子郭犒年廿二刑左手絜病　一五九三

·右□家口食六人　一五九四

晃妻大女壬年廿九筭一　晃子女金年四歲　一五九五

·右碩家口食十一人　一五九六

□妻大女民年廿六　子（？）小女汙年八歲　一五九七

【注】「汙」，「泅」之異體字。《説文·水部》：「汙，浮行水上也。泅，汙或從囚聲。」

毛妻大女□年廿八　毛弟公乘屈年十三腹心病　一五九八

·□妻大女思年六十二　宣寡□大女□……☒　一五九九

領元年用具錢……九萬　☒　一六〇〇

曹子女什年六歲　曹姪子仕伍范年七歲　一六〇一

•囨□家口食十二人　……〼　一六〇二

〼歲　一六〇三

•右□家口食四人　一六〇四

入□鄉嘉禾二年税米五斛□〼　一六〇五

〼其二斛□□〼　一六〇六

•陽弟仕伍愓年四歲　愓弟仕伍□年二歲　一六〇七

右□家口食六人　一六〇八

連男弟仕伍蒴年一歲　庫男弟公乘石年十五〼　一六〇九

……囯廿二　□妻大女牛年廿筭一　一六一〇

□馬妻大女賜年卅一　馬子□年十五　一六一一

【注】「賜」，《説文·貝部》：「資也。或曰，此古貨字。讀若貴。」

□□□□年卌八　□妻大女文卅五筭　一六一二

□子女手年六歲　……〼　一六一三

健姪子仕伍敢年七歲　●　一六一四

銀男弟仕伍仨年九歲　仨女弟邑年八歲　一六一五

郡吏烝恪（？）年卅三　一六一六

次户下奴道長五尺　一六一七

□男弟仕伍燔年四歲　燔女弟汝年二歲　一六一八

圂弟仕伍知年九歲耳聾病足　知弟仕伍堂年六歲强司　一六一九

堂弟仕伍春年四歲□□物故　圞父公乘勳年六十一刑囨□　一六二〇

野圂公乘沽年卅一腹心病　沽妻大女新年卅六筭　一六二一

•右野家口食五人　一六二二

郡吏黄士年十三　士兄公乘追年廿三刑□　一六二三

【注】郡吏黄士年僅十三，或記録有誤。

右禾（？）家口食十五人　一六二四

野妻大女□年五十四　一六二五

•□妻大女□年卅四●　□子女銀年十三●　一六二六

民男子胡悳（？）年七十龍（聾）兩耳　□姪子仕伍得年五歲　一六二七

•沽子仕伍□年三歲龍（聾）耳　一六二八

【注】「悳」，同「德」。

•□妻大女蘭年八十一龍（聾）耳　□弟仕伍□年□歲　一六二九

•右雒家口食五人　一六三〇

次子仕伍孫年六歲　孫弟仕伍休年四歲　一六三一

盡子女金年八歲　一六三二

州吏尹澤年卌五　澤妻大女沔年卌筭□　一六三三

□弟仕伍勉年七歲　〼　一六三四

盡弟盡年卅九　盡妻大女□年卅　盡子男如年六歲　一六三五

•閧四……子弟限田……　一六三六

•右建家口食三人　一六三七

汝弟仕伍叩年九歲刑右足　叩弟仕伍和（？）年四歲　一六三八

叨妻大女囊年六十一　囊弟公乘軍年十四腹心病　一六三九

妻大女梨年八十四　平孫子仕伍軍年七歲聾耳　一六四〇

郡卒吴利年卅一……　一六四一

和女弟前年二歲　專妻大女是年八十　一六四二

宜弟仕伍密年三歲　桐寡嫂大女是年七十八　一六四三

郡吏鄧建年廿三　一六四四

•貴父公乘宿年八十二死　宿妻大女得年七十六　一六四五

•右囷家口食六人　一六四六

□妻大女長年廿七　蒴父公乘僮年八十一賴（癩）病　一六四七

□妻大女收（？）年十九　建弟仕伍川年七歲　一六四八

休女弟壬年二歲　次弟公乘晃年卅一筭　一六四九

•右釘家口食十一人　一六五〇

·右薕家口食三人　●　一六五一
·右惦家口食十□人　一六五二
·右午家口食七人　一六五三
午男弟公乘湯年十二〼　一六五四
·祀女弟□年二歲　尋好子女陵年廿六　一六五五
【注】「好」，疑爲「姪」字之誤。或説應爲「婢」字之别體。
右莨家口食九人　●
豪（？）子公乘齎（？）年卅一給官瓦師　齎（？）　一六五六
妻大女思年廿四筭一　一六五七
·司子公乘强年廿四腹心病　强妻大女礼年十九筭一　一六五八
民男子黄〓年五十□□　·〓妻大女汝年六十二　一六五九
枇子女陵年九歲　陵小弟來年二歲　一六六〇
·右士家口食六人　一六六一
【注】簡一六六一至一七九九出土時原爲一捆，其揭剥順序請參見附録一《竹簡揭剥位置示意圖》。
邑女弟賈年六歲　賈男弟仕伍武年四歲盲　一六六二
〼五十户口食四□□〼　一六六三
惦妻大女妾年五十四　惦子女婢年十歲　一六六四
·婢男弟仕伍屬年八歲　屬女弟汝年六歲　一六六五
武女弟取年二歲　怡（？）兄公乘惦年五十五刑右足　一六六六
·右石家口食五人　一六六七
□妻大女婢年六十一踵足　頭（？）弟仕伍黄年九歲　一六六八
·右□家口食二人　一六六九
·右□家口食四人　一六七〇
右廣成里領吏民五十户口食二百九十□人　一六七一
□□人□□被病物故　一六七二
民男子蔡收（？）年八十一盲右目　□妻大女黑……　一六七三
司户下婢□長五尺　司户下奴安長五尺　一六七四

州吏惠巴年十九　巴父公乘司年六十七張（漲）病　一六七五
·妻大女足年七十四　足孫子女取年五歲　一六七六
·達兄公乘力年廿四筭一　力弟公乘□年□□　一六七七
……年□十九給□□　一六七八
·右求（？）家口食四人　一六七九
·□男姪〓年九歲　·敢（？）父公乘利年八十給子弟　一六八〇
·利妻大女孰年七十　從女弟絹三歲　一六八一
·敢（？）妻大女婢年卅四　·敢（？）子女姑年六歲　一六八二
·□姪子仕伍□年七歲　一六八三
·妻大女莨年卅一　子仕伍大年三歲　一六八四
·右羚（羜？）家口食十人　●　一六八五
【注】「羚」，疑爲「羜」字别體。「羜」，《説文·羊部》：「五月生羔也。從羊，宁聲。讀若煮。」音zhù。或説當釋爲「羚」。「羚」，母羊。
民男子周車年五十三腹心病給困父　·車妻大女屈年五十　一六八六
明從兄公乘梁年六十二踵（腫）兩足　梁妻大女至卅四筭一　一六八七
韶妻大女齎年卅　子女福年八歲　一六八八
遠妻大女聞年卅二　子女黝年十歲　一六八九
黝（？）女弟梟年七歲　梟弟仕伍奴年二歲闇病　一六九〇
·右逵（？）家口食三人　●　一六九一
民男子蔡張年卅四　一六九二
·趀弟仕伍齎年七歲　齎女弟呙年五歲　一六九三
【注】「趀」，同「趑」《説文·走部》：「蒼卒也。」即「倉猝」。音cī。
尋妻大女司年卅四踵（腫）右足　囊男弟公乘祀年十一　一六九四
兒子女小年七歲　●　一六九五

囊妻大女初年廿六　囊父公乘尋年六十一苦虐（?）病　一六九六

・右囊家口食八人　一六九七

縣卒謝牛年廿四　●　一六九八

午妻大女傅年廿　・午父公乘范年六十一　一六九九

・羅（?）　蔡　喬　□　一七〇〇

其二户給郡園父　●　一七〇一

其一户給朝丞　一七〇二

〼縣吏唐晊年六十　晊妻大女妾年六十踵（腫）足　一七〇三

〼　・定應役民廿户　一七〇四

・其五户尩羸老頓貧窮女户　一七〇五

□吏蔡賢年卅六　●　一七〇六

民男子李兒年卅一　兒妻大女智（?）卅八筭聾　一七〇七

【注】依文例，「智」下脱「年」字。

郡卒潘囊年廿三　一七〇八

・右兒家口食三人　●　一七〇九

民男子劉宜年卅六□盲右目　宜妻大女汝年卅八筭　一七一〇

右回家口食二人　一七一一

右宜家口食三人　一七一二

右□家口食四人　●　一七一三

州吏吕次年卅七　次妻大女庬年卅三　一七一四

【注】「庬」，「親」之異體。《龍龕手鑑・廣部》：「庬，古文，音親。」

收（?）弟仕伍限（?）年二歲　●　一七一五

□姪子仕伍碓年九歲　碓弟仕伍陽年七歲　一七一六

・右□家口食六人　一七一七

解妻大女頃年十五踵（腫）　解弟士伍致（?）年八歲腹心病　一七一八

署妻大女客年五十三　署子公乘解年十三刑目　一七一九

郡吏黄蔦年廿五　蔦父公乘署年五十七　一七二〇

・□男弟及年六歲　及弟仕伍什年四歲腹心病　一七二一

署姪子女咄年十二　一七二二

軍吏朱謙年卅五　謙妻大女壹年廿六筭一　一七二三

民男子黄張年五十三踵（腫）兩足　盲張妻大女庶（?）年　一七二四

卅三筭一

・右俾家口食七人　一七二五

橋弟仕伍□年四歲　一七二六

璠（?）弟公乘橋年十八盲左目　橋妻大女連年十九筭一　一七二七

・右象家口食廿二人　一七二八

縣吏鄧播年廿七　璠（?）妻大女金年廿一筭　一七二九

【注】上段縣吏名「播」，下段作「璠」，二字未知孰正孰誤。

右□家口食四人　●　一七三〇

〼　□□仕伍□年□歲　□□□年□歲　一七三一

□子女琊年十三　琊女弟賫（?）年九歲　〼　一七三二

使弟公乘得年十一　一七三三

・右車家口食九人　一七三四

民弟仕伍攸年四歲　攸女弟帛年二歲　一七三五

辛子女䞭（䞭）年九歲　䞭（䞭）女弟民年六歲　一七三六

□子公乘農年十八腹心病　農妻大女姑年十九筭一　一七三七

□弟公乘應年十八筭一　應女弟使年十六筭一　一七三八

右客（?）家口食八人　一七三九

右亳（?）家口食四人　一七四〇

民大女唐扇年七十四　扇子公乘雔（?）年十五踵（腫）左足　一七四一

【注】「雔」，同「鵲」。

・□弟士伍□年□歲　一七四二

鼠小妻囷年卅六筭一　囷子女婢年五歲　一七四三

•□女弟説年六歲　司姪子仕伍閻年五歲　一七四四
司（?）子仕伍士年五歲　士女弟非年三歲　一七四五
勝（?）子士五□年二歲　一七四六
右過家口食七人　一七四七
右袁（?）家口食六人　一七四八
•□姪子公乘□年十三　級（?）妻大女使年十三　一七四九
右恒（?）家口食五人　一七五〇
右思家口食八人　一七五一
•種弟仕伍諮（?）年五歲荆右足　憍（?）小妻大女□
年卅一踵（腫）足　一七五二

【注】「憍」同「驕」。《廣韻·宵韻》：「憍，本亦作驕。」

•右漢家口食六人　一七五三
□姪子□年卅九給子弟　□妻大女衷（?）年廿六筭一　一七五四
民男子□漢年七十三踵（腫）兩足　漢妻大女宜年六十三　一七五五
右宜家口食五人　一七五六
•□姪子公乘約年十一　一七五七
•宜子女從年五歲　•從弟仕伍足年四歲　一七五八
•橋子公乘種（?）年廿（?）二腹心病　種妻大女孫年十六
筭一　一七五九
使宂（?）子仕伍文年八歲　一七六〇
•右留家口食六人　一七六一
民男子謝文年七十四　文妻大女邽（?）年六十　一七六二
•文小妻大女婢年卅六踵（腫）兩足　文子女養年十歲　一七六三
民男子范宜年卅二荆右足　宜妻大女姑年卅二筭一　一七六四
•文姪子仕伍祓年三歲　•文從兄賢年八十七　一七六五
□□□□公乘□年九十三　一七六六

右金家口食三人　一七六七
民男子朱賢年六十一□□　賢妻大女□年五十九□□　一七六八
•賢子女姑年十六筭一　姑弟公乘狗年十二　⧄　一七六九
右賢家口食四人　一七七〇
民男子屈騎年六十二荆⿴□　騎妻大女客年五十三　一七七一
民男子唐金年八十二　金妻貞年五十二　一七七二
民男子朱萇年六十七□□亭復人　萇妻大女礼年卅三筭一　一七七三
萇子公乘興年十荆右足　興弟仕伍巡年六歲踵（腫）□□　一七七四
民男子□文年六十四　•文妻大女婢年五十二　一七七五
•文子公乘饒年十五筭　饒女弟汝年八歲　一七七六
•廣子女還年十三　還女弟毛年八歲　一七七七
民男子楊明年八十六給驛兵　明妻大女敬年六十二　一七七八
•□弟仕伍文年五歲荆右足　□母大女思年九十八　一七七九
明子公乘秃年十一　明姪子女錢年十三　一七八〇
民男子蔡若年卅七給驛兵　若妻大女賜年卅筭一　一七八一
民男子周□年廿三□□　□妻大女□年廿二筭一　一七八二
•右□家口食七人　一七八三
右大（?）家口食五人　一七八四
民男子周托年卅二盲□□　托妻大女汝年廿七雀（截）卻（脚）　一七八五
□□□
民男子張卒年六十一　卒妻大女誅年卅三筭一　一七八六
……子女稟（?）年八歲　稟（?）女弟盖（?）年六歲　一七八七
•右騎家口食七人　一七八八
•確（?）弟仕伍頭年六歲　頭弟仕伍奴年四歲　一七八九

·右明家口食五人　一七九〇
·右張家口食七人　一七九一
·碓弟公乘圭年廿腹心病　圭妻大女譙年廿三踵（腫）足　一七九二
府（？）女弟气（乞）年十六筭一　府（？）母大女妾年
七十一物故　一七九三
·右府（？）家口食四人 ●　一七九四
民男子楊秃年六十　秃妻大女姑年卌九筭一　一七九五
□妻事年卅八筭一　秃母大女妾年八十四　一七九六
廣成里謹列領任吏民人名年紀口食爲簿　一七九七
廣成鄉謹列嘉禾六年吏民人名年紀口食爲簿　一七九八
秃子仕伍白年四歲　秃弟公乘期年五十腹心病　一七九九
右秃家口食九人　一八〇〇
民男子黄鼠年卌四盲右目　鼠妻大女汝年卌一筭一　一八〇一
張母大女婢年六十八　張男姪趚（趚）年九歲　一八〇二
妻大女繙年卅三　子小女黄年九歲　一八〇三
民男子吴司年六十　司妻大女運年卅筭一　一八〇四
右宗家口食十三人　一八〇五
縣吏謝韶年五十一　一八〇六
樂（？）姪子公乘延年十歲　一八〇七
·卓（？）子公乘碓年廿七刑左足　碓妻大女汝年廿二
筭一 ●　一八〇八
·右蘤家口食四人　一八〇九
民男子鄧鼠年卅八　一八一〇
民男子周明（？）年卅□　明（？）妻大女□年卅四筭一　一八一一
凡口五事一筭二事□　訾五十　一八一二
明子仕伍成年三歲　明弟仕伍龍年九歲刑足　一八一三
右樊家口食五人　一八一四
子弟黄澤年卌　澤妻大女濯年卅八筭一　一八一五
□□嫁母汝年七十四　一八一六
·其一户給□乞兒　一八一七
民大女郭思年八十三　思子公乘□年六十一給子弟　一八一八
右□家口食九人　一八一九
·右文家口食四人　一八二〇
·明孫子女十（？）年四歲物故　一八二一
州卒蔡區年卅二　區妻大女□年廿七筭　一八二二
民男子羅政年卅八踵（腫）兩足　一八二三
……公乘侯年十五腹心病　甯小子兒年一歲　一八二四
民男子張褒年卌刑右足　褒妻大女監年卅一筭一　一八二五
訊女弟兒年七歲　一八二六
·右健家口食四人 ●　一八二七
陵弟仕伍負年二歲　期姪子仕伍困年十二　一八二八
□子女如年十歲　一八二九
·右汙家口食十七人 ●　一八三〇
觀（？）姪子……龍（聾）耳　一八三一
□妻大女思年卌　子仕伍平年四歲　一八三二
·桓妻大女姑年十九筭一　桓大母大女妾年五十八 ●　一八三三
▨頁女弟心年二歲▨　一八三四
·魚妻大女姁年卅七筭一 ●　一八三五
·右囊家口食六人　一八三六
民男子謝想年卅四　一八三七
妻大女婢年卅九　子仕伍回年五歲　▨　一八三八
姑女弟還年二歲　男弟公乘鵬年九歲龍（聾）耳　一八三九
妻大女劉年廿四　子女從年一歲　一八四〇
·岑妻大女客年廿三　岑小妻大女賫年廿　一八四一

𨐋弟仕伍黑年七歲　衣食客成年十五刑右足　一八四二
【注】「𨐋」，下部疑爲「辦」形之訛。《集韵·襇韵》：「辦，股間也。」音bàn。
妻大女生年廿三　子仕伍坤年四歲新上☐　一八四三
·邯子女陵年五歲　陵弟仕伍長年三歲　一八四四
勉（？）男弟仕伍沭年九歲　☐男姪仕伍匡年八歲　一八四五
【注】「沭」，《説文·林部》：「二水也。」音zhuǐ。
·妻大女是年七十四　子女金年八歲　一八四六
棊（？）子公乘懷年卅筭一　☐小妻大女婢年廿筭一　一八四七
岑子仕伍元年一歲　岑中妻大女☐年𠕒　一八四八
民男子梅專年六十三踵（腫）兩足　一八四九
㺃（狞？）妻大女嬉年卅三　㺃（狞？）小妻大女諫年廿四　一八五〇
堅妻大女秋年卌一　堅小妻大女令年卅五　一八五一
民男子區遠年七十三　遠妻大女布年六十　一八五二
金弟仕伍☐年六歲　虎弟公乘☐㞼☐☐　一八五三
民男子吴遠年卅三腹心病　一八五四
民男子區鄧年六十三☐☐　鄧妻大女累年五十　一八五五
·☐從兄公乘圭年☐☐　圭妻大女佼（？）年卅　一八五六
【注】「佼」，聰慧。《説文·心部》：「佼，憭也。」音jiǎo。
☐兄子女養年十四　養女弟☐㞼☐☐　一八五七
誌子男公乘縣年十二　縣男弟公乘仂（？）年十二苦腹心病　一八五八
【注】「仂」，《廣雅·釋詁四》：「勤也。」
𣲖姪子☐☐㞼十五　一八五九
【注】「𣲖」字不識，又見於一八七五簡，或疑爲「氾」字别體。
妻大女姑年六十一　子仕伍蓋年七歲　一八六〇
☐六户恎贏老頓貧窮女户　一八六一
☐子女☐年六歲　一八六二

狗女弟著年七歲　碩女弟春年𠕒二　一八六三
民男唐虎年☐十四　一八六四
伯弟仕伍☐年四歲　☐女弟姑年三歲　一八六五
民男子潘朱年五十六踵（腫）足☐☐☐　一八六六
……年九十一　……年……　一八六七
·右☐家口食☐人☐　一八六八
……嫂☐☐☐年☐☐　一八六九
☐子仕伍☐年四歲　一八七〇
☐弟公乘見年五十刑足　一八七一
妻大女頃年廿二　縣寡女弟姑年廿九　一八七二
㺃（狞？）父公乘盡年七十七盲右目　妻大女婢年六十三　一八七三
水母大女爵年八十　一八七四
·右𣲖家口食四人　一八七五
·右專家口食七人　訾五十　一八七六
縣卒蔡庫年卅三　●　一八七七
陶子女陽年八歲　陽弟仕伍慈年九歲　一八七八
·盆妻大女煎年卅　盆父巡年七十三盲☐目　一八七九
妻大女綿年廿六　一八八〇
·庫妻大女思年卅八　庫小妻大女移年卅七　一八八一
……魁區桐主　一八八二
誌妻大女紫年卌一　誌小妻大女立年卅八　一八八三
足妻大女邁年五十三　囊女弟離（？）年九歲　一八八四
恪弟公乘陳年十二旬左雀（截）右足　☐男姪公乘勉年廿　一八八五
【注】「旬」，《説文·目部》：「目摇也。从目，勻省聲。眴，旬或从旬。」音xuàn。
陶妻大女汝年卅三　陶弟公乘堅年卌二刑足　一八八六
民男子蔡典年卅六養官牛　典妻大女針年☐　一八八七

妻大女妹（？）年卌刑左手　永中妻大女□年卌筭一　一八八八
民男子馮石年六十六聾病　□妻大女營年五十六　一八八九
•□妻大女史年□□　□□□爲年十歲　一八九〇
□弟仕伍庄年七歲　庄女弟登年四歲　一八九一
民大女唐里年七十三　里子男徐年十□　……年九歲　一八九二
……妻大女□年廿四筭一　□子仕伍當年八歲　一八九三
刺父公乘□□六十踵（腫）兩足　□妻大女侍年五十
踵（腫）兩足　一八九四
□□女弟□年廿三　□男弟當年八歲　一八九五
□□仕伍□年四歲　□弟仕伍白年四歲□□□　一八九六
□妻大女□年卅八踵（腫）□足　□女弟婢年廿三刑右足　一八九七
民潘杞（？）年六十六聾兩耳　⧄　一八九八
州吏□政年卅二　一八九九
•右造家口食六人　一九〇〇
驚女弟孫年二歲　□姪子仕伍居（？）年八歲　一九〇一
•妻大女諮年廿三　子女縣年八歲　一九〇二
【注】「諮」，《玉篇・言部》：「教令嚴也。」音è。
民男子蔡喬年六十二給驛兵　橋妻大女典年卅八筭　一九〇三
【注】上段户主名「喬」，下段作「橋」，未知孰正孰誤。
•張父公乘齎年六十五給子弟　齎妻大女舉（？）年五十
四踵右足　一九〇四
【注】「齎」，或釋爲「貴」。
•右莀家口食□人　一九〇五
民男子廬（盧）文年卅六　文妻大女署年廿三筭一　一九〇六
縣吏潘棟年六十四　一九〇七
陵女弟夷年四歲　一九〇八
若妻大女雞年五十四　若弟公乘鼠年十五筭一　一九〇九
平弟小女婢年二歲　一九一〇
民男子蔡菹年五十九　菹妻大女閆（？）年卅三□□⧄　一九一一
□子仕伍屯年九歲　屯弟仕伍碓年七歲　一九一二
痕（？）弟仕伍墨（？）年八歲　一九一三
子弟鄧沐年卅九　一九一四
民大女唐田年□六　田子女呙（？）年一歲　一九一五
•右蔞家口食六人　一九一六
縣吏朱蘭年廿六　蘭妻大女度年廿一筭一　一九一七
……仕伍趙年九歲　趙弟仕伍驚年三歲　一九一八
居弟仕伍山年三歲　澤（？）女弟兒年十二　一九一九
樊子仕伍難年三歲　和妻母誅（？）年七十三　一九二〇
永（？）姑（？）專年五十七　專子女閑年卅一筭一　一九二一
民男子陳苴（？）年五十九　苴（？）妻大女思年卅八筭一　一九二二
□女弟財年六歲　財弟仕伍有年四歲　一九二三
其一户給□□中　一九二四
•右□家口食八人　一九二五
專寡嫂秋年卅九　秋子仕伍臨年五歲　一九二六
□姪男子仕伍周年四歲　一九二七
□子女水年七歲　水女弟陵年五歲　一九二八
姪子女黑（？）年十歲　姪小妻□年卅二　一九二九
妻□□解年廿刑左足　□弟仕伍平（？）年五歲　一九三〇
•式男弟□年廿三筭一　一九三一
•右若家口食三人　一九三二
……公乘養年廿二龍（聾）病　養女弟鉛（？）年九歲　一九三三
妻大女□年十六　□弟公乘客年十一　一九三四
□小妻大女□年十八筭一　□子女小年五歲　一九三五

·道子男龍年八歲　龍女弟亂（亂）年七歲　一九三六
司妻大女益年五十八　巴女弟思年十　一九三七
世妻大女姑年廿三　世子公乘曹年十　一九三八
□子女喗年四歲　巢（?）姪子㛖（?）大女嫣年廿三　一九三九
潘父九年七十二𤸰（癰）病　九妻大女陵年五十四　一九四〇
妻大女嫇年十六筭一　嫇女弟意年十　一九四一
□姪公乘奴年十一　奴女弟金年八歲　一九四二
坑妻大女歡年十四　一九四三
最（?）妻大女汝年卅五踵（腫）兩足　最（?）小妻大
女甚年五十七腹心病　一九四四
子弟黄樂（?）年卅八腹心病　樂（?）妻大女暉年廿二筭一　一九四五
章男弟公乘負年廿二　章母大女安年七十二　一九四六
·右弦里領吏民五十户口食三百卅人　一九四七
□妻大女釘年卅六　釘子女婢年八歲　一九四八

【注】「釘」，《龍龕手鑑·金部》：「之酉反。」音zhòu。意未明。或説「釘」似爲「釘」字之訛。

右文家口食十人　一九四九
縣卒唐懸年廿三　一九五〇
民男子鄧□年卅六踵（腫）左足　一九五一
專族孫仕伍佰（?）年五歲　專中妻大女純年五十已死　一九五二
鄧小妻專年卅　鄧子女泥年十四筭　一九五三
民男子潘水年卅三　一九五四
沙蕵孫仕伍諸年四歲　文寡女弟碓年五十六踵（腫）兩足　一九五五
民男子蔡棠年廿五盲左目養官牛　□母萇年六十三　一九五六

·妻大女姑年十八　囊父公乘足年七十二踵（腫）兩足　一九五七
·右政家口食七人　一九五八
·右南家口食二人　一九五九
·右城（?）家口食六人　一九六〇
妻大女梁年七十三　子公乘世年廿五給習射　一九六一
鼠弟公乘主年十三　□小妻大女綮年廿八筭一　一九六二
婢弟仕伍玉年三歲　客寡嫂大女裁年六十八　一九六三
民男子殷昷（温）年七十一　昷（温）妻大女聽（?）年七十　一九六四
□姪女幸年九歲　□弟仕伍漢年六歲　一九六五
·□弟仕伍當年三歲　當弟仕伍累年一歲　一九六六
乘（?）弟仕伍唐年六歲　文寡嫂大女以年八十四　一九六七
子弟謝狗年六十二　▼　一九六八
……年六歲　……仕伍□年四歲　一九六九
·右桐家口食三人　一九七〇
·右尾家口食四人　一九七一
阝□弟……給私學　信妻大女利年卅二　☐　一九七二
定應役民十九户　一九七三
惇（?）妻大女弟年卅五筭一　惇（?）子仕伍厚年四歲　一九七四
尾子女賢年七歲　汝女弟惕年廿　▼　一九七五
伯男弟仕伍錢年五歲　誌（?）男弟公乘尾年十一腹
心病　▼　一九七六
平外女孫并（?）年七歲　一九七七
……叙年□□　叙子熹年七歲物故　一九七八
·淊弟仕伍象年六歲　韶弟公乘毛年卅給習射　一九七九

得父公乘倜年卌八腹心病　倜妻大女禡（？）年卌三□□☒　二〇八三

【注】「禡」，爲「襦」之俗字。

妻大女何年六十一　子公乘岑年廿一腹心病　二〇八四

民男監（？）茂年卅五　二〇八五

客弟仕伍馬年八歲　馬弟仕伍足年四歲　二〇八六

□妻大女□年……　二〇八七

……　客妻大女婢年廿八　二〇八八

・紵姪子仕伍□年八歲　二〇八九

妻大女頭年廿七　子女婢年七歲　二〇九〇

☒　□□子女孺（？）年廿三　二〇九一

・右郡家口食□人　二〇九二

縣吏潘□年卅……　二〇九三

・豌姪子……　二〇九四

右□家口食三人　二〇九五

巡男□□☒　二〇九六

⿱足肉（胥？）妻大女息年十六　⿱足肉（胥？）母大女休年七十九　●　二〇九七

□子仕伍郡年七歲　郡弟□年□歲　二〇九八

領叛士限米五十斛　●　二〇九九

……年四歲　□男弟□☒　二一〇〇

□弟仕伍□年四歲　二一〇一

☒・右□家口食三人　二一〇二

・和男弟仕伍黑年四歲　黑男弟仕伍連年二歲　二一〇三

岑孫子仕伍奴年十瘐死　二一〇四

伳妻大女萷年卅一　子小女鼠年三歲　二一〇五

【注】「伳」，《集韵・薛韵》：「侈也。」音xiè。

子弟梅薕年五十七　二一〇六

・右番家口食三人　●　二一〇七

汙妻弟仕伍民年五歲　汙外姪子仕伍庄年七歲　二一〇八

☒　昆子仕伍卒年七歲刑左手　卒女弟婢年四歲　二一〇九

【注】「昆」，疑爲「昌」字，又見於二二〇八號簡。

州卒區汙年卅二　汙妻大女婢年五十三　二一一〇

・右平家口食三人　二一一一

☒　谷母大女洂年六十二　谷弟公乘雞年廿　二一一二

【注】「洂」，「沴」之異體字。《說文・水部》：「沴，水不利也。」音lì。

民男子謝慎年六十一刑兩足　二一一三

☒　客弟仕伍巡年六歲　巡女弟若年三歲　二一一四

其二户郡醫師　☒　二一一五

□弟仕伍金年六歲　鼠母大女囷年八十四　二一一六

象小妻大女汝年十　象父公乘專年七十六　二一一七

皃子仕伍貞年六歲　貞弟仕伍撣年三歲　二一一八

縣卒區象年十八　象妻大女沾年廿一筭一　二一一九

□□年九歲　陶男姪仕伍許年七歲　☒　二一二〇

民男子王婁年七十八　二一二一

・右順家口食廿三人　二一二二

□子仕伍灟年二歲　灟女弟婢☒　二一二三

齎女遺年卅筭一　遺子仕伍狗年五歲　二一二四

民男子胡健年六十一□士限佃　二一二五

☒　……年□　岑子仕伍小年五歲　二一二六

・右□家口食四人　二一二七

・右伳家口食五人　二一二八

☒　……年七十四□□□☒　二一二九

……年□歲　……年卌四□□□☒　二一三〇

・右□家口食三人　二一三一

☒　女□年八十一　☒　二一三二

☒十一　☒　二一三三

民男子……　〼　二一三四
□妻大女……〼　二一三五
〼　孔從兄公乘□年□□　〼　二一三六
〼□□□〼　二一三七
〼……　□子□□年□歲　二一三八
〼……·右□家口食□人〼　二一三九
〼　三斛〼嘉禾□〼　二一四〇
〼民□〼　二一四一
〼□家口食七人　〼　二一四二
〼□□□□〼　二一四三
〼據〼　二一四四
〼　惲妻大女□〼　二一四五
〼嘉禾□〼　二一四六
·□女弟□年三歲　二一四七
張子仕伍訓年六歲　訓女弟□年四歲　二一四八
……年□歲　泥姪子女□年□□　二一四九
□一家合七人　二一五〇
民男子周□年卅五　二一五一
縣吏鄧蔿年十九　二一五二
……年卅三音（闇）龍（？）（聾）　□妻姑年卅四　二一五三
□□女金年卅八　□男弟相年八歲苦腹心病　二一五四
岑姪子公乘巡年十四　〼　二一五五
民應（？）雙年七十　二一五六
一家合六人　二一五七
〼　·□妻大女□年卅　廉小妻大女□年卅　二一五八
出錢四萬五千市□四百五十斤……〼　二一五九
·右□家口食四人　訾五十　二一六〇
縣吏番宛年卌一　〼　二一六一

□弟值年十歲　值女弟取年八歲　二一六二
〼□妻大女湛年廿一筭一　□弟公乘□年□□　二一六三
嬌弟仕伍得年四歲　〼　二一六四
張男弟□年□四　……年卅一　二一六五
□母姪年七十一　二一六六
□妻大女妻（？）年卅一筭一　蕃（？）子女虞年十九　二一六七
〼　·其五人前後被病物故〼　二一六八
〼□十　岑妻大女著年廿筭〼　二一六九
□寡嫂淮年卌八　二一七〇
淮子男漢年十七　淮男弟養年五十一　二一七一
民男子侯俚年廿一刑右手　二一七二
·相子公乘宜年廿一給□□〼　二一七三
〼　□從□公乘宗年卅□□□　〼　二一七四
〼右宜家口食四人　〼　二一七五
右□家口食三人　〼　二一七六
〼□妻大女□年□□　二一七七
〼奴女弟靡年四歲〼　二一七八
入東鄉嘉禾二年税米一斛二斗五升冑畢〼嘉〼　二一七九
入模鄉嘉禾二年税米二斛八斗七升冑□〼　二一八〇
〼□年五十三　小妻大〼　二一八一
〼□弟念（？）年十歲　〼　二一八二
〼使妻大女穗（？）年廿〼　二一八三
〼　其　一百八十三人男　二百卌四人女　〼　二一八四
〼　狶子仕伍車年四歲　〼　二一八五
〼右□家口食二人〼　二一八六
右家口食六人　〼　二一八七

⍁□弟仕伍□□五歲　⍁　二一八八

□妻大女□□⍁　二一八九

⍁……五十三　□□咼（？）年卅七　二一九〇

⍁廿三　邪母大女持年七十四　二一九一

⍁妻大女尾年卌二踵（腫）兩足　陳從弟□年六十　⍁　二一九二

入平鄉嘉禾□年□米五斛□畢〓嘉禾□年……⍁　二一九三

·右谷家口食六人　⍁　二一九四

⍁　□從兄吕年卌九⍁　二一九五

衡母大女汝年□□⍁　二一九六

·右岑家口食六人　⍁　二一九七

右□家口食九人　⍁　二一九八

·右庫家口食十五人　⍁　二一九九

困姪子仕伍能年五⍁　二二〇〇

⍁□子女妎年五歲　二二〇一

⍁　妻大女文年廿四疽病　任小妻大女純⍁　二二〇二

【注】簡文病名一字不識，或疑爲「疽」字之訛。「疽」，癰瘡。

⍁□年□九　□妻大女□年□　二二〇三

⍁　气（乞）弟仕伍得年五歲　⍁　二二〇四

……年六歲　□小妻大女絸（？）年⍁　二二〇五

【注】「絸」，《説文·糸部》：「繭，蠶衣也。絸，古文繭。」

民男子逢平年八十八　⍁　二二〇六

⍁　章子小女溢（？）年七歲　⍁　二二〇七

⍁蔡昆年六十七刑右手⍁　二二〇八

伍子男□年十六□□□　二二〇九

小男弟碩（？）年……⍁　二二一〇

□弟仕伍惕（？）年八歲　□女弟妾年四歲　⍁　二二一一

⍁刑左手　⍁　二二一二

萇妻大女宗年卅九□左□　……　二二一三

香女弟妾年二歲　□□□□年三歲　二二一四

⍁□奴年□　二二一五

·右張家口食四人　二二一六

次弟公乘材（？）年七歲　次户下奴吉長六尺　二二一七

……年五十四　……　⍁　二二一八

民男子黄□……　⍁　二二一九

□女弟亭（？）年八歲　二二二〇

·□妻大女緆年卌一筭一　□子仕伍奴年十二　二二二一

【注】「緆」，《説文·糸部》：「細布也。」音xī。

妾弟仕伍□年□歲□□　……年六十二　二二二二

·右□家口食二人　二二二三

□父休年七十四　小妻□年卌五　二二二四

⍁九斗冑畢〓嘉禾二年十月廿七⍁　二二二五

⍁九歲　二二二六

右滂（？）家⍁　二二二七

⍁家口食□⍁　二二二八

大男張佃地僦錢⍁　二二二九

⍁禾三年十月廿六日籄丘⍁　二二三〇

⍁嘉禾二年□⍁　二二三一

⍁李嵩□⍁　二二三二

入模鄉嘉禾二年□米⍁　二二三三

⍁妻大女⍁　二二三四

⍁□〓嘉禾二年十月卅日□□⍁　二二三五

⍁〓嘉禾二年十月卅日⍁　二二三六

入平（？）鄉嘉禾二年……租米十斛□⍁　二二三七

⍁□公乘□年九歲□⍁　二二三八

⍁十二　賢弟仕伍□年⍁　二二三九

入桑鄉嘉禾二年税米五斛冑畢〓嘉禾⍁　二二四〇

☑妻……　☑　二二四一

縣（？）吏潘豹（狞？）年卅九　☑　二二四二

入東鄉嘉□☑　二二四三

☑㕚嘉禾二年十月十一日常略丘☑　二二四四

☑□二人　☑　二二四五

☑□妻女弟□☑　二二四六

入□鄉嘉禾二年税米廿三斛☑　二二四七

☑　·右□家口食六人　二二四八

☑　□弟仕伍元（？）年六歲☑　二二四九

·右詔家口食八人　☑　二二五〇

☑右怡（？）家口食十六☑　二二五一

☑□□□☑　二二五二

☑□鄉嘉禾☑　二二五三

☑　仁子仕伍□☑　二二五四

☑□年十九筭一　☑　二二五五

☑□年六歲腹☑　二二五六

☑□鄉嘉禾二年税米□☑　二二五七

☑㕚嘉禾二年八月廿八日戀☑　二二五八

☑龍女弟分年二歲　•☑　二二五九

☑□禾二年十月☑　二二六〇

☑□□□□☑　二二六一

右□家口食七人　二二六二

右茂家口食二人　二二六三

□鄉謹……　二二六四

□母大女□年……　二二六五

……年□十□　二二六六

民男子陳□年□七　……　二二六七

一家合□人　二二六八

覽妻□督年□四　☑　二二六九

民大女……　二二七〇

☑食三人　二二七一

□妻大女□年卅八筭一　□弟公乘□年十二踵（腫）兩足　二二七二

民男子鄧釦年卅三　二二七三

☑□姪□□□年□歲　……　二二七四

□弟公乘□……　☑　二二七五

……年九歲　•　二二七六

·右起家口食六人　☑　二二七七

·右光家口食六人　二二七八

有妻鼠年卅　有姪子□年□　二二七九

民男子謝張年卅八養官牛　妻大女泓年卅八　二二八〇

☑　平女弟蒻年六歲　□男弟□年卅三苦腹心病　二二八一

廣妻大女□年廿九　二二八二

……年四歲　□□子仕伍表（？）年□歲□□　二二八三

惕（？）子女婢年十二□左手　惕（？）男弟□年十□　二二八四

·馬男姪碩年卅給驛卒　□妻□年廿四　•　二二八五

□妻大女筭年廿一　☑　二二八六

閞妻大女鼠年廿筭一　閞子女孫年一歲　二二八七

【注】「閞」，同「閛」。《集韵·耕韵》：「閛，闔扉聲。或從并。」音pēng。或説爲「關」字異體。

·悉妻大女悉（？）年廿七刑足　□子仕伍頌（？）年二歲　二二八八

……不任調□　二二八九

□妻大女□年五十　□子仕伍民年八歲　二二九〇

□姪子仕伍山年五歲　……　二二九一

妻□年□五　□兄巳年卌五聾耳　二二九二

、•客子仕伍司年九歲　司女弟有年十歲　二二九三

【注】按：上段「司年九歲」，下段「司女弟有年十歲」，上下矛盾，當有訛誤。

•右政口食八人　訾五王☒　二二九四

【注】依文例，「政」下脫「家」字。

•頃窶嫂廣年七十□　廣子公乘□年卌□□□☒　二二九五

•其五户給□□□下品　☒　二二九六

•右狗家口食四人　二二九七

☒　•其四户郡縣卒　二二九八

民大女潘銀年□□　二二九九

民男子鄧番年廿六　☒　二三〇〇

魚妻……　魚□子□年十二□☒　二三〇一

□子公乘□……　□從兄□年卌七腹心病　二三〇二

•定應役民廿户　二三〇三

☒　悳（？）弟鹿年廿七狂病　鹿妻姑年廿七　二三〇四

•右□家口食十四人　二三〇五

☒　尾（？）兄成年五十給常佃　□妻……踵（腫）兩足　二三〇六

其七户尪羸老頓貧窮女户　二三〇七

民大女趙□……　二三〇八

□妻……年□□踵（腫）兩□☒　二三〇九

☒　•盡男弟得年卅（？）二盲□目　……　二三一〇

•其六户郡縣卒下品　二三一一

軍女孫年旱三歲　男弟伍年八歲刑左手　二三一二

【注】依文例，「年」字與「旱」字位置應顛倒，「旱」字當居「年」字前。

□子□□年卅刑□　□妻大女□年□　☒　二三一三

民男子鄧圵年卌五盲左目　二三一四

□弟□仕伍□年十四盲右目　●　二三一五

□女弟勤年六歲　二三一六

……公乘□年□一　審妻大女□年廿一□□□☒　二三一七

•其三户給郡縣卒　二三一八

•其卅五人前後被病及他坐物故　二三一九

•右□里領吏民五十户口食……　二三二〇

□妻大女□年五十□踵（腫）兩足　□子……☒　二三二一

□□仕伍□年廿二腹心病　□妻大女□年廿二腹心病　二三二二

練姪子仕伍龍年四歲　二三二三

•右衡（？）家口食九人　二三二四

蔦子公乘黑年廿三　•黑女弟息年十　二三二五

復姪子堂年□五　二三二六

□男弟囊年十三　囊從兄□年十七☒　二三二七

右客家口食五人　二三二八

•右經家口食三人　☒　二三二九

右舉家口食八人　訾五十　二三三〇

唐（？）男弟巳年卅踵（腫）兩足　賢弟客年廿三　二三三一

鼠□姪子蕱年七歲　二三三二

妻男弟黄年十六　□妻大女……　二三三三

泥妻□年六十　泥子男生年七歲　●　二三三四

•蔣妻大女宴（？）年廿　蔣弟公乘廣年廿刑□□☒　二三三五

□兄盡年六十三腫兩☒　二三三六

•廣弟仕伍百八歲　百弟仕奴年六歲　☒　二三三七

【注】「仕伍百」下脫「年」字，「百弟仕」下脫「伍」字。

其五户□郡縣吏下品　●　二三三八

□十一户郡卒下品　●　二三三九

☒•　□　梅　□　主　二三四〇

……年七歲　□子男□年七歲聾兩耳　二三四一

……年七歲　縞從兄奴年廿　●　二三四二

☒　雙妻壽年卅八　雙子女□年十一　二三四三
•其四人前後被病□故□　二三四四
□家合十三人　二三四五
•右□家口食十一人　●　☒　二三四六
•□妻大女閏年廿七　□男弟□年廿□☒　二三四七
民男子盧客年卅二踵（腫）兩足　二三四八
•右岑家口食五人　二三四九
……年五十九　二三五〇
一家合三人　●　二三五一
☒□年卅盲兩目　●　二三五二
終男弟奴年一歲　□姪子浸（？）年六歲刑右手　二三五三
•右馮家口食四人　二三五四
衡弟仕伍孫年□　孫弟仕伍□年五歲　二三五五
□姪奴年……　☒　二三五六
縣吏□□年卅一……　二三五七
州□□賫年□廿五　二三五八
叢弟公乘開年十三踵（腫）兩足　……　二三五九
歨（？）男弟囊年十歲　二三六〇
☒一家……人　二三六一
•□子男□年廿聾□耳　妻□年□九　二三六二
•銀子公乘各年廿　☒　二三六三
☒　……年卅五　□女弟……　二三六四
□□公乘□年十五踵（腫）足　□女弟竿（？）年十三盲
右目　二三六五
•□弟仕伍平年六歲　□母大女□年八十□　二三六六
惕妻大女婢年卅一　惕弟公乘客年十二　二三六七
•右執（？）家口食三人　二三六八
•右富家口食□人　二三六九

☒　□妻□年廿☒　二三七〇
□吏胡□年卅七　☒　二三七一
•右汝家口食□□　☒　二三七二
•憲（？）子女勝（？）年廿六筭　憲（？）姪子仕伍□
年四歲　二三七三
□妻大女□年五十八　□子男□年十二刑右□　二三七四
•右一户縣佃吏下品　●☒　二三七五
民男子鄧□年六十一踵（腫）兩足　二三七六
□子公乘□年廿三强司　□妻大女□年廿一筭一　二三七七
民男子□□年七十三　二三七八
□□女姊取年卌八　□男弟諱年六歲　二三七九
□□弟□年八歲　□弟仕伍□年……　二三八〇
……年五十七　原子女囊年十七　二三八一
•蔦寡嫂露年六十　露子公乘有年廿　二三八二
詔男弟仕伍鼠年二歲　碩男弟仕伍狗年九歲　二三八三
……年九歲　□女☒　二三八四
•……　……□男弟溺年九歲刑左手　二三八五
•烏小父公乘閤年七十八　閤妻大女宏年五十□□　二三八六
•張妻大女□年……　……歲　二三八七
☒　敘子公乘狶年六十踵（腫）左足　•狶妻大女緣年五十
●　二三八八
末小妻侯年七十　侯姪子女居年七歲☒　二三八九
民男子鄧□年十九（？）□□□　二三九〇
□女弟皁年三歲　☒　二三九一
□弟仕伍顧年八歲刑左手　顧女弟忠（？）年五歲　☒　二三九二
□弟仕伍取（？）年六歲　取（？）女弟□年……　二三九三
入中鄉嘉禾元年皮五枚𠔁嘉禾二年二月廿☒　二三九四

入樂鄉元年調麂皮四枚亖嘉禾元二☒　二三九五
・□寡姑大女紆年六十六踵（腫）足　紆子女易年卅筭一　二三九六
軍吏谷幼（？）年廿[一]　二三九七
【注】「紆」，同「紆」。《説文・糸部》：「紆，曲也，詘也。」
・右典家口食三人　二三九八
・碭□滿年七歲　二三九九
……年三歲　泰（？）□□女□年廿一筭一□□　二四〇〇
□[兒]子男□年□□　二四〇一
・右梁家口食二人　▼　二四〇二
……奴年五歲　□姪子仕伍訊（？）年□歲　二四〇三
民男子蔡梁年八十三盲右目　梁妻大女姑年五十二　二四〇四
狶中妻大女弼年卅五筭一□　狶小妻大女瑣（？）年卅筭　二四〇五
一……　二四〇六
・右合（？）家口食三人　二四〇七
・妻大女頃年六十一　・子仕伍奴年七歲　二四〇七
□妻大女□年廿五筭一　□子仕伍□年[九]歲　二四〇八
☒……年[七][十][六]腹心病　□妻大女鴈（？）年[五]十一踵（腫）　二四〇九
兩足　二四〇九
[前]妻大女李年卅五筭一　[前]子公乘表年十一　二四一〇
・右□家口食[七]人　二四一一
[敲]女弟汝年十一　[敲]弟仕伍□年三歲　二四一二
梁子仕伍滴（？）年三歲　二四一三
[昭]小父緒年六十[七]　緒妻大女妾年卌一筭一　二四一四
・□妻大女巡年卅　……　二四一五
□妻大女[取]年廿□□□　□[男]弟賈年三歲　▼　二四一六
郡吏區邯年卅[八]　▼　邯妻大女平年廿二筭一　二四一七
・□寡嫂和年八十二　和子公乘曰年卅五腹心病給□□□　二四一八
□子女[銀]年十六　[銀]女弟[葙]年十三　二四一九
[郡]吏□[谷][益]年[卌]二　二四二〇
……秋……　二四二一
民男吳（？）馮年卅□刜左足及（？）左手　馮妻□年卅二筭一　二四二二
【注】依文例，「男」下脱「子」字。
☒□被病物故　二四二三
……年六歲　☒　二四二四
☒　情子公乘敲年十[八]　二四二五
☒……九人筭二☒　二四二六
入中鄉皮七枚 其三枚鹿皮 四枚杋（鹿）皮　亖□☒　二四二七
右□家口食四人　☒　二四二八
民大女黄情年六十四　☒　二四二九
……☒　二四三〇
☒卅□☒　二四三一
……入白米十九斛五斗五升☒　二四三二
・右銀家口[食][五]☒　二四三三
□女弟朔年十六筭一　朔女弟小年三歲　二四三四
・[白]弟仕伍念年七歲隨軍在[宮]　□姊薙年六十七踵（腫）　二四三五
兩足　二四三五
・右客家口食五人　二四三六
盲右目養官牛　狶妻大女思年[卌]五　二四三七
閣弟公乘粟年七十五已死　□女弟婢年五歲　二四三八
・[將]子女[皇]年四歲　□寡女𠃌年卅　二四三九
[前]姪子仕伍[國]年四歲　□弟仕伍平年三歲　二四四〇

•若子男仕伍進年二歲　若女弟小女勉年八歲一名問 二四四一
【注】「問」，或釋爲「閂」，《玉篇·門部》：「直開也。」音chù。
……　☐妻大女金廿☐ 二四四二
•☐弟仕伍吏年六歲 二四四三
民男子雷溫年六十八 二四四四
……五歲盲右目　常姪子男☐年…… 二四四五
☐男弟公乘……　嬴男弟☐年四歲腹心疾　● 二四四六
……子女☐☐☐一　☐男弟心年八歲☐☐☐ 二四四七
民男子張客年五十二刑右足養官牛　客妻大女愁（？）年卅五 二四四八
•右…… 二四四九
……　中 二四五〇
☑☐☐　☑ 二四五一
☑　中☐ 二四五二
其二☐☑ 二四五三
☑……限米　☑ 二四五四
☐姪子女汝年十一☑ 二四五五
☑☐☐☐☐年卌 二四五六
☐☐☐☐年二歲 二四五七
……大女…… 二四五八
民男子☐還年卅七刑左手 二四五九
郡吏公乘李☐年卅二筭一　☑ 二四六〇
☑……元年☐☐租米十七斛五斗☐…… 二四六一
【注】簡下端有紅色筆蹟。
☑　興妻大女嬲年五十七 二四六二
☑女弟若年廿筭　若女弟☐年十八筭 二四六三
☑、☐妻大女☐年廿二筭一　……☑ 二四六四
☑☐弟公乘囊（？）☑ 二四六五
☐吏☐☐年☐五☑ 二四六六
☑……桐年六十刑右手　桐妻大女若年卅七 二四六七
其一千一百六十七人男☑ 二四六八
欷小妻大女䅻（？）年卅四　欷子女絮年七歲 二四六九
【注】「䅻」，魏晉簡牘中爲「耕」字俗體。「欷」，《説文·欠部》：「吹也。一曰笑意。」音xū。
……仕伍☐年四歲　元外紓（孫）公乘奋年十三 二四七〇
民男子☐☐七十五踵（腫）右足 二四七一
【注】依文例，姓名與數字之間脱「年」字。
☐妻大女邑年五十　☐子女涓年六歲 二四七二
右組家口食四人 二四七三
五唐里户人公乘周秡（？）年五十二筭一刑☐足　☑ 二四七四
【注】「秡」，《集韵·脂韵》：「禾租曰秡。」
•右命家口食七人 二四七五
•☐子女陵年五歲　錢姪子公乘進年廿一踵（腫）兩足 二四七六
達女弟物年三歲　☑ 二四七七
縣卒鄧留年卅四　☑ 二四七八
☑鄉☐☐李達☐☐☐☐有等二户一斛☐☐五斗𠔁嘉禾二年四月十 二四七九
三日鄉吏劉☑
思女弟☐年十歲　☑ 二四八〇
•右孟家口食☐人 二四八一
☑☐女弟安年十二歲　☑ 二四八二
當妻大女☐年☐八筭一　☑ 二四八三
•右☐家口食七人 二四八四
•……男弟…… 二四八五
縣吏鄧☐年六十踵（腫）☐☐☑ 二四八六
☑丞年卅九筭一 二四八七

⧄□　萇□ 二四八八
□子女□年廿 二四八九
入□鄉……皮一枚……⧄ 二四九〇
⧄　□女弟□年六歲⧄ 二四九一
兄公乘桐年卅五給習射荆右手　妻大女難年卅二筭一 二四九二
易女弟劉年十　劉弟仕伍强年七歲　⧄ 二四九三
・右□家口食十五人 二四九四
桐子仕伍㣿年六歲　㣿弟仕伍廣年四歲 二四九五
□男弟□年□歲　闌寡嫂大女侯年七十□ 二四九六
五唐里户人公乘周弩年六十雀（截）手 二四九七
□□烝勤年六十八苦腹心病給養官牛 二四九八
□寡嫂婢年卅七筭一　子仕伍…… 二四九九
右師家口食六人筭二　中　訾五十 二五〇〇
【注】「中」字爲紅色筆蹟。
□姪子公乘客年廿五給家種客 二五〇一
・右敘家口食四人 二五〇二
⧄　□姪子男汞年五歲 二五〇三
⧄烝子男慎年七歲 二五〇四
【注】「慎」，「順」之或體。《集韵・稕韵》：「順，古作慎。」
⧄　烝妻閑年卅八筭一 二五〇五
⧄・右邯家口食十四人 二五〇六
・勝女弟回年十　回女弟□年二歲 二五〇七
⧄筭一　桐（？）姪女橋年六歲 二五〇八
⧄限米一斛五斗 二五〇九
東扶里户人公乘李□年□□筭一　⧄ 二五一〇
⧄　取（？）禾（？）三斛　居在□□丘 二五一一
⧄　吉女弟承年卌筭一□□□□□⧄ 二五一二
□子公乘……⧄ 二五一三
⧄□□孫□年四歲 二五一四
・右□家口食五人　⧄ 二五一五
⧄　桐母僵年五十九筭一⧄ 二五一六
⧄……弟……盲兩目 二五一七
□妻大女□年□六腹心疾　……⧄ 二五一八
……買年卌七腹心病　□男弟□年…… 二五一九
膝妻大女…… 二五二〇
⧄　妻□年廿筭一 二五二一
⧄　□子女情年五歲 二五二二
⧄　□□□年七十二　⧄ 二五二三
⧄　□妻姑年卅五筭一　⧄ 二五二四
蘇次公乘遝年卅給家種客　遝子仕伍□年□歲 二五二五
【注】依文例，「公乘」上應有一表示親屬關係的詞。
右員家口食十六人　● 二五二六
□妻大女惠（？）年五十一　□子女頂年□歲 二五二七
緖弟公乘炭年五十一踵兩足　炭妻大女惠（？）年卅三筭一 二五二八
【注】「炭」，意未明。《龍龕手鑑・山部》：「峽，俗，音炭。」或疑即「炭」字。又，《改併四聲篇海・山部》引《川篇》：「炭，山也。」音ěn。
□凡廣成鄉領吏民□□五十户口食二千三百一十人 二五二九
・衣（？）弟仕伍心年九歲　前寡姊大女□年七十□ 二五三〇
・□妻谷年卅三筭一 二五三一
・……男公乘□年十四荆兩（？）足　……年□腹心病 二五三二
・奴姪子女草年七歲 二五三三
……□女弟□年六歲…… 二五三四
定見二千二百七十五人 二五三五
炭子女姑年二歲　□子弟旽年十六筭一 二五三六
【注】「旽」，字右下側殘缺，暫釋爲「旽」。「旽」，《玉篇・日部》：「日晚色。」音dān。

二五三七　□子寡婦金年廿□　□子女宿年□□
二五三八　……年四歲
二五三九　……年六十四刑左手
二五四〇　□□模年十五筭一
二五四一　·右司家口食六人
二五四二　⧄民直送牒還縣不得⧄
二五四三　⧄右高家口食三人⧄
【注】依文例，此簡另一面應有文字，今已磨滅不見。
二五四四　□兒妻大女壬年卅五　……兒子公乘民……
二五四五　·右金家口食四人
二五四六　⧄□妻□年□□筭一
二五四七　·右客家口食四人
二五四八　民男子谷頌年卅八
二五四九　·澤⧄
二五五〇　□弟仕伍□年四歲　□男⧄
二五五一　□妻□年□□筭一
二五五二　菡妻大女□年卅八　冏弟公乘□年卅□……
二五五三　⧄……筭一腫兩足⧄
二五五四　⧄……限米三斛胄畢⧄
二五五五　⧄　其□人男　二人女
二五五六　其一户給郡吏
二五五七　頤姪子仕伍徐（徐）年四歲
二五五八　民男子吳賓（賓）年八十二□□□　妻大女……⧄
【注】「賓」，《龍龕手鑑·穴部》：「古文賓字。」「賓」爲「賓」之俗體。
二五五九　□家合十二人
二五六〇　……仕伍□年……
二五六一　記妻□年五十二　……年十歲
二五六二　⧄　……　……年□十
二五六三　……釘年廿七　……年五歲
二五六四　·右□家口食□人
二五六五　⧄□子女善（？）年卅二　⧄
二五六六　民男子烝閘年五十二刑右足□⧄
【注】「閘」，意未明。《龍龕手鑑·門部》：「閘，俗，年典反。」音niǎn。或疑爲「開」字俗體。
二五六七　⧄妻大女姑年卅一　⧄
二五六八　⧄禾二年四月十三日鄉吏劉⧄
二五六九　⧄□小妻大女騎年卅九
二五七〇　⧄□妻大女□年卅四
二五七一　⧄□公乘魯飢年廿一筭⧄
二五七二　右元家口食三人　⧄
二五七三　⧄□仕伍□年三歲　□妻大女客年六十一⧄
二五七四　⧄　達子⧄
二五七五　⧄□妻□年卅六　⧄
二五七六　⧄□五筭一⧄
二五七七　⧄　訾五十
二五七八　⧄……税米五斗　⧄
二五七九　⧄嘉禾元年租米五斛五斗貸……⧄
二五八〇　⧄年六十三
二五八一　民男子□□年□□　⧄
二五八二　……□年卅四踵（腫）兩足　蓄子公乘□⧄
二五八三　遺女弟□年八歲　⧄
二五八四　吏殷運⧄
二五八五　⧄□禾一斛　⧄
二五八六　⧄年五十三筭一
二五八七　·右閑家口食四人

【注】「閞」，疑爲「開」字之訛。「閞」《説文・門部》：「門欂櫨也。」音biàn。或以爲「關」字異體。

☑……　訾☑　二五八八
☑……蓄弟公乘☑　二五八九
☑五十　二五九〇
☑□年七歲刑兩手　□從□□□☑　二五九一
☑……筭　□☑　二五九二
☑落（？）閞邸☑　二五九三
☑　訾五☑　二五九四
☑〓嘉禾二年☑　二五九五
☑□妻姑年卅七　☑　二五九六
☑黄諱史番☑　二五九七
☑嘉禾□年□月□一日☑　二五九八
入廣成鄉☑　二五九九
☑妻□年卅筭一☑　二六〇〇
……年八十一　☑　二六〇一
☑　……大女□年……　……☑　二六〇二
……言□年五歲　二六〇三
・……家口食十五人☑　二六〇四
☑在☑　二六〇五
☑□年九歲☑　二六〇六
☑・右□家口食五人☑　二六〇七
☑□大女□年卌三　巡小□☑　二六〇八
□□□嘉禾二年私擿米十四斛一斗□□〓嘉禾☑　二六〇九
☑紀家口食五☑　二六一〇
☑□□一名遠□☑　二六一一
☑年二歲　會弟仕伍盖年五歲☑　二六一二
☑　□妻大女□年卌六筭一　☑　二六一三
入桑鄉嘉禾二年郵卒限米十九斛七斗胄畢〓嘉禾二年□☑　二六一四
縣吏蔡經年卅五　☑　二六一五
☑三年新吏☑　二六一六
☑□調杋（麂）皮□☑　二六一七
☑・右桐家口食六人　☑　二六一八
☑□□年一歲☑　二六一九
☑卅五　二六二〇
右帳☑　二六二一
☑□仕伍旬（眗）年五☑　二六二二
☑□□簻□□☑　二六二三

【注】「簻」，《玉篇・竹部》：「箠也。」音zhuā。

入平鄉嘉禾元☑　二六二四
☑……取禾三斛☑　二六二五
☑八月二日受☑　二六二六
☑年□二筭一☑　二六二七
☑　・丞子男仕☑　二六二八
大男朱碭☑　二六二九
☑右錢家口食二人☑　二六三〇
右宛家口食☑　二六三一
☑妻大女□年☑　二六三二
☑澤子男延年廿筭一☑　二六三三
☑其八户郡縣吏☑　二六三四
民男子蔡雍年七十五　☑　二六三五
☑　細男弟☑　二六三六
☑□目　☑　二六三七
☑　□子男□年十八筭一☑　二六三八
☑□靳□☑　二六三九
☑筭二　☑　二六四〇

▨畢妥嘉▨ 二六四一
□領□□三▨ 二六四二
▨□言▨ 二六四三
▨　　張妻大女鳴年▨ 二六四四
▨　·□男弟平年十▨ 二六四五
▨吉弟仕伍取年三歲▨ 二六四六
入都鄉嘉禾二年皮一枚妥▨ 二六四七
大男梁闊（？）□□□　　▨ 二六四八
民男子苟麦年▨ 二六四九
▨邸闔董基▨ 二六五〇
▨安□生年五十一踵（腫）兩足□▨ 二六五一
▨凡五千六百▨ 二六五二
副言部□▨ 二六五三
【注】按，此簡原存右半，圖版貼好後看校樣時與二六五六號簡綴合，因仍其舊號而校訂釋文。
▨□腹心病▨ 二六五四
右表家▨ 二六五五
副言部□▨ 二六五六
【注】按，此簡原存左半，圖版貼好後看校樣時與二六五三號簡綴合，因仍其舊號而校訂釋文。
▨□男弟……▨ 二六五七
▨乘紀年廿□▨ 二六五八
▨家口食四人 二六五九
入小武陵鄉▨ 二六六〇
觀妻大女□年廿□筭□　　觀子仕伍杈年七歲刑□▨ 二六六一
·右鼠家口食六人 二六六二
□女弟□年六歲 二六六三
□子仕伍仨年三歲　　仨女弟汝年二歲　▨ 二六六四
男弟公乘文年□二　　文女弟婢年九歲　▨ 二六六五
▨□家口食七人 二六六六
……年五十三給□□　　□妻紀年卌五 二六六七
右□家口食□人 二六六八
·□見三……　　其……一百一人女 二六六九
民男子蔡聿（？）年卅三腹心病　　□妻大女至年卅筭一 二六七〇
□妻大女圯年六十五盲□　　▨ 二六七一
·右□家口食二人 二六七二
……　　……男弟□年□歲 二六七三
·其三户給州吏 二六七四
右道家口食七人 二六七五
【注】此簡右側部分文字與左側筆畫不連，似爲另一殘片之黏連。
堇妻大女奴年五十九一名拏 二六七六
軍吏張罰年卅七 二六七七
【注】「罰」，疑爲「勖」之異體字。
領……限米卌斛 二六七八
民大女□如年七十五□□　　…… 二六七九
民男子鄧斗年廿八 二六八〇
·右寬家口食五人 二六八一
【注】「寬」，《龍龕手鑑·穴部》：「音寬。」
▨丞妻大女容年卅三筭一　　丞子公乘嵬年廿一給子弟已送 二六八二
▨宛（？）妻大女槧年卅四 二六八三
皂（？）小父禿年七十二　　禿子男□年□□ 二六八四
▨　　廷弟仕伍慗年三歲　　□從兄汩年七□▨ 二六八五
▨……光嘉禾……所□□□斗□□九□□ 二六八六
▨□筭三　▨ 二六八七
▨狶（？）弟公乘牛年十一▨ 二六八八
民男子唐宜年六十四▨ 二六八九

☑客朱惟□☑　二六九〇

□子女□□☑　二六九一

☑二年税米一斛〓嘉禾三年正月五日東溪丘男子□□關邸閣李嵩
付倉吏黄諱潘慮　二六九二

□□者重絞促有書地僦當領負者近在郭邑不勸　二六九三

右馬家口食二人　二六九四

其二百七十七斛一斗……　二六九五

☑□逢唐丘郡吏黄□殷□關邸□☑　二六九六

其八十三斛一斗二升負者及家屬□□□時染病物故無所　二六九七

□里户人公乘廉信年卅五　妻思年卅六　二六九八

□米廿五斛六斗五升〓嘉禾□年正月八日因疒丘男子潘□關邸閣
李嵩付倉吏黄諱潘慮　二六九九

【注】竹簡下端有紅色筆蹟。

☑年三月十七日□□丘縣吏五□關邸閣郭據付倉吏黄諱史番慮　二七〇〇

右廣成鄉入私學限米七斛　二七〇一

·右稠家口食二人　二七〇二

☑　□妻大女姑年五十三　子女訾年十☑　二七〇三

·右□家口食二人　訾五十　二七〇四

入都鄉嘉禾元年税米八十九斛五斗〓嘉禾元年十一月十七日李溲
丘力田逢慶潘□關邸閣郭據付……☑　二七〇五

詭責已列言依癸卯書原除　二七〇六

☑□〓嘉禾三年正月九日下息丘州吏黄配關邸閣李嵩付倉吏黄諱
史潘慮受　二七〇七

□□三州倉運嘉禾元年……斛四斗四升……　☑　二七〇八

入平鄉息里嘉禾二年私學限米十三斛〓嘉禾三年正月七日大男李
文（？）關邸閣李嵩付倉吏黄諱潘慮　二七〇九

入□鄉嘉禾二年子弟限米四斛六斗〓嘉禾三年三月五日上丘大男
胡信關邸閣李嵩付倉吏黄諱史番慮　二七一〇

入中鄉嘉禾二年税米四斛〓嘉禾三年正月十六日緒中丘區蔣關邸
閣李嵩付倉吏黄諱史潘慮受　二七一一

入□鄉嘉禾元年税米十斛五斗〓嘉禾元年十一月三日新唐丘大男
壬任關邸閣郭據付倉吏黄諱史潘慮　二七一二

□運三州倉吏谷漢嘉禾元年税米十三斛一斗〓嘉禾三年正月廿九
日船師毛五關邸閣李嵩付倉吏黄諱史番慮　二七一三

入西鄉嘉禾二年税米十一斛〓嘉禾三年四月廿三日下俗丘何墨關
邸閣李嵩付倉吏黄諱史番慮　二七一四

入□鄉嘉禾二年限米卅斛七斗六升〓嘉禾三年正月八日龍穴丘子
弟李租關邸閣李嵩付倉吏黄諱史潘慮　二七一五

者已列言……　二七一六

……税米□斛〓嘉禾三年正月八日旱丘大女孫妾關邸閣李嵩付倉
吏黄諱史番慮　二七一七

【注】「孫」似爲「孫」之別字。右旁或爲「子」之草寫。

入□鄉嘉禾二年税米一斛六斗〓嘉禾三年四月廿三日錫丘男子高
斗關邸閣李嵩付倉吏黄諱史潘慮　二七一八

入南鄉嘉禾元年租米九斛九斗〓嘉禾元年十一月四日断坏丘……
關邸閣李嵩付倉吏黄諱史潘慮受　二七一九

入中鄉嘉禾二年税米二斛二斗〓嘉禾三年正月十六日郭渚丘力田
蔡碭關邸閣李嵩付倉吏黄諱潘慮　二七二〇

☑二年税白米十一斛〓嘉禾三年三月九日息丘供士關邸閣李嵩付
倉吏黄諱史潘慮受　二七二一

入中鄉嘉禾二年税米一斛三斗〓嘉禾三年五月一日沙渚丘大男杜
忽關邸各李嵩付倉吏黄諱潘慮　二七二二

【注】「各」，當爲「閣」之別字。

☑嘉禾二年税米十七斛〓嘉禾三年五月一日桐梁丘男子黄陽關邸
閣李嵩付倉吏黄諱史番慮　二七二三

【注】「吏番慮」之「吏」，依文例應爲「史」。

入廣成鄉嘉禾二年佃吏限米三斛𦍋嘉禾三年四月廿四日鼉丘吏
□□關邸閣李嵩付倉吏黄諱潘慮 二七二四

【注】「鼉」，見《長沙走馬樓三國吴簡・嘉禾吏民田家莂》五・九〇八，疑爲「鼉」字之異體。

入都鄉嘉禾元年税米二斛五斗𦍋嘉禾元年十一月廿五日莫（?）
伻丘陳賜關邸閣郭據付倉吏黄諱史潘慮受 二七二五

入都鄉嘉禾元年税米十七斛四斗𦍋嘉禾元年正月十七日坉中丘力
田樊建民潘洲關邸閣郭據付倉吏黄諱史番慮 二七二六

【注】「坉」，《集韵・魂韵》：「草土填水曰坉。一曰田壠。」音tun。

入西鄉嘉禾二年子弟限米一斛五斗𦍋嘉禾三年正月四日□□丘烝
昚關邸閣李嵩付倉吏黄諱史番慮 二七二七

【注】「昚」，疑爲「昚」之别字。「昚」，同「慎」。

入中鄉嘉禾二年税米三斛五斗𦍋嘉禾三年三月十九日上夫丘李租
關邸閣李嵩付倉吏黄諱史番慮 二七二八

入都鄉嘉禾二年新還民限米二斛𦍋嘉禾三年正月十二日滜（?）
山丘男子義柱關邸閣李嵩付倉吏黄諱潘慮 二七二九

入西鄉嘉禾二年税白米一斛四斗七升𦍋嘉禾三年三月二日億丘盧
主關邸閣李嵩付倉吏黄諱史潘慮 二七三〇

入□鄉嘉禾元年租米九斛𦍋嘉禾元年正月廿三日伻中丘州吏徐耀
關邸閣郭據付倉吏黄諱史番慮受 二七三一

☒ 慈女弟小年三歲 □子女□年□歲 ☒ 二七三二

領……萬一千七百六十五錢 二七三三

☒□子公乘□年三歲 ☒ 二七三四

狃弟公乘囊☒ 二七三五

☒伍讓年□歲 ☒ 二七三六

☒□□□郵卒限米 二七三七

□子公乘□年廿一 ☒ 二七三八

・右□☒ 二七三九

小赤里户人公乘□□年廿五 ☒ 二七四〇

☒男趙何僦錢月五百 二七四一

入東鄉嘉禾二年税米一斛五斗☒ 二七四二

☒□長（?）男弟□☒ 二七四三

☒……米四斛𦍋嘉禾□☒ 二七四四

☒弟應年十七 ☒ 二七四五

☒鄉皮一枚𦍋嘉禾二年☒ 二七四六

☒錢月五百 ☒ 二七四七

☒鄉私學限米三斛☒ 二七四八

民男子公乘☒ 二七四九

☒卌三筭□☒ 二七五〇

☒𦍋嘉禾元年十一月☒ 二七五一

☒年九歲 ☒ 二七五二

郡士□□年五十一 ☒ 二七五三

☒鄉鹿皮二枚𦍋☒ 二七五四

☒月□□☒ 二七五五

☒私學限米☒ 二七五六

☒□鄉嘉禾元年租米六斛☒ 二七五七

☒□寄年七歲☒ 二七五八

曼溲里户人公乘□☒ 二七五九

☒桐男☒ 二七六〇

☒九歲 ☒ 二七六一

☒𦍋嘉禾二年十月☒ 二七六二

☒歲 ☒ 二七六三

☒……三月十六日劉里☒ 二七六四

☒年三歲 二七六五

☒鹿皮六枚机（麂）皮☒ 二七六六

☒正月十七日温丘□☒　二七六七
☒　已筭萬☒　二七六八
　□妻大女□☒　二七六九
☒吏蔡忠子弟限米八斛胄☒　二七七〇
民男子黄岑☒　二七七一
☒陳□付庫吏殷連受　二七七二
☒税米二斛二斗四升胄畢☒　二七七三
□前言□□□☒　二七七四
☒月五日　大男丁終僦錢月五百　二七七五
☒□妻大女□年卅五　子……歲　二七七六
☒□男□☒　二七七七
☒　懸☒　二七七八
　·右□家口食☒　二七七九
☒五十二　☒　二七八〇
☒西年五　●　☒　二七八一
☒女衆年☒　二七八二
☒乘郭高年七十☒　二七八三
☒饒女弟賣年☒　二七八四
☒杋（鹿）皮二枚〓嘉禾二年☒　二七八五
☒□子女□年☒　二七八六
☒萬龍三年吏□米　二七八七
東扶里户人公乘☒　二七八八
☒……限佃民廿四户口□卅人　二七八九
☒□□□〓☒　二七九〇
☒租米二斛〓嘉禾元年☒　二七九一
☒斛税米付三州☒　二七九二
曼溲里户人公乘□□☒　二七九三
入□鄉嘉禾元年税米卅四斛〓嘉禾元年十☒　二七九四
☒李嵩付倉吏☒　二七九五
☒大女思年☒　二七九六
入樂鄉嘉禾二年□☒　二七九七
入平鄉故吏陳買嘉禾☒　二七九八
　右元家口☒　二七九九
☒□踵（腫）兩足　二八〇〇
入□鄉嘉禾☒　二八〇一
☒九日□大男胡碓□□給縣　二八〇二
☒右中家□☒　二八〇三
☒　·右□家口食九人☒　二八〇四
☒　□女☒　二八〇五
☒元年子弟限☒　二八〇六
☒□女□☒　二八〇七
☒嘉禾二年十一月☒　二八〇八
☒□□年卌一☒　二八〇九
☒男弟道年☒　二八一〇
□男子□☒　二八一一
☒□姪子男☒　二八一二
☒□□母☒　二八一三
☒□頂姪子☒　二八一四
☒從子☒　二八一五
☒□歲　二八一六
☒□珛受　二八一七
☒　□妻□年□☒　二八一八
☒□□☒　二八一九
☒子男郡☒　二八二〇
☒家口食□☒　二八二一
☒□□二☒　二八二二

☒枚𡗝嘉☒ 二八二三

☒合二□□□☒ 二八二四

☒七歲☒ 二八二五

·右□家☒ 二八二六

☒□子弟□☒ 二八二七

☒應妻大女☒ 二八二八

☒ 妻大女□年□□□□ 二八二九

☒□男弟□年□☒ 二八三〇

☒關邸閣董基☒ 二八三一

☒ 妻大☒ 二八三二

…… ☒ 二八三三

☒米二斛𡗝☒ 二八三四

☒年七月十一日☒ 二八三五

☒ 妻大女☒ 二八三六

☒□𡗝嘉禾☒ 二八三七

☒兩耳 二八三八

·□男弟☒ 二八三九

☒ ·□男弟□☒ 二八四〇

☒賔（賓）男弟□年□□聾兩☒ 二八四一

☒·其卅畝旱 ☒ 二八四二

☒ 右杲家口食二人 ☒ 二八四三

入西鄉嘉禾二年布九十四匹 ☒ 二八四四

☒ ·緷女弟嬰年十二歲☒ 二八四五

士黃尾妻合唐田長□☒ 二八四六

入中鄉嘉禾二年粢租米五斛𡗝……十一……☒ 二八四七

☒ 右□家口食四人 □一人男 □□□ ☒ 二八四八

☒ 春妻姑年十九☒ 二八四九

☒ 子男賔（賓）年廿□☒ 二八五〇

右乂家口食六人 ☒ 二八五一

入西鄉嘉禾二年粢租米二斛七斗𡗝□☒ 二八五二

☒杲兄子小女姓年十☒ 二八五三

☒□□□應舡別言☒ 二八五四

☒六斛八斗胄畢𡗝嘉禾二年十月五日☒ 二八五五

入都鄉嘉禾二年粢租米□□☒ 二八五六

☒□年二月廿一日□□☒ 二八五七

☒日露丘縣吏烝□關主記梅☒ 二八五八

入平鄉嘉禾二年布☒ 二八五九

☒右皁家口食二人☒ 二八六〇

☒年布匹數☒ 二八六一

☒何青年五十六 妻☒ 二八六二

☒□妻思年卅二☒ 二八六三

☒□禾元年☒ 二八六四

☒□年八十三☒ 二八六五

右廣成□☒ 二八六六

高平里户人公乘□☒ 二八六七

☒年九月十八日□☒ 二八六八

詳女姑年六□ ☒ 二八六九

☒𡗝嘉禾二年七月一日☒ 二八七〇

高平里户人公乘唐杲年六十一☒ 二八七一

☒口食三人 其二人男 □□□☒ 二八七二

☒□關主記梅☒ 二八七三

☒弟可年四歲 ☒ 二八七四

☒□布一匹 ☒ 二八七五

☒租米一百六十二斛五斗☒ 二八七六

⧄〓嘉禾六年正月九日北（？）渡丘□⧄　二八七七

⧄年八十　男孫頭年十⧄　二八七八

□高里户人公乘雷陽年五十七⧄　二八七九

⧄妻大女□⧄　二八八〇

⧄　·右春家口食⧄　二八八一

⧄五尺⧄　二八八二

⧄惕男弟⧄　二八八三

高平里户人公乘⧄　二八八四

⧄租年卅二筭一⧄　二八八五

入都鄉嘉禾□⧄　二八八六

⧄三尺⧄　二八八七

⧄公乘□⧄　二八八八

⧄□妻思年□⧄　二八八九

⧄□里魁（魁）周鵲領⧄　二八九〇

【注】「魁」，「魁」之俗體，見漢《石門頌》。又，《龍龕手鑑·鬼部》。

⧄年十四⧄　二八九一

⧄□鄉□⧄　二八九二

·右大⧄　二八九三

⧄□付庫⧄　二八九四

⧄嘉禾二年大豆租三斛准米一斛五斗〓嘉禾二年十二月⧄　二八九五

烏子男移年十二刑右手　二八九六

【注】「烏」，或釋爲「鳴」。

⧄□　其七户中品 四户上品 十一户下品　⧄　二八九七

⧄其二人男 三人女　⧄　二八九八

妻大⧄　二八九九

子男驚年廿四筭一　二九〇〇

⧄右仁家口食七人　其□□ 三人女　二九〇一

右租家口食七人　其三人男 其四人女　二九〇二

高平里户人公乘黄高年五十二筭一腫兩足　二九〇三

子男節年十七筭一　節妻大女公年十四　二九〇四

高平里户人公乘烝尾年卅四筭一　二九〇五

萬妻大女次年卅三筭一　萬子男萇年七歲　二九〇六

得姪子男休年四歲⧄　二九〇七

妻大女名年七十八踵（腫）兩足　狶子男萬年六十八苦腹心病　二九〇八

妻大女妾年七十九　□子小女積年十八筭一　二九〇九

⧄□鄉男子潘萏新户下品□……□百九十四侯相……年正月十二　二九一〇正

日典田掾蔡□⧄　二九一〇背

⧄入錢畢民自送牒還縣不得持還鄉典田吏及帥⧄　二九一一正

都鄉大男鄭□新户中品出錢九千侯相　□　嘉禾六年正月十二　二九一一背

日典田……　二九一二正

入錢畢民自送牒還縣不得持還鄉典田吏及帥　二九一二背

……年□月□□日……　二九一二正

入錢畢民自送牒還縣不得持還鄉典田吏及帥　二九一二背

□平里户人公乘李開年七十六　二九一三

萬男弟決年卅二決口病　決妻大女姑年卅八筭一⧄　二九一四

妻大女□年□□筭一聾右耳　子男護年三歲　二九一五

狶姪子男生年七歲聾兩耳　生女弟諱年五歲⧄　二九一六

·右犯家口食九人　其□□ 四人女　⧄　二九一七

·右師家口食□六人　二九一八

☐母大女妾年六十二　☐男弟阳年十一　二九一九
尾男弟白年六歲　⊠　二九二〇
妻大女食年廿一筭　⊠　二九二一
右☐家口食☐人　其☐☐三人女　二九二二
妻大女☐☐田筭一　子男☐年四歲　⊠　二九二三
⊠七歲腹心病　廣男弟專年五歲聾兩耳⊠　二九二四
⊠　匠子小女堤年十九筭一　……　⊠　二九二五
•右中鄉入二年桼租米廿八斛五斗九升⊠　二九二六
⊠☐父扣年七十荊左手腫兩足　二九二七
⊠匹〓嘉禾二年十月十九日烝弁⊠⊠付庫吏殷連受　二九二八
☐妻大女☐年六十一　☐⊠　二九二九
右高家口食⊠　二九三〇
⊠年九月七日☐☐丘大男……付庫吏殷連受　二九三一
⊠☐年田五筭二腫兩足　二九三二
⊠☐子男雛（？）年八歲⊠　二九三三
宗☐⊠　二九三四
⊠☐俗丘殷有關邸閣董⊠　二九三五
⊠☐布一匹〓嘉禾二年十一月二日⊠　二九三六
⊠吏二人男　二九三七
⊠都鄉男☐☐新户下品出錢五千五百九十四……　二九三八正
⊠入錢畢民自送牒還縣不得持還鄉典田吏及帥　二九三八背
•騰兄公乘斗年五十一筭一斷足以嘉禾五年十月廿日被病物故　二九三九
⊠　絢妻大女姑年七十五　絢子女咄⊠　二九四〇

【注】「絢」，《説文·糸部》：「纑繩絢也。」段玉裁注：「纑者，布縷也。繩者，索也。絢，糾合之謂。」音qú。

都鄉大男區通（？）新户下品出錢五千五百九十四侯相……　二九四一正
入錢畢民自送牒還縣不得持還鄉典田吏及帥　二九四一背
⊠……相……　二九四二正
⊠入錢畢民自送牒還縣不得持還鄉典田吏及帥　二九四二背
都鄉男子許靖新户中品出錢九千侯相……年五月十二日典田☐☐　二九四三正
入錢畢民自送牒還縣不得持還鄉典田吏及帥　二九四三背
⊠……〓嘉禾二年九月五日息里營（營？）浦丘文雙付庫吏殷連受　二九四四
都鄉大男☐☐新户下品出錢五千五百九十四侯相……⊠　二九四五正
入錢畢民自送牒還縣不得持還鄉典田吏及帥⊠　二九四五背
入南鄉嘉禾二年桼租米二斛二斗〓嘉禾二年……⊠　二九四六
⊠　☐女弟紫年五歲　二九四七
⊠☐帆年十九筭一聾兩耳　二九四八
⊠二年布三匹〓嘉禾二年十月七日烝弁付庫吏殷⊠　二九四九
⊠　……　其四人女　⊠　二九五〇
⊠安弟思年十五筭一　二九五一
⊠☐和年卅三筭一　子男☐年五歲　二九五二
⊠弟東年二歲　元寡嫂大女妾年六十二　二九五三
⊠禔男弟讓年九歲　……　⊠　二九五四

【注】「禔」，《説文·示部》：「安也。」（據段玉裁校改本。）音zhī。

⊠……萬四百　⊠　二九五五
高平里户人公乘宫客……　二九五六
⊠〓嘉禾二年七月十日朱（？）溲丘男⊠　二九五七
入☐鄉嘉禾二年桼租米五斗⊠　二九五八
⊠☐桼租米十一斛胄畢〓嘉禾⊠　二九五九
⊠☐付庫吏殷連受⊠　二九六〇
⊠……二萬一千四百☐⊠　二九六一

☒妻大女□☒　二九六二
☒　□男……年四歲　二九六三
右元家口……☒　二九六四
☒大女□年□三筭一　……　☒　二九六五
☒……六萬七千五百☒　二九六六
☒……嘉禾二年粢租米二斛七斗〼嘉禾二年☒　二九六七
☒□大女□年廿一筭一　子男宗八歲　二九六八
☒石得家口食七人　其□人男　……　二九六九
☒　……　……年□三聾兩☒　二九七〇
其一户縣☒　二九七一
☒嘉禾二年粢租米八斛〼嘉禾二☒　二九七二
☒□十一月四日東平丘縣吏☒　二九七三
☒月十六日東□丘潘……☒　二九七四
·右中鄉入二年☒　二九七五
☒公乘區杲年五十一筭一腫兩☒　二九七六
妻大女姑年卅四筭一　……　☒　二九七七
都鄉男子□□新户中品……九千……☒　二九七八正
入錢畢民自送牒還縣不得持還鄉典田吏及帥　☒　二九七八背
大成里户人公乘逢養年卅六筭一　二九七九
大成里户人公乘烝狶年九十七刑左手腫兩足　☒　二九八〇
大成里户人公乘高祺年五十二筭一　二九八一
妻大女茹年廿八筭一　子女僩年七歲　二九八二
☒烝王勉年五十二腫兩足□□☒　二九八三
平陽里户人公乘張物年六十刑右足　☒　二九八四
入樂鄉嘉禾二年租米二斛胄畢〼☒　二九八五
入小武陵鄉嘉禾二年布一匹☒　二九八六
☒……嘉禾元年雜米十九斛七斗　☒　二九八七
宜陽里户人公乘區客年五十　二九八八
☒食合三人　☒　二九八九
☒石□家　二九九〇
☒　·石勉家☒　二九九一
☒妻大女係年卅五　☒　二九九二
☒卅五人……三☒　二九九三
☒大男屈年十三　二九九四
☒丈七尺〼嘉禾二年十一月廿日☒　二九九五
右丹家口食□人☒　二九九六
☒□子男禿年廿三☒　二九九七
☒入二年粢租☒　二九九八
☒年六十三　☒　二九九九
☒斛五斗〼嘉禾二年七月廿八日☒　三〇〇〇
☒子女婢年十歲　三〇〇一
夫□里户人公乘鄧雙（？）年□☒　三〇〇二
☒未還四萬☒　三〇〇三
☒鄉嘉禾二年粢☒　三〇〇四
☒……☒　三〇〇五
☒□年卌六筭一□☒　三〇〇六
☒鄉嘉禾□年粢☒　三〇〇七
☒中鄉里户人公乘李杲（？）年卌☒　三〇〇八
右石家口食□人☒　三〇〇九
☒家口食八人☒　三〇一〇
☒米□斛□□〼嘉禾☒　三〇一一
☒麦男弟得年九☒　三〇一二
☒……胄畢〼嘉禾二年　三〇一三
☒妻姑年十六□☒　三〇一四
積聟（婿）許（？）虞年☒　三〇一五

⧄□畫年卅八⧄　三〇一六
⧄承餘新入二⧄　三〇一七
⧄女義年卅九　三〇一八
⧄瑜小妻禾年⧄　三〇一九
⧄……二歲　⧄　三〇二〇
⧄覽姪子男⧄　三〇二一
⧄弘子男訖年⧄　三〇二二
入□鄉嘉禾二年……⧄　三〇二三
⧄……年四歲　三〇二四
⧄……年⧄　三〇二五
⧄妻大女□年卅⧄　三〇二六
⧄陽里□⧄　三〇二七
⧄　妻大女思年卅一腫兩足⧄　三〇二八
·右通（？）家口食……⧄　三〇二九
⧄女思年⧄　三〇三〇
驚妻大女思十五筭一　三〇三一

【注】依文例，「思」下脱「年」字。

大成里户人公乘文騰卅三筭一　⧄　三〇三二

【注】依文例，「騰」下脱「年」字。

⧄　·右遂家口食五人　其三人男 二人女　⧄　三〇三三
護女弟小年二歲　養男弟困年廿九□⧄　三〇三四
困聟（婿）蔯年卅五筭一給縣卒　三〇三五
汝子男讓年六歲　⧄　三〇三六
高平里户人公乘區高年五十筭一　三〇三七
妻大女妾年廿二筭一　三〇三八
困男弟蔿（？）年七歲　蔿（？）女弟綈（？）年三歲　⧄　三〇三九
妻大女□年□三筭一　□⧄　三〇四〇
·右元家口食七人　其四人男 三人女　⧄　三〇四一
帛男弟別年四歲　碭妻大女妾年卅五筭一　三〇四二
妻大女士年十八筭一　⧄　三〇四三
右碩家口食三人　其二人男 □□人女　三〇四四
妻大女□年卌筭一龍（聾）兩耳　⧄　三〇四五
⧄　妻大女姑年十八筭一龍（聾）耳　⧄　三〇四六
華子男湇（？）年七歲　……　三〇四七

【注】「湇」，似爲「滀」字之訛。《集韵·筱韵》：「滀，滀溟，深不測。」音yǎo。

⧄　妻大女早年卅五筭一　□小女主年□□□　三〇四八
□兄𤕤年六十四刑左手　𤕤妻大女姑年五十五筭一　三〇四九

【注】「𤕤」，左旁有殘損，或釋爲「𤕤」。

讓男弟吴年九歲　……⧄　三〇五〇
高平里户人公乘朱閤年卅一筭一　三〇五一

【注】「閤」，《玉篇·門部》：「門不開。」音dàng。

□妻大女困年廿筭一　□寡嫂□年□一筭一　三〇五二
·右象家口食五人　其三人男 二人女　三〇五三
右蔯家口食五人　其二人男 其三人女　三〇五四
妻大女思年卅八筭一　子男困年十三□□病　三〇五五
□女弟姑年六歲　高女姪子並年八歲　三〇五六
⧄　筭一　⧄　三〇五七
妻大女妾年卌六筭一　子男弼年廿二筭一　三〇五八
·右得（得）家口食六人　其三人男 三人女　●　⧄　三〇五九
右牛家口食二人　其⧄　三〇六〇

囷男弟札（？）年十　□女弟□……　三〇六一

▨乘鄧鄉年卅四筭一刑左手　▨　三〇六二

高平里户人公乘區客年廿六筭一　三〇六三

高平里户人公乘魯礼年卌二筭一腹心病　三〇六四

▨　·□妻大女累年廿三筭一　直男弟楝年廿筭一　三〇六五

材男□年九歲苦雍（癰）病　泉叔父金年卌筭一腫兩□　三〇六六

▨媿女弟杋年五歲　媿男弟移年三歲　三〇六七

▨　·右世家口食五人▨　三〇六八

□□里户人公乘許春年六……▨　三〇六九

▨　□大女□年卅八筭一　子男香年廿三筭▨　三〇七〇

▨　右龍家口食合五人　▨　三〇七一

入桑鄉寇丘……布一匹▨　三〇七二

▨限佃民□▨　三〇七三

□秋（？）里户人公乘……　▨　三〇七四

妻大女篤年廿二▨　三〇七五

□寡姪豆年六十五　□子女篤（？）年□□　三〇七六

·　右杋家口食四人　其三人男 一人女　三〇七七

閈姪子男張年三歲　三〇七八

大成里公乘胡禄年卌九筭一　▨　三〇七九

妻大女磿（？）年卌九筭一腫兩足　子小女謹年七歲　三〇八〇

【注】「磿」《説文·甘部》：「和也。从甘，从麻，調也。甘亦聲。讀若𠂹。」音gān。

大成里户人公乘高郡年卅八腹心病　▨　三〇八一

▨直子小女雙年七歲　直□□公乘▨　三〇八二

▨　斗兄公乘禄年卅一刑兩足　三〇八三

·右妾家口食四人　其二人男 二人女　▨　三〇八四

·右鵲家口食四人　其一人男 三人女　三〇八五

·右章家口食六人　其▨　三〇八六

右尾家口食四人　其三男 其一女　三〇八七

▨　妻大女姑年卌九筭一腫兩足　㝵小妻□年卌三筭▨　三〇八八

妻大女姑年廿五筭一　子小女回年九歲　三〇八九

·右汀（？）家口食三人　其□□ 一人女　三〇九〇

高里户人公乘廖肫年五十□　▨　三〇九一

【注】按，此簡原存左半，三校時發現可與三二一八號簡綴合，因簡號已編定，故釋文兩存。

▨户人公乘何鳥年五十刑左足　▨　三〇九二

·右養家口食▨　三〇九三

宗女弟陵年四歲　陵從□子□年十　三〇九四

▨　·右肫家口食五人　其三人男 其二人女　三〇九五

▨　·右𠿘家口食三▨　三〇九六

·鵲姪子小女仁年十一腫兩足　三〇九七

▨□謙（？）年六十四腫兩足　三〇九八

▨思男解年四歲　三〇九九

【注】依文例，「思」下脱「子」字。

▨　妻大女姑年六十五刑左足　小妻大女思年卌四筭一腫兩□　三一〇〇

▨　·妻大女思年廿二筭一盲右目　象母大女芊年六十七　三一〇一

章子男友年九歲盲左目　友男弟孟（？）年七歲　三一〇二

大成里户人公乘文耳年六十八盲左目　三一〇三

▨　·象男弟梁年十八筭一　梁男弟至年十五　三一〇四

囷男弟伯年九歲　⧄　三一〇五

右杲家口食合五人　⧄　三一〇六

⧄户人公乘魯上年五十四筭一　⧄　三一〇七

富貴里户人公乘李䢅年卅一筭刑⧄　三一〇八

·徙女弟姑年五歲　□⧄　三一〇九

⧄　篤男弟帛年十　胡男弟碭年卅二筭刑左手　三一一〇

·右耳家口食六人　其三人男 三人女⧄　三一一一

高平里户人公乘……⧄　三一一二

□子男賞年三歲⧄　三一一三

大成里户人公乘周鵲年卅九筭一　三一一四

康妻大女金年廿六腫足　康小妻大女𥪰年十三　三一一五

【注】「𥪰」，疑爲「端」字俗體。《龍龕手鑑·立部》：「竡，俗，音端。」與此形近。

妻㔟年卌一筭一　⧄　三一一六

□□□年卌筭一⧄　三一一七

高里户人公乘廖肫年五十□　⧄　三一一八

【注】按，此簡原存右半，三校時發現可與三〇九一號簡綴合，因簡號已定，故釋文兩存。

富貴里户人公乘廖郵年五十苦腹心病　⧄　三一一九

妻大女思年卌⧄　三一二〇

⧄　右車家口食五人　⧄　三一二一

⧄　有男弟客年三歲　⧄　三一二二

⧄口食四人　⧄　三一二三

其五户⧄　三一二四

入□鄉嘉禾二年粢租米九斗〼嘉禾⧄　三一二五

入都鄉嘉禾二年粢租米⧄　三一二六

蓴⧄　三一二七

【注】「蓴」，《説文·艸部》：「蒲叢也。」音tuán。

入都鄉嘉禾二年粢租⧄　三一二八

右□家口食合□⧄　三一二九

⧄錢一千〼嘉禾三年二月廿九日三州丘男子番郡付庫吏⧄　三一三〇

子女□年四歲　⧄　三一三一

⧄二户故户⧄　三一三二

⧄斛〼嘉禾二年十□⧄　三一三三

⧄小妻思年廿⧄　三一三四

⧄□平里户人公乘□□年⧄　三一三五

⧄租米四□⧄　三一三六

⧄□年六十一　⧄　三一三七

⧄年卌六筭一腫兩⧄　三一三八

⧄　男姪□年⧄　三一三九

·右困家口食⧄　三一四〇

⧄大女□年卌九筭一　子小女囷年□□　三一四一

·　右□家口食□⧄　三一四二

⧄□妻汝年卌二⧄　三一四三

⧄里户人公乘引𣲡年⧄　三一四四

高平里户人公乘魯奇年□⧄　三一四五

⧄年粢租米廿□⧄　三一四六

入都鄉嘉禾二年粢□⧄　三一四七

入都鄉嘉禾二年粢租⧄　三一四八

⧄腫左手　⧄　三一四九

碩子男□年三歲　三一五〇

大成里户人公乘烝市年五十五　⧄　三一五一

·右壽家口食八人　其四人男 四人女　三一五二

⧄　其四户窮老女户一人□□物故⧄　三一五三

・右直家口食八人　其四人男 四人女　〼　三一五四
□成里户人公乘胡囷年卅八筭一　〼　三一五五
練男弟□年三歲　三一五六
・右騰家口食十人　其四人男 六人女　〼　三一五七
高平户人公乘黄署年六十五　三一五八
【注】依文例，「高平」下脱「里」字。
□女弟念（？）年七歲　……　三一五九
妻大女姑年卅七筭一　章小妻大女□年卅三筭一　三一六〇
高平里户人公乘魯□年卌八筭一刑右足　三一六一
〼　右□家口食四人　□〼　三一六二
妻大女囷年六十五　寄（？）孫子婢年九歲　三一六三
高平里户人公乘區得（得）年廿六筭一　三一六四
・東子男賢年二歲　〼　三一六五
・妾子男□年六歲　元姪子男豫年十五　三一六六
典田掾黄欣嘉禾五年所主□□〼　三一六七
・右星家口食九人　其……〼　三一六八
〼　・右惕家口食五人　其三人男 二人女　三一六九
・右皖家口食二〼　三一七〇
【注】「皖」，「祝」字之異體。《集韵·屋韵》：「祝，或從食。」
子男蒲年十一苦腹心病盲目　蒲女弟〼　三一七一
婢男弟馮年七歲　□〼　三一七二
〼嘉禾元年私學限米十斛〼　三一七三
妻大女堇年卌筭一〼　三一七四
〼和年卅筭一　子男蓁（？）年三歲　〼　三一七五
・妻大女□年卅九筭一腫兩足　〼　三一七六
・勉寡姉□年〼　三一七七
〼　妻大女思年卅四筭〼　三一七八
・右□家口食五人　〼　三一七九
子男尾年六歲　□姪子□〼　三一八〇
如妻例年十七〼　三一八一
〼□萬錢六千八百　〼　三一八二
入都鄉嘉禾二年粢租〼　三一八三
〼鳴家口食三人　其一人男 二人女　三一八四
〼右唯家口食三人　〼　三一八五
其廿户新占民户〼　三一八六
□□里户人公乘……　〼　三一八七
〼税米□斛就畢〻嘉禾二年□月□日□〼　三一八八
〼乘番唯年七十二〼　三一八九
奇孫子男湖五歲　子男澤年卅八筭一腹心病　三一九〇
〼□□□筭　〼　三一九一
十妻大女汝年廿五筭一　〼　三一九二
□廣成鄉嘉禾二年粢租米六斛〻嘉禾二年七月廿九日〼　三一九三
〼〻嘉禾二年七月廿□日〼　三一九四
〼食四人　其三人男 一人女　三一九五
・右□家口食□人　〼　三一九六
富貴里户人公乘光肫年卅九　〼　三一九七
〼　其十七户新占民户　〼　三一九八
〼　妾子男……〼　三一九九
〼鳴（？）平爲狗作娸取（？）□〼　三二〇〇
【注】此處疑爲「媒」之訛字。「取」，通「娶」。
〼奴兄男姪□年〼　三二〇一

☑　右□家☑ 三二〇二

☑□□□韓枝（？）出在□□□☑ 三二〇三

□陽里户人公乘樂□年□☑ 三二〇四

☑　右署家☑ 三二〇五

入都鄉嘉禾二年粢租米☑ 三二〇六

☑男弟頙年三歲☑ 三二〇七

春玉里户人公乘吴將年☑ 三二〇八

☑占民卅九户　☑ 三二〇九

高平里户人公乘魯泉年卌五龍（聾）□☑ 三二一〇

入平鄉嘉禾二年粢租米卄☑ 三二一一

•右富貴里領吏民卅二户口合□☑ 三二一二

☑　其五人男
　　□□□ 三二一三

入平鄉嘉禾二年粢租米四斛四□☑ 三二一四

☑思年卅二☑ 三二一五

☑嘉禾二年粢租米一斛二斗八升☑ 三二一六

☑　危女弟訾年四歲☑ 三二一七

讍男☑ 三二一八

大成里户人公乘王得（得）年六十二聾□☑ 三二一九

　•右當家口食三人筭二　☑ 三二二〇

☑　頟（？）男弟客年二□☑ 三二二一

☑女弟粈年三歲☑ 三二二二

☑□䌸嘉禾三☑ 三二二三

☑二年布三丈六尺䌸嘉禾二年十二月廿□☑ 三二二四

　右忠家口食七☑ 三二二五

萬歲里石人公乘董文年廿九貞吏☑ 三二二六

【注】依文例，「右」爲「户」字之誤。「貞」，似爲「真」字之訛。

☑陽里户人大女孔賫年☑ 三二二七

☑　妻大女□年卌一筭一腫兩□☑ 三二二八

☑禾絹□□遣姜□到□☑ 三二二九

　□小妻大女客（？）年☑ 三二三〇

入都鄉嘉禾二年粢租☑ 三二三一

☑畢䌸嘉禾二年□☑ 三二三二

☑䌸嘉禾六年正月廿☑ 三二三三

☑□調布三丈九尺䌸嘉禾三☑ 三二三四

☑付三州倉吏□☑ 三二三五

☑年九歲　☑ 三二三六

☑□□吏☑ 三二三七

☑□如□年□□☑ 三二三八

☑□□□□□□□☑ 三二三九

☑　其一百卅二人男☑ 三二四〇

☑□貴里户人公乘利職年卅一　職母……☑ 三二四一

☑□田户中品☑ 三二四二

　右祟家口食合四人□　☑ 三二四三

大成里户人公乘宗鮌（？）年六十盲右目以嘉禾五年十二月☑ 三二四四

【注】「鮌」，同「鯀」。見《廣韵·混韵》。或釋爲「鮏」，字書所無。

　•右礼家口食六人　其☑ 三二四五

　妻大女貞年卅一筭一　卿小妻大女淘年廿一筭一 三二四六

☑里户人公乘高元年卅筭一 三二四七

富貴里户人公乘謝錢五十八　☑ 三二四八

大成里户人公乘這湛年卅三聾兩耳　☑ 三二四九

【注】此簡下端「聾兩耳」等字原殘存右半，圖版貼好後看校様時發現可與三二一六五號簡綴合，因仍其舊而校訂釋文。

☑里户人公乘陳度年五十七筭一　☑ 三二五〇

　右鉏家口食合八人　其☑ 三二五一

☒右客家口食□人　☒　三二五二

・妻□年卅　☒　三二五三

・姑女弟思□☒　三二五四

☒嘉禾二年十月十二日□□☒　三二五五

妻大女汝年卅四盲☒　三二五六

☒　右桑鄉入嘉禾二年粢租米□☒　三二五七

☒　……病　☒　三二五八

☒七十二　☒　三二五九

☒□典田掾蔡□□□　三二六〇

☒□男弟水年十五☒　三二六一

☒□□鄉嘉禾二年粢租米十斛五斗☒　三二六二

☒□女弟民年四歲　三二六三

☒筭一☒　三二六四

☒□聾兩耳　☒　三二六五

【注】此簡僅殘存左半，圖版貼好後看校樣時發現可與三二四九號簡綴合，因仍其舊而校訂釋文。

入都鄉嘉禾二年粢租米六斛五斗〓嘉禾二年□□☒　三二六六

☒米五斛二斗〓☒　三二六七

☒弟限米七斛三斗☒　三二六八

☒妻婢年卅☒　三二六九

☒□鄉嘉禾二年粢租米七斛☒　三二七〇

☒□貴里户人公乘𧷢郡年廿二☒　三二七一

入南鄉嘉禾二年粢☒　三二七二

☒聾兩耳　☒　三二七三

其三户□☒　三二七四

☒□人　其□□□
一人女　☒　三二七五

丹（？）小妻□年卌二筭二☒　三二七六

・右□家口食□□人　☒　三二七七

☒爲卅三筭□□右足☒　三二七八

進渚里户人公乘胡頭年□五筭一　☒　三二七九

☒　高姪子州（？）……☒　三二八〇

入西鄉二年布卅七匹二尺　☒　三二八一

東子女可年六歲☒　三二八二

☒　□子男□年廿筭一　……☒　三二八三

☒妻大女□年卌三筭一　□大男……筭一　☒　三二八四

右言家口□□人　☒　三二八五

……口食三人　其□□男
□□□　三二八六

阿男弟嫂年五歲　祺從兄公乘絢□☒　三二八七

【注】「阿男弟嫂年五歲」，此處疑有誤。

☒　其一人女　☒　三二八八

富貴里户人公乘楊馬年廿九　☒　三二八九

阿妻大女☒　三二九〇

☒平里户人大女唐妾年五十一　☒　三二九一

富貴里户人公乘烝龍年五十　☒　三二九二

入平鄉嘉禾二年布一匹〓嘉禾二年九月五日胡萇丘如生付庫吏□☒　三二九三

☒　……家口食□人　其二人男
……　三二九四

☒　妾子小女濡年十四　濡男弟品年十歲　☒　三二九五

足男南年四歲　三二九六

【注】依文例，「足」下似脱「子」字，或「男」下脱「弟」字。

☒……布一匹三丈九尺〓嘉禾二年十月十二日□□付庫吏殷連受　三二九七

妻大女金年卌九筭一　子男阿□☒　三二九八

⧄户上品出錢□萬三千侯相　……　三二九九正
⧄民自送牒還縣不得持還鄉典田吏　三二九九背
⧄右開家口食□□　……　其二人女　三三〇〇
⧄□從年三歲　三三〇一
右玉家口食合五人　其⧄　三三〇二
⧄　驚男弟仲年六歲　⧄　三三〇三
·其一户郡卒下品　⧄　三三〇四
·右古家口食七人　⧄　三三〇五
⧄……故户……　三三〇六正
⧄牒還縣不得持還鄉典田吏及帥　三三〇六背
其二户縣吏下品　⧄　三三〇七
⧄　□妻自年廿八筭一　⧄　三三〇八
⧄布一匹𥺅嘉禾二年十一月十七日湖田丘男子□⧄⧄付庫吏
殷連受　三三〇九
⧄　……肌年廿六筭一　⧄　三三一〇
⧄筭一　賔（賓）妻大女告年十九筭腫兩足　三三一一
⧄妻大女思年卅四筭一　逐子男經年□⧄　三三一二
大成里户人公乘梅敬年卌四刑左手⧄　三三一三
妻大女筭□六十二　□⧄　三三一四
·困妻大女績（？）年十七筭一腫兩足　困子小女閉年二歲⧄　三三一五
【注】「閉」，《龍龕手鑑·門部》：「俗。音悦。」
⧄　妻大女羊年卌三筭一　子男品（？）年廿二筭一　三三一六
⧄……腹心病　三三一七
⧄　子小女累年七歲　壽寡嫂大女妾年五十四□⧄　三三一八
右閤家口食四人　三三一九
⧄……相　□□□年二月十二日典田掾蔡□白　三三二〇正

⧄入錢畢民自送牒還縣不得持還鄉典田吏及帥　三三二〇背
高平里户人公乘□⧄　三三二一
⧄……男子周使（？）付庫⧄　三三二二
客妻大女□⧄　三三二三
富貴里户人公乘陳誂年卅八　⧄　三三二四
東陽里户人公乘陳和年卅　和父禿年六□⧄　三三二五
⧄□希丘鄭斗付庫吏潘琬受　三三二六
其⧄　三三二七
⧄□年六十二　⧄　三三二八
⧄□里户人公乘……⧄　三三二九
⧄右思家口食二人⧄　三三三〇
⧄　其廿二户故⧄　三三三一
⧄　妻大女厭年卅八⧄　三三三二
⧄……故户……⧄　三三三三正
⧄畢民自送牒還縣不得持⧄　三三三三背
⧄……年卅一筭一□⧄　三三三四
⧄弟沶年五歲⧄　三三三五
【注】「沶」，同「流」。
⧄汇年五歲　三三三六
入模鄉二年粢租⧄　三三三七
⧄　妻思年□六筭一　⧄　三三三八
⧄母兄□⧄　三三三九
⧄年粢租米二⧄　三三四〇
⧄連受　三三四一
⧄□女□⧄　三三四二
⧄妻大女宗（？）年卅九　⧄　三三四三
⧄右闊（？）家……⧄　三三四四
入都鄉嘉禾二年布一匹⧄　三三四五

⧄□户郡吏　⧄　三三四六

⧄烝益關丞□⧄　三三四七

⧄湛子小女愛（？）年七歲　⧄　三三四八

·右通家口食□人筭四　⧄　三三四九

⧄筭四　⧄　三三五〇

·右□⧄　三三五一

一户上品
⧄其一户中品　⧄　三三五二
一户下品

⧄……出錢⧄　三三五三正

⧄民自送牒還□⧄　三三五三背

⧄腫兩足□⧄　三三五四

⧄史殷連謹列⧄　三三五五

⧄　·右白家口⧄　三三五六

入中鄉嘉禾二年粢⧄　三三五七

⧄付庫吏潘⧄　三三五八

⧄大女思年十⧄　三三五九

⧄　妻□⧄　三三六〇

大成里户人公乘⧄　三三六一

⧄□≡嘉禾二年□⧄　三三六二

入中鄉嘉禾二⧄　三三六三

⧄弟□年六歲⧄　三三六四

⧄粢租米□⧄　三三六五

⧄□日厭下丘董⧄　三三六六

□□里户人大女宗妾□⧄　三三六七

⧄□里户人公乘趙文年六十腹心病⧄　三三六八

⧄□米斛□五年□□⧄　三三六九

⧄卅九□□⧄　三三七〇

⧄≡嘉禾二年□⧄　三三七一

入西鄉二年布三丈九⧄　三三七二

⧄□鄉典田吏及師　⧄　三三七三

【注】依文例，此簡另一面應有文字，已磨滅不能辨識。

⧄其二人男
一人女　⧄　三三七四

·右懸家□⧄　三三七五

⧄　右□□□⧄　三三七六

⧄≡嘉禾二年十一月⧄　三三七七

⧄□年六歲⧄　三三七八

入中鄉嘉禾二年粢租米三斛六斗≡嘉禾　三三七九

入西鄉嘉禾二年粢租□⧄　三三八〇

文弟公乘頭年六腹心病⧄　三三八一

【注】依文例，「六」下脱「歲」字。

□□大女□⧄　三三八二

⧄乘何鷴年卅二筭一⧄　三三八三

石□⧄　三三八四

⧄□□年三歲　三三八五

入小武陵鄉嘉⧄　三三八六

⧄嘉禾二年粢租米三□⧄　三三八七

⧄者女弟典年三歲⧄　三三八八

【注】「者」，省。《集韵·梗韵》：「者，隸作省。」

宜陽里户人公乘陳……⧄　三三八九

入南鄉嘉禾二年粢租米四斛⧄　三三九〇

⧄毛白年六十⧄　三三九一

□成里户人公乘毛⧄　三三九二

【注】二校時，發現此簡可與上簡三三九一號綴合，綴合後文字爲「□成里户人公乘毛白年六田⧄」，因仍其舊號，加注予以說明。

三三九三　東田丘縣卒孟識關邸閣□☑

三三九四　☑月卅日主庫吏☑

三三九五　☑　右魭家口☑

【注】「魭」，字書所無，或釋爲「鮌」。

三三九六　☑□一人女　☑

三三九七　入平鄉嘉禾二☑

三三九八　☑界年二歲　☑

三三九九　□□里户人公乘潘□年□□□吏　☑

三四〇〇　☑饒母大女□☑

三四〇一　☑妾年五十一筭一　□□☑

三四〇二　☑萬四千　☑

三四〇三　☑□田下俗丘五胡關邸閣☑

三四〇四　☑户人公乘……☑

三四〇五　☑付倉吏鄭黑受

三四〇六　☑□斛四斗五升嘉禾三年八月十六日億☑

三四〇七正　☑……☑

三四〇七背　☑時還鄉典田吏　☑

三四〇八　☑□腫兩足　☑

三四〇九　☑右畼家口食☑

三四一〇　☑□言□□誠☑

三四一一　☑□□三斛五□☑

三四一二　☑□□限米二斛☑

三四一三　☑嘉禾二年□☑

三四一四　☑彊湲□☑

三四一五　☑禾二年粢☑

三四一六　入小武陵鄉嘉禾二年□☑

三四一七　☑禾二年十□☑

三四一八　☑成里□☑

三四一九　☑·右□□☑

三四二〇　☑禾三年五月六日

三四二一　☑□年三歲

三四二二　☑十月卅☑

三四二三　□橋丘吴□☑

三四二四　☑目　香（？）子小女☑

三四二五　☑　其五人 □□☑

三四二六　☑黄□關邸閣郭據☑

三四二七　入□鄉嘉禾二年粢租☑

三四二八　☑□二年布廿六☑

三四二九　☑　·妻大女☑

三四三〇　☑日……☑

三四三一　☑□樂鄉入租米二斛五☑

三四三二　☑□斛五嘉禾二年□☑

三四三三　☑二人男 □□女　☑

三四三四　☑□弟賭年六歲　·☑

三四三五　☑□子弟限米九斛……☑

三四三六　☑嘉禾二年粢租☑

三四三七　☑鄧春布□☑

三四三八　☑還縣不得時還☑

【注】依文例，此簡另一面應有文字，已磨滅不能辨識。

三四三九　☑□男子□☑

三四四〇　☑億丘黄母關□☑

三四四一　☑　移□☑

三四四二　☑五嘉禾二□☑

三四四三　□□倉□☑

☐七斛五斗　☐　三四四四
☐　訾五十　●　三四四五
☐新吏限米　三四四六
☐□九□□□☐　三四四七
☐□□三石七斛三斗嘉禾二年□卒限米　三四四八
☐·其一百三斛五斗嘉禾二年貸食黄龍三年税米　三四四九
☐　訾五十　三四五〇
□吴平斛三萬二千八百卅五斛五斗一升□合一勺二撮☐　三四五一
☐其一户上品　☐　三四五二
☐□年卅一　三四五三
☐其廿七斛五斗七升嘉禾二年僦客限米☐　三四五四
☐　訾五十　三四五五

【注】殘簡下方有紅色痕跡，似是「中」字。

……　☐　三四五六
☐六斛六斗黄龍三年貸食黄龍元年□月☐　三四五七
☐沱丘吴官付三州倉谷漢受☐　三四五八

【注】「沱」，似爲「池」字之别體。《長沙走馬樓三國吴簡·嘉禾吏民田家莂》和《竹簡〔壹〕》地名有「監沱丘」，或即「監池丘」。

☐　訾五十　三四五九
☐……民還三州倉☐　三四六〇
☐□二斗……二年……　☐　三四六一
☐　其九户下品　☐　三四六二
☐……付三州倉□□☐　三四六三
☐黄晄關邸閣李嵩付倉吏黄□☐　三四六四

【注】「晄」，「晃」之異體。《説文·日部》：「晄，明也。」段玉裁注云：「晃，各本篆作晄。」

☐□十一斛九斗七升嘉禾二年□□☐　三四六五
☐　訾五十　三四六六
☐……嘉禾四年□月……☐　三四六七
☐……一丈……☐　三四六八
☐中品　☐　三四六九
☐其六十斛嘉禾□☐　三四七〇
☐　訾五十　☐　三四七一
☐其九升嘉禾元年叛士限米　☐　三四七二
☐□年十月廿七日領下丘烝騖付倉吏☐　三四七三
☐其一百廿八斛三斗□升黄龍元年吏帥客限米☐　三四七四
☐……米三斛□□□嘉禾□☐　三四七五
☐　訾五十　三四七六
☐地僦錢月五百……☐　三四七七
☐□嘉禾元年十月廿日……☐　三四七八
☐年十月廿三日蔶（?）丘……☐　三四七九
☐□嘉禾□年□月……☐　三四八〇
☐　中　三四八一

【注】「中」字爲紅色筆蹟。

☐　訾五十　三四八二
☐其三百六十二斛六合嘉禾二年粢租米☐　三四八三
☐　訾五十　三四八四
☐　訾五十　●　三四八五
☐其三斛三斗八升黄龍三年郡卒限米　●　三四八六
·右□家口食……　☐　三四八七
☐五斛三斗嘉禾二年……限米　三四八八
☐……廿九斛黄龍三年新吏限米　三四八九
☐其十斛九斗四升黄龍三年私學限米　三四九〇
☐吏帥客限米十六斛二斗　三四九一
☐……嘉禾……米　三四九二
都鄉大男原眾（?）故户下品出錢四千☐　三四九三正
入錢畢民自送□☐　三四九三背

銀妻大女醬年五十四筭□　□⧄　三四九四
⧄其一百一十六斛八斗五升嘉禾元年私學限米　●　三四九五
都鄉男子嚴何故户下品出錢四千四百⧄　三四九六正
入錢畢民自送牒還縣⧄　三四九六背
都鄉男子米尚故户下品……⧄　三四九七正
入錢畢民自送牒還……⧄　三四九七背
⧄　·其七百七十六斛一斗嘉禾二年佃帥限米　⧄　三四九八
⧄　□妻大女□年卅筭一　⧄　三四九九
⧄其六十五斛八斗五升嘉禾二年貸食元年私學限米　三五〇〇
·舉妻大女兒年廿八刑右足　⧄　三五〇一
⧄　其二百六十一斛四斗三升五合嘉禾二年火種種米⧄　三五〇二
⧄·其一百卅七斛五斗五升嘉禾元年新吏限米　三五〇三
⧄　·其一户上品　⧄　三五〇四
⧄其六斛六斗黄龍三年□□黄龍元年……　三五〇五
⧄廿六　三五〇六
⧄　訾五十　三五〇七
⧄□匿柱婢（？）爲驫□⧄　三五〇八
⧄□其二百八十四斛三斗嘉禾……限米　三五〇九
·已入畢分付州中三州……⧄　三五一〇
⧄户上品　⧄　三五一一
⧄□女弟銀年八歲　⧄　三五一二
⧄□一百三斛五斗嘉禾二年貸食黄龍三⧄　三五一三
⧄……元年郡卒限□⧄　三五一四
⧄其十一斛四斗八升黄龍三年吏帥客限米　三五一五
⧄　訾五十　三五一六
其四百□⧄　三五一七
⧄月十八日己巳領長沙大守□⧄　三五一八
⧄□佃帥限米　⧄　三五一九

⧄年廿六　三五二〇
⧄户中品　⧄　三五二一
⧄其廿斛五斗嘉禾二年貸食嘉禾元年⧄　三五二二
⧄嘉禾二年倉吏黄諱……⧄　三五二三
⧄𠬪嘉禾元年十月廿四日區丘黄潘（？）⧄　三五二四
右□家□□□□⧄　三五二五
⧄　其一户上品　⧄　三五二六
⧄斛三斗五升黄龍元⧄　三五二七
都鄉男子□□故户□品……⧄　三五二八正
入錢畢民自送牒□⧄　三五二八背
⧄還所貸三年□米十一斛……⧄　三五二九
⧄斛五斗黄龍三年貸食黄龍二年吏帥客限米　三五三〇
⧄年税米　⧄　三五三一
⧄元年十月廿三日粢租米⧄　三五三二正
⧄百廿九斛五斗⧄　三五三二背
⧄□□姪子敢年卅□踵（腫）兩足　⧄　三五三三
⧄貸食元年⧄　三五三四
⧄限禾今還米五斛⧄　三五三五
⧄其六斛□⧄　三五三六
⧄六□□⧄　三五三七
入桑鄉嘉禾四年□吏限米⧄　三五三八
⧄……□湅□浦……⧄　三五三九
⧄□□米　三五四〇
□□鄉入民所貸元年吏⧄　三五四一
⧄卅六……嘉禾……⧄　三五四二
⧄貸米二斛　⧄　三五四三
⧄月廿二日松下丘黄□付三州倉⧄　三五四四
⧄□□元年吏□□⧄　三五四五

入樂鄉嘉禾四年佃☐ 三五四六
☐大男周當年卅一☐ 三五四七
入廣成鄉嘉禾二年☐ 三五四八
☐□□元年吏帥客☐ 三五四九
☐嘉禾元年□月卅日上俗☐ 三五五〇
□其五十七斛六斗六升□☐ 三五五一
☐龍二年叛士限米☐ 三五五二
☐禾元年十月廿七日□□☐ 三五五三
☐胄畢⿱三乂嘉禾四年十月□☐ 三五五四
☐□⿱三乂嘉禾元年十一月□☐ 三五五五
☐佃卒限米　☐ 三五五六
入模鄉嘉禾二年□☐ 三五五七
☐□掾□☐ 三五五八
☐□□二斛 三五五九
☐禾元年貸食黃龍元年吏☐ 三五六〇
☐□稅米一解五斗胄畢☐ 三五六一
☐□今還米四斛胄畢⿱三乂嘉☐ 三五六二
☐□限米卅斛胄☐ 三五六三
☐□斛一斗四升三州☐ 三五六四
☐□丈七尺　☐ 三五六五
☐　訾五十 三五六六
☐付三州倉☐ 三五六七
☐男弟留年九歲☐ 三五六八
☐年卅六　☐ 三五六九
☐□□陽年九歲腫兩足　□☐ 三五七〇
☐　·妻大女妾年六十三　☐ 三五七一
·右家合六人　☐ 三五七二
☐二千八百米三☐ 三五七三
☐誼關邸閣郭據付□☐ 三五七四
☐□□家合十一人　☐ 三五七五
☐閣李嵩付倉吏☐ 三五七六
☐□倉吏☐ 三五七七
☐□大屯戶一□☐ 三五七八
……春（？）年六十一　☐ 三五七九
☐……貸食米四斛　☐ 三五八〇
☐　從弟賦（？）年卅八刑左手 三五八一
☐關邸閣李嵩付倉吏黃諱☐ 三五八二
□□大女□年□□　☐ 三五八三
☐……　饒妻佳年五十一 三五八四
☐　饒子女安年七歲　☐ 三五八五
☐□子男…… 三五八六
☐三百一十七斛九斗一升五合嘉禾元年□☐ 三五八七
□鄉大男□□□戶中品出……☐ 三五八八正
入錢畢民自送牒還☐ 三五八八背
☐　敢姪子□昌年十二　☐ 三五八九
☐　……筭一　☐ 三五九〇
都鄉……千四百☐ 三五九一正
☐入錢畢民自送牒還☐ 三五九一背
☐米廿二斛二斗　☐ 三五九二
☐六斛二斗五升 三五九三
□□物故寡窮☐ 三五九四
告兼東部督郵書掾□□☐ 三五九五
·右□□□☐ 三五九六
□男滿年九歲☐ 三五九七
☐黃龍三年稅米　☐ 三五九八
☐　訾五十 三五九九

·□妻大女□年……　⧄　三六〇〇
⧄□禾元年十月廿六日……⧄　三六〇一
⧄·其□壬□百八十二斛四斗□升□合嘉禾二年租米　三六〇二
⧄年廿六筭⧄　三六〇三
其廿斛九斗七升嘉禾二年□客限米　●　三六〇四
⧄六斛黄龍⧄　三六〇五
⧄□□年卅三　三六〇六
⧄　妻大女灰年五十三　……⧄　三六〇七
⧄　訾五十　三六〇八
爲簿如牒□事□⧄　三六〇九
⧄□糞（？）關邸⧄　三六一〇
⧄百一十斛一斗　⧄　三六一一
⧄訾五十　三六一二
定領……⧄　三六一三
⧄□二斛胄畢𡘣嘉禾元年十一月□⧄　三六一四
⧄百卌九斛七斗嘉禾二⧄　三六一五
⧄年私學限米⧄　三六一六
⧄𡘣嘉禾元年⧄　三六一七
都鄉郡吏吳訓故户下⧄　三六一八正
入錢畢民⧄　三六一八背
⧄□丘蔡□□□董基付三州⧄　三六一九
府君教　⧄　三六二〇
⧄□□長□　三六二一
⧄□百卅六斛二斗　⧄　三六二二
⧄□付倉吏□⧄　三六二三
⧄詣功曹　三六二四
⧄□一千五百卅六斛⧄　三六二五
⧄諸鄉入□□□⧄　三六二六
⧄丘宗讓關□⧄　三六二七
⧄□年卅九⧄　三六二八
⧄□三龍（龔）□耳　三六二九
都鄉男子……⧄　三六三〇正
入錢畢民自⧄　三六三〇背
⧄年十月廿日三州丘大男許奴關邸閣□⧄　三六三一
⧄　妻大女⧄　三六三二
首里户人⧄　三六三三
……年五十　⧄　三六三四
⧄　其一百□□⧄　三六三五
⧄……嘉禾元年十一月⧄　三六三六
⧄黄諱史⧄　三六三七
⧄卌九筭一　⧄　三六三八
⧄三升五合⧄　三六三九
⧄□樂鄉入所貸三⧄　三六四〇
富貴里户人⧄　三六四一
⧄丘男子蔡□⧄　三六四二
⧄倉吏黄⧄　三六四三
⧄黄松嘉⧄　三六四四
⧄□□下丘區文關邸閣⧄　三六四五
入□鄉□⧄　三六四六
⧄其□⧄　三六四七
⧄丘鄧回付三⧄　三六四八
⧄□吏谷□⧄　三六四九
⧄□三斛⧄　三六五〇
⧄□四斛七斗　⧄　三六五一
⧄□大女□年⧄　三六五二
大女尹汝地（？）□□⧄　三六五三

⧄領雜稅⧄　三六五四
⧄二年貸食嘉禾元年租⧄　三六五五
⧄七斛三斗嘉禾二年⧄　三六五六
⧄關邸閣董基⧄　三六五七
⧄倉（？）□⧄　三六五八
⧄□月十六日漢澤（？）丘□□⧄　三六五九
⧄年九歲□⧄　三六六〇
⧄右□⧄　三六六一
⧄女□年十歲⧄　三六六二
⧄家口食□⧄　三六六三
⧄□年八億錢七千八百准入米⧄　三六六四
⧄……年五十　⧄　三六六五
⧄月廿七日□丘州□⧄　三六六六
⧄公乘區文⧄　三六六七
⧄□美□⧄　三六六八
⧄付倉吏□⧄　三六六九
⧄□□嘉禾元年十⧄　三六七〇
⧄□□□⧄　三六七一
⧄嘉禾二年□⧄　三六七二
⧄文聟（婿）□⧄　三六七三
⧄□□三⧄　三六七四
⧄□□限米四⧄　三六七五
⧄董基付倉吏□⧄　三六七六
⧄禾二年十二月⧄　三六七七
⧄□□張⧄　三六七八
⧄丞掾……⧄　三六七九
⧄□曠蘿叕□　三六八〇
入東鄉稅米⧄　三六八一
潏里戶人公乘⧄　三六八二
⧄□百七斛□□⧄　三六八三
⧄十一月十二日……⧄　三六八四
⧄……番東關邸閣⧄　三六八五
⧄年卌九　⧄　三六八六
⧄陵鄉五年田畝錢准入⧄　三六八七
⧄史潘慮⧄　三六八八
入□鄉東汇⧄　三六八九
⧄惶誠恐叩頭⧄　三六九〇
⧄禾二年限米九斛七斗⧄　三六九一
⧄丘盧得付三州⧄　三六九二
⧄諱潘慮　三六九三
⧄□□斛一斗　⧄　三六九四
⧄子女孫年五歲　⧄　三六九五
入□鄉□⧄　三六九六
⧄付倉吏谷漢□　三六九七
⧄□承□⧄　三六九八
⧄□准□⧄　三六九九
⧄斗二升五合四勺⧄　三七〇〇
⧄□家口食□⧄　三七〇一
⧄　訾五十　⧄　三七〇二
⧄□三荆兩膝⧄　三七〇三
⧄……又四……⧄　三七〇四
⧄中品　⧄　三七〇五
⧄戶上品　⧄　三七〇六
⧄□佃帥限米　三七〇七
⧄李嵩付倉吏黃諱⧄　三七〇八
⧄年十二月□⧄　三七〇九

☒□吏谷漢受　三七一〇
☒邸閣□□付倉☒　三七一一
☒　訾一百　三七一二
入東鄉嘉禾元年還☒　三七一三
☒還民嘉禾□年☒　三七一四
☒百□人男☒　三七一五
都鄉男子☒　三七一六
☒丘區斗關□☒　三七一七
☒邸閣李嵩付倉吏☒　三七一八
☒年郡卒限☒　三七一九
☒子男□年☒　三七二〇
四年□□□☒　三七二一
☒　子女☒　三七二二
☒□月三日田曹史潘□白　三七二三
☒大男常碩關邸閣李☒　三七二四
☒畢≡×嘉☒　三七二五
☒□付倉吏鄭黑受　三七二六
☒□戀（？）丘男子鄧☒　三七二七
☒□秩付三州倉吏☒　三七二八
☒嘉禾二年□新吏☒　三七二九
☒關邸閣□□□□☒　三七三〇
☒其六十斛☒　三七三一
☒部諸□☒　三七三二
☒米一斛≡×☒　三七三三
入□□鄉□☒　三七三四
☒年限米☒　三七三五
☒　訾五☒　三七三六
☒布□☒　三七三七
☒……年六十一　☒　三七三八
☒□限米☒　三七三九
☒禾二年四月☒　三七四〇
☒年租米十五斛☒　三七四一
☒事二□□☒　三七四二
☒□唐客年六十五☒　三七四三
☒□隗□年☒　三七四四
☒□≡×嘉☒　三七四五
☒九尺　☒　三七四六
☒嘉禾☒　三七四七
☒吏朱☒　三七四八
☒年稅米☒　三七四九
入廣成鄉☒　三七五〇
☒米卅斛□☒　三七五一
☒二月十四日下□☒　三七五二
☒付三州倉☒　三七五三
☒□斛☒　三七五四
☒□□卌六□☒　三七五五
☒俗丘大男許□☒　三七五六
☒十户□☒　三七五七
☒租米一斛≡×嘉禾☒　三七五八
☒年稅米　☒　三七五九
☒錢一萬一千≡×☒　三七六〇
☒□□≡×嘉禾四☒　三七六一
☒吉陽☒　三七六二
☒嘉禾二年☒　三七六三
☒關邸閣李☒　三七六四
☒其☒　三七六五

☐縣吏五□☐ 三七六六
☐□丘□☐ 三七六七
☐限米十四斛𠁽嘉禾☐ 三七六八
☐米二斛 ☐ 三七六九
☐誠惶誠恐叩頭死☐ 三七七〇
☐ 右西鄉☐ 三七七一
☐五月甲申朔日☐ 三七七二

【注】據陳垣《二十史朔閏表・魏蜀吴朔閏異同表》，吴嘉禾三年（二三四年）五月甲申朔。

☐市租米卌斛☐ 三七七三
入西鄉黄☐ 三七七四
□鄉男子……☐ 三七七五正
入錢畢民自☐ 三七七五背
☐家口食三人 ☐ 三七七六
☐鄉嘉禾五年☐ 三七七七
☐𠁽嘉☐ 三七七八
☐・右□☐ 三七七九
☐年十九刑右足 三七八〇
☐倉新米□□☐ 三七八一
☐□僦錢月五百□☐ 三七八二
☐□□錢☐ 三七八三
☐黄龍三年□☐ 三七八四
☐□付三州倉吏☐ 三七八五
☐三州倉吏□☐ 三七八六
☐□□蔡□關邸閣李☐ 三七八七
☐民五十一户□☐ 三七八八
☐□黄龍□年粢……☐ 三七八九
☐ 訾五十 三七九〇
☐付三州倉吏鄭□☐ 三七九一
☐倉吏□☐ 三七九二
☐吏鄭黑受 三七九三
☐税□壬七☐ 三七九四
☐鄉嘉禾□☐ 三七九五
☐五年税□☐ 三七九六
☐年一月十☐ 三七九七
☐月八日東溪丘毛☐ 三七九八
☐二年四月廿八☐ 三七九九
☐監沱丘男子謝狗二年☐ 三八〇〇
☐吏鄭黑受 三八〇一
入西鄉☐ 三八〇二
☐年卌八 ☐ 三八〇三
☐凡口五事☐ 三八〇四
☐唐中丘吉志□☐ 三八〇五
☐禾二年十一月廿七日坪下丘☐ 三八〇六
☐嘉禾二年十月☐ 三八〇七
大男潘営☐ 三八〇八
・右錢☐ 三八〇九
☐嘉禾二年限米廿三斛九斗□☐ 三八一〇
大男潘䞣年七十四 䞣妻□☐ 三八一一

【注】「䞣」，疑爲「致」字之別體。

☐嘉禾☐ 三八一二
☐家口食二人 ☐ 三八一三
右一家合十人 ……☐ 三八一四
☐斛𠁽嘉禾五年十一月□☐ 三八一五
限米八千七百卌三斛八斗四升嘉禾元年税米四百一斛八斗嘉禾元年租米 三八一六

入小武陵鄉布二匹㕣嘉禾□年十二月十五日湖田丘大男鄭山付倉
吏□☐ 三八一七
・其一百四斛一斗嘉禾二年盈米 三八一八
☐㕣嘉禾二年六月九日烝弁付庚殷連受 三八一九
・其六百九十二斛八升嘉禾二年雜擿米 ● 三八二〇
【注】「烝弁」簽署濃墨大字遮蔽部份簡文。「庚」，似爲「庫吏」合文。
其十四斛三州新吏黃龍元年限米 三八二一
・其十五斛民還二年所貸黃龍三年吏帥客限米 ● 三八二二
・其□斛民還二年所貸嘉禾元年稅米 ● 三八二三
・其四斛民還二年所貸嘉禾元年佃吏限米 ● 三八二四
・其五□斛民還二年所貸嘉禾元年郵卒限米 ● 三八二五
・其卅斛八斗民還二年所貸黃龍元年吏帥客限米 ● 三八二六
・其廿七斛六斗民還黃龍元年稅米 三八二七
三百卅二斛五斗四升嘉禾元年吏帥客限米一百一十一斛五斗嘉禾
元年郵卒☐ 三八二八
其二斛五斗吏谷水爲故倉孫……黃龍元年稅米 三八二九
☐ ……布□匹㕣嘉禾元年十一月……付庫吏殷連受 三八三〇
中倉吏黃諱潘慮謹列四月旦簿 ☐ 三八三一
・其二斛郡掾利焉還所□黃龍三年□□☐ 三八三二
・其廿一斛郡掾利焉黃龍元年限米 三八三三
・其二斛三斗郵吏……☐ 三八三四
出倉吏黃諱潘慮所領嘉禾元年稅吳平斛米廿八斛八斗爲稟☐ 三八三五
李嵩被督軍糧都尉嘉禾二年十月廿七日癸未□給討寇將軍闞澤所
領軍將 三八三六
其……斛郡掾利焉還所貸黃龍三年限米 三八三七
☐正月十六日寇丘鄧鷹付庫吏殷連受 ● ☐ 三八三八
其六十斛吏帥客黃□☐ 三八三九
☐ ・右雜米九千二百七十七斛八斗二升 三八四〇
・其四斛九斗州吏高貧黃龍元年租米 ● 三八四一
其五十一斛民還二年所貸嘉禾元年租米 中 三八四二
☐月受雜擿米九十五斛五升 三八四三
其十六斛……還所貸黃龍元年稅米 三八四四
出倉吏黃諱潘慮所領嘉禾元年稅吳平斛米八十六斛四斗爲稟斛米
九十斛邸閣右郎中 三八四五
年郡縣佃吏限米七十一斛嘉禾元年州佃吏□☐ 三八四六
☐匹一丈九尺 ・凡合卌一匹一丈六尺 ● 三八四七
其九斛州佃吏董基黃☐ 三八四八
其十六斛郡吏士還所貸☐ 三八四九
☐㕣嘉禾二年正月三日男子唐想付庫吏殷☐ 三八五〇
其廿五斛州佃吏鄭脩☐ 三八五一
付書史何幸（？） ☐ 三八五二
其卅六斛六斗七升貱□☐ 三八五三
入西鄉嘉禾二年稅米十五斛㕣嘉禾二年十月廿☐ 三八五四
☐三年稅雜米 三八五五
☐□一千卌四斛七斗九升邸閣右郎中李嵩 三八五六
☐□免所□□☐ 三八五七
・其十斛州佃□□脩黃龍元年限米 三八五八
其卅二斛一斗七升賊黃勳黃龍三年販物買米 ● 三八五九
・其十斛五斗民還二年所貸嘉禾元年新吏限米 中 三八六〇
李嵩被督軍糧嘉禾二年十月十八日甲戌書給郎中貴清所將督（？）
史□ 三八六一
☐嘉禾元年十二月三日盧（？）丘男子謝紘付庫吏殷連受 三八六二
定領吳平斛米合五萬三千卌斛九斗 三八六三
龍三年限米五十五斛五升黃龍三年郵卒限米一百七十斛五斗嘉禾
元年私學 三八六四
・其九百廿三斛二斗九升民還二年所貸嘉禾元年稅米 三八六五

其卌六斛大男張吉張狗所買賊黄勳黄龍三年牛價米 三八六六
·其二千七十八斛一☒ 三八六七
入小武陵鄉布三丈九尺𦻏嘉禾元年十二月十六日平支丘大男吴客 三八六八
付庫吏☒
☒廿八日楮下丘蔡德付主庫吏殷連受 三八六九
☒年十一月十二日中象丘大男烝鷹付庫吏殷☒ 三八七〇
·其十斛州佃吏鄭脩黄龍元年限米 三八七一
☒入布十六匹二丈八尺　中 三八七二
其十四斛民還二年所貸司馬黄升嘉禾元年限米 三八七三
☒　其二千五百☒ 三八七四
☒淦丘男子衛沓付庫吏殷連受 三八七五
【注】「沓」，似爲「沓」之別體，同「慎」。
定領雜吴平斛米三萬九百九斛四升☒ 三八七六
·兵曹黄忠所領十人嘉禾二年五月□☒ 三八七七
☒布三匹𦻏嘉禾二年正月三☒ 三八七八
☒禾元年十月十七日伍社丘張和付庫吏殷☒ 三八七九
·孫方吏士卌五人嘉禾二年十一月直其一人三斛卌二人人二斛二 三八八〇
人皷（鼓）史人一斛五斗其
·右樂鄉入布廿三匹二丈一尺　中 三八八一
入三州倉運黄武五年佃卒限米卅斛　☒ 三八八二
陽嘉禾二年□□月直月二斛其年（？）☒ 三八八三
☒元年十二月十六日後田丘大男程宫付主☒ 三八八四
乞就醫藥歸部者□□☒ 三八八五
·其廿一斛……☒ 三八八六
入平鄉布一匹三丈八尺𦻏……☒ 三八八七
☒……付庫吏殷連受 三八八八
☒日付陽 三八八九
其五斛二斗黄龍二年☒ 三八九〇
☒布一匹𦻏嘉禾元年十一月十二日☒ 三八九一
☒元年布一匹𦻏嘉禾元年十一月十四日復皐丘男☒ 三八九二
☒□佃帥陳覆付庫吏殷連受 三八九三
☒　·其卅斛叛士黄龍元年☒ 三八九四
入……□叛士□限□☒ 三八九五
☒年三月廿日□平支丘男子文□付庫吏殷☒ 三八九六
☒武陵鄉布一匹三丈☒ 三八九七
·右□□☒ 三八九八
☒□家口食二人☒ 三八九九
☒右小武鄉入布廿四匹一丈七尺　中 三九〇〇
【注】依文例，「小武」下脱「陵」字。
其卌八斛四斗三升私學黄龍元年限米 三九〇一
其三斛五斗郡掾利焉黄龍二年限米 三九〇二
其八百一十二斛七斗嘉禾二☒ 三九〇三
☒□陵鄉入布五十六匹三丈七尺　中 三九〇四
·集凡承餘新入吴平斛米三萬八千二百九十六斛□斗□☒ 三九〇五
·其一百卌斛一斗嘉禾二年盈米 三九〇六
☒吏帥客限米田□斛　中 三九〇七
其九斛州佃吏董基……限米 三九〇八
☒𦻏嘉禾元年十二月三日男子蔡麾閉（？）□付庫吏殷連受 三九〇九
其八十八斛三斗七升佃卒黄龍元年限米 三九一〇
入南鄉嘉禾元年……𦻏嘉禾元年十二月廿八日……付□吏□□☒ 三九一一
☒……丘大男□……殷連受 三九一二
☒……庫吏殷連受 三九一三
·其十二斛三升黄龍元年復田税米 三九一四
·其十二斛三升黄龍元年復田税米 三九一五
☒元年十一月廿五日柚丘烝開付庫吏殷連受 三九一六

〼月十三日付杝（舵）師趙仁　●　三九一七
・其八斛七斗一升會支明所買賊……黄龍三年……　三九一八
【注】「明」，或釋爲「眲」。「眲」，同「瞿」。《説文・䀠部》：「眲，左右視也。」音jù。
・其廿九斛五斗嘉禾元年新吏限米　中　三九一九
〼禾元年□月廿七日大男謝請付庫掾焉□□〼　三九二〇
〼禾元年二月廿三日朱石付庫吏殷連受　三九二一
〼二丈九尺〓嘉禾元年十二廿三日郲（？）丘周夏付苦〈庫〉吏殷連受　三九二二
〼□鄉布……〓嘉禾元年十一月廿八日嶮丘男子烝益付庫吏殷連受　三九二三
〼嘉禾元年十一月十二日劉里丘殷□付庫吏殷連受　三九二四
六斛九斗八升新吏黄龍元年限米二百六十八〼　三九二五
・其一百九十一斛□〼　三九二六
〼丈九尺〓嘉禾元年十二月七日小杅〼　三九二七
〼　・其二斛五斗郵卒黄□〼　三九二八
・凡承餘新入吴平斛米四萬五千二百十五斛〼　三九二九
〼五尺〓嘉禾……男……付庫掾焉〼　三九三〇
〼七日白石丘男子鄧連付庫吏殷連受　三九三一
〼六年折咸米廿斛佃卒黄武五年限〼　三九三二
〼□布一匹〓嘉禾元二年正月三日□〼　三九三三
〼　・右模鄉入布一匹三丈八尺□〼　三九三四
〼　・其十五匹□〼　三九三五
〼李嵩被督軍〼　三九三六
入六月所受雜擿米十三斛六斗六升〼　三九三七
〼□溲丘男子黄㱿付少□潘〼　三九三八
【注】「㱿」，同「㱿」。《説文・殳部》：「㱿，從上擊下也。」音què。
入南鄉宜陽里元年調布〼　三九三九
嵩被監作部都尉散（？）嘉禾二年十一月廿九日……給□□軍……　三九四〇
平陽里户人公乘烝頞（顛？）年六十七　三九四一
【注】「頞」，似爲「顛」之别體。或釋爲「頷」。
〼平鄉嘉禾元年税米二斛五斗八升□就畢〓嘉禾二年三月七日□
□丘烝丑關邸閣董基付三州倉吏谷漢受〼　三九四二
入平鄉嘉禾元年子弟限米十一斛僦畢〓嘉禾二年正月十三日石文
丘鄭牛關邸閣董基付三州倉吏谷漢受　三九四三
入□鄉嘉禾元年私學米四斛胄畢〓嘉禾二年二月廿七日區丘男子
黄養關邸閣董基付三州倉吏谷漢受　三九四四
・右諸鄉入税米五十六斛五升　三九四五
〼限米一斛九斗五升畢〓嘉禾二年二月六日上和丘謝齎（？）關
邸閣董基付三州倉吏谷漢受　三九四六
伯男弟美年七歲　●　三九四七
【注】「美」，《説文・艸部》：「艸也。從艸，弟聲。」段玉裁注云：「鍇本作荑，夷聲。鉉本作苐。今鉉本篆體尚未全誤。考《廣韵》、《玉篇》、《類篇》皆本《説文》云：『苐，艸也。』知《集韵》合苐、荑爲一字之誤矣。」按，今「美」、「荑」常通用。
・右諸鄉入租米合十四斛七斗五升　三九四八
右平鄉粢税□八十四斛二斗　●　三九四九
・殷妻大女奈年廿六筭一　三九五〇
凡口五事四筭三事　訾五十　三九五一
〼禾元年租米十一斛五斗胄畢〓嘉禾三年五月五日劉里丘殷洪閣
邸關董基付倉吏鄭黑〼　三九五二
【注】「閣邸關」，爲「關邸閣」之誤。
入廣成鄉嘉禾元年租米一斛胄畢〓嘉禾二年五月七日周陵丘男子
谷漢（？）關邸閣董基付倉吏谷漢〼　三九五三
入□鄉嘉禾元年私學限米六斛就畢〓嘉禾二年正月廿八日和丘男
子謝黑關邸閣董基付三州倉吏谷漢受　三九五四

・右廣成鄉入佃（？）吏限米廿五斛七斗□　〼　三九五五
右西鄉入私學限米十八斛六斗　●　三九五六
若妻大女汝年六十一　●　三九五七
・右小武陵鄉入租米四斛二斗　〼　三九五八
〼禾二年新調布一匹𡗗嘉禾二年八月十六日桐丘縣吏谷水付庫吏殷〼　三九五九
〼年税米五斛胄畢𡗗……廿七日唐中丘男子鄧醇（？）關邸閣董基付三州倉吏谷漢受　三九六〇
……租米三斛□斗胄畢𡗗嘉禾二年四月七日頃丘周□關邸閣董基付三〼　三九六一
〼……二斛六斗胄畢𡗗嘉□二年正月廿九日篤丘烝□關邸閣董基付三州倉吏谷漢受　三九六二
・泉男弟□年七歲　●　三九六三
・□子男佃（？）年九歲　三九六四
富貴里户人公乘陳若（？）年八十二　〼　三九六五
〼□鄉嘉禾元年税米二斛二斗□□僦畢𡗗嘉禾二年三月十五日泊丘□□關邸閣董基付三州倉谷漢受　三九六六
入中鄉嘉禾二年佃卒限米十二斛二斗𡗗嘉禾二年十〼　三九六七
入模鄉所調布一匹𡗗〼　三九六八
入模鄉嘉禾二年□□米□□斛𡗗嘉〼　三九六九
〼禾二年正月廿一日盡丘□馬關邸閣董基付三州倉吏谷漢受　三九七〇
其十六斛大男張壽買賊黄〼　三九七一
〼□男張承付庫吏殷連受　三九七二
〼……斛一斗畢𡗗嘉禾□年二月六日□丘潘□關邸〼　三九七三
〼元年……斗八升胄畢𡗗嘉禾〼　三九七四
〼倉吏黄諱潘慮所領襍吴平斛米七百九（？）十五……〼　三九七五
〼吏黄〼　三九七六
・其卌斛三斗六升吏帥〼　三九七七
〼□𡗗嘉禾□〼　三九七八
〼□連受〼　三九七九
・其一百〼　三九八〇
〼百十匹𡗗嘉〼　三九八一
〼……嘉禾〼　三九八二
〼□九丈□□𡗗〼　三九八三
〼連受　三九八四
入廣成鄉嘉禾二年□〼　三九八五
〼税米十一斛𡗗嘉禾二年十月十七日錫丘高□〼　三九八六
〼□三年限米十四斛　●　〼　三九八七
〼□年書給作柏船吏□〼　三九八八
〼𡗗嘉禾二年正月十日盡丘□〼　三九八九
〼子潘逐（？）入布一匹𡗗〼　三九九〇
〼其九十八斛三斗五升嘉禾元〼　三九九一
〼月十八日新遭丘謝文關邸閣〼　三九九二

【注】「遭」，疑爲「遭」之別體。《集韵・豔韵》：「遭，行速皃。」音shàn。

〼叛士嘉禾元年限米　三九九三
〼黄武七年限米　●　三九九四
・右八月新入吴平斛米□□〼　三九九五
・其卅九……〼　三九九六
〼丘潘□付庫吏殷連受　三九九七
〼□付庫吏殷連受　三九九八
〼付倉吏黄諱〼　三九九九
入都鄉嘉禾元年布□〼　四〇〇〇
〼□□□丘□□〼　四〇〇一
入模鄉嘉禾二年税米□斛〼　四〇〇二
〼□都鄉嘉〼　四〇〇三
〼年限米〼　四〇〇四

☒□日東溪丘□□□☒　四〇〇五
罟吳淳周德……☒　四〇〇六
·其卅七斛六斗三升故吏鄭（？）慎黃龍三年歲錢米　四〇〇七
☒□所調布一匹㕚嘉禾元年十二月二日☒　四〇〇八
☒嘉禾二年五月十二日辛未書給監運掾　四〇〇九
☒　·右都鄉入布六匹三丈六尺　☒　四〇一〇
·其一千二百六十三斛四斗二升嘉禾元年租米　四〇一一
其……斛一斗嘉禾二年……　☒　四〇一二
入民還二年所貸黃龍三年吏帥客限米六斛……　☒　四〇一三
☒鄉嘉禾元年布一匹三丈九尺㕚嘉禾二年七月十七日末丘男子信
嗼付庫吏殷☒　四〇一四

【注】「嗼」，《說文·口部》：「㗑嗼也。」徐箋注灝「㗑嗼，猶寂寞也。」《爾雅·釋詁》：「嗼，定也。」「末」，《廣韵·薛韵》：「禾麥知多少。」音liè。

☒㕚嘉禾元年十一月二日慮丘張織（？）付庫吏殷連☒　四〇一五
·其卅八斛四斗三升私學黃龍元年限米　四〇一六
☒郡吏利焉嘉禾元年限米　四〇一七
入東鄉冬賜布四匹三丈四尺㕚嘉禾元年十一月□□☒　四〇一八
☒鄉嘉禾元年所調布一匹㕚嘉禾二年正月四日黃□丘男子☒　四〇一九
☒布一匹㕚嘉☒　四〇二〇
☒連受　四〇二一
☒黃龍元年限米　☒　四〇二二
☒□付庫吏殷連受　四〇二三
·其九十三斛一斗五升司馬□☒　四〇二四
☒年限米　四〇二五
☒□五斗其□☒　四〇二六
☒一百八十七斛二斗☒　四〇二七
☒子□□裨將軍孫□所領吏士□米　四〇二八
☒月壬子朔廿日辛未新發☒　四〇二九

【注】據陳垣《二十史朔閏表·魏蜀吳朔閏異同表》，吳黃龍元年（二二九年）七月壬子朔，又，嘉禾三年（二三五年）十月壬子朔。兩個年份都與走馬樓簡時段相合。

☒……㕚嘉禾元年十二月☒　四〇三〇
☒□調布一匹㕚嘉禾二年☒　四〇三一
·其廿斛州佃吏☒　四〇三二
☒鄉嘉禾二年稅米六斛㕚☒　四〇三三
☒嵩付倉吏黃諱史番☒　四〇三四
☒……㕚嘉禾□年正月☒　四〇三五
出倉吏黃諱潘慮所領嘉禾二年稅吳平斛米五百廿五斛七斗九升爲
稟斛米五百卌七斛七斗邸閣右　四〇三六
☒黃龍三年新吏限米四斛四斗　□　四〇三七
入平鄉嘉禾二年稅米五斛……☒　四〇三八
·其六百七十四斛九斗一升嘉禾元年雜盈米　四〇三九
出倉吏黃諱潘慮所領嘉禾元年稅吳平斛米三斛八斗四升爲稟斛米
四斛邸閣右郎中　四〇四〇
□□田掾利焉嘉禾二年限米二百廿五斛七斗一升　四〇四一
☒□限米　四〇四二
·其二百六十七斛五斗五升民還二年所貸嘉禾元年吏帥客限米　四〇四三
□監池司馬鄧邵嘉禾二年限米一斛六斗　四〇四四
·其一百七十二斛五斗私學嘉禾元年限□☒　四〇四五
·右雜米二千八十五斛一斗三升　四〇四六
五百九十二斛七升嘉禾元年租米三百☒　四〇四七
·其四斛九斗州吏高賓黃龍元年租米　四〇四八
其卅一斛監池司馬鄧☒　四〇四九
☒·右南鄉入布十一匹三丈六尺　·☒　四〇五〇
☒元年限米　四〇五一
入模鄉下利丘男子謝侑入布三丈八尺㕚嘉禾□年☒　四〇五二

入中鄉緒中丘男子朱典元□□錢四千六百≡嘉禾□⧄　四〇五三
⧄□庫吏殷連受　四〇五四
⧄□吏黃……　⧄　四〇五五
⧄嘉禾□年故吏……四……⧄　四〇五六
⧄□布三匹三丈五尺⧄　四〇五七
⧄嘉禾元年布一匹⧄　四〇五八
　黃龍三年租米五十三斛黃龍三年税米二百九十三斛五斗吏師　四〇五九
客黃
⧄匹≡嘉禾元年十二月九日□⧄　四〇六〇
入八月所受雜擿米二斛九……　⧄　四〇六一
⧄□□貸黃龍⧄　四〇六二
　·其一百五斛九斗□⧄　四〇六三
⧄子宮士付審□⧄　四〇六四
⧄□税米六斛五斗≡嘉禾二年十月⧄　四〇六五
□七月旦簿餘吳平斛米二萬七千二百七十⧄　四〇六六
⧄……黃龍二年限米　四〇六七
……人嘉禾二年六月食人九人人二斛五斗廿一人人二斛其⧄　四〇六八
⧄□禾元年三月廿九⧄　四〇六九
⧄禾二年七月廿八日□□⧄　四〇七〇
⧄匹≡嘉禾⧄　四〇七一
⧄元年雜盈米⧄　四〇七二
⧄斛□六年十二月四日付吏文□⧄　四〇七三
出嘉禾二年新吏□⧄　四〇七四
⧄九十六斛□⧄　四〇七五
⧄三丈四尺≡嘉⧄　四〇七六
⧄禾元年所領⧄　四〇七七
⧄月廿五日栗里男子蔡冞關邸閣李⧄　四〇七八
【注】「冞」，「策」之俗體。參見玄應《一切經音義》卷十五，張涌泉《漢語俗字叢考》頁四三。

⧄黃諱史潘慮受　四〇七九
□□史□□督軍⧄　四〇八〇
……所疾……⧄　四〇八一
　·其十一斛九⧄　四〇八二
⧄□元年税吳平斛米十三⧄　四〇八三
⧄……關□□⧄　四〇八四
　·其十□斛……⧄　四〇八五
已還縣米始今□□□⧄　四〇八六
【注】按，此簡原存左半，粘貼圖版時發現可與四〇九九號簡綴合，遂將二簡拼合，因簡號已編定，故釋文兩存。
入小武陵鄉嘉禾二年税米二斛≡嘉⧄　四〇八七
⧄邸閣李嵩⧄　四〇八八
　·其七斛五斗黃武⧄　四〇八九
⧄□□元年税米□斛≡嘉禾二年⧄　四〇九〇
⧄□二匹≡嘉禾元年九月廿九日郡□⧄　四〇九一
⧄税吳平斛米四百卅⧄　四〇九二
⧄□丘□夏付庫吏⧄　四〇九三
⧄匹≡嘉⧄　四〇九四
入三州倉運黃龍二年税米⧄　四〇九五
⧄付庫吏殷連⧄　四〇九六
⧄□限米……≡嘉禾□□⧄　四〇九七
⧄一匹三丈七尺≡嘉禾元年十二月十日□丘□⧄　四〇九八
已還縣米始今□□⧄　四〇九九
【注】按，此簡原存右半，粘貼圖版時發現可與四〇八六號簡綴合，遂將此簡拼於彼處，因簡號已編定，故釋文兩存。
⧄□≡嘉禾元⧄　四一〇〇
⧄五斛五斗嘉禾元年⧄　四一〇一
⧄付庫吏殷□□　四一〇二
　右七月出嘉禾⧄　四一〇三

☒諱史潘慮受　四一〇四
☒卅三斛六斗吏潘黄☒　四一〇五
入吏李珠（？）所市布一百卅匹□☒　四一〇六
☒三年税米十四斛六斗八升☒　四一〇七
☒龍三年限米　四一〇八
右十二月入吴平斛米☒　四一〇九
入桑鄉……嘉禾元年十月四日☒　四一一〇
・其九十八斛□斗□升□□黄龍元年限米　四一一一
☒□男子五春付庫吏殷☒　四一一二
☒嘉禾元年☒　四一一三
・右南鄉入新□□☒　四一一四
入平鄉所□□☒　四一一五
☒丘男子□□☒　四一一六
☒閣李嵩付倉☒　四一一七
・其九☒　四一一八
☒布四匹三丈六尺〓嘉禾元年十月四日温□☒　四一一九
☒付庫吏殷連受　四一二〇
☒升嘉禾元年税☒　四一二一
☒年正月☒　四一二二
・□二百廿七……☒　四一二三
☒□布一匹三丈九尺☒　四一二四
入西鄉鷁丘魯奇布一匹〓嘉禾元年九月□二日□☒　四一二五
☒年十月……乙丑書☒　四一二六
☒領……税吴平☒　四一二七
入都鄉嘉禾二年私學限米☒　四一二八
□十枚　☒　四一二九
☒冬賜布一匹☒　四一三〇
☒□□□☒　四一三一
☒禾元年九月☒　四一三二
・右五月新入吴平斛米二萬四千一百六□☒　四一三三
☒　・其九☒　四一三四
☒其一斛□☒　四一三五
☒八匹四丈七尺　☒　四一三六
☒斛二斗三州倉運黄武五年税米　四一三七
・其廿六☒　四一三八
☒付倉吏黄☒　四一三九
☒□租米二千七☒　四一四〇
入模鄉嘉禾☒　四一四一
☒五斗〓嘉禾二年□月□☒　四一四二
☒□〓嘉禾☒　四一四三
☒□鷁丘元年布☒　四一四四
☒斛五斗嘉禾元年□☒　四一四五
☒□七斛二斗三升　四一四六
☒百□□☒　四一四七
☒大男王□☒　四一四八
☒關邸閣李嵩☒　四一四九
☒豪周姦□□☒　四一五〇
☒年□租米☒　四一五一
入廣成鄉桑鄉□☒　四一五二
□□鄉嘉禾☒　四一五三
☒嘉禾二☒　四一五四
☒□五十五斛☒　四一五五
☒錢□☒　四一五六
☒嵩付倉☒　四一五七
☒……布三丈□□　☒　四一五八
☒付庫吏殷☒　四一五九

⧄石小武陵□⧄　四一六〇

⧄諱潘慮⧄　四一六一

⧄付倉吏□⧄　四一六二

⧄□□⧄　四一六三

⧄成□□⧄　四一六四

⧄師張盖等備建安廿六年折□⧄　四一六五

・凡口五事四筭二事一　訾五十　四一六六

□湘言男子陳頎新客牒吳昌縣⧄　四一六七

入□鄉嘉禾元年租米二斛三斗七升胄畢〓嘉禾二年正月三日杷
（？）丘男子石翟關邸閣董基付三州倉吏谷漢受　四一六八

【注】「杷」，或釋「杞」。

入□鄉嘉禾元年稅米七斗胄畢〓嘉禾二年正月七日□丘謝啓（？）
關邸閣⧄　四一六九

・右十二月入貧民所貸食元二三年雜米五十七斛六斗　⧄　四一七〇

・子小女從年三歲　⧄　四一七一

【注】「從」，或釋爲「徙」。

入□鄉嘉禾元年稅米三斛五斗胄畢〓嘉禾二年正月八日新成丘謝
鼠關邸閣董基付三州倉吏谷漢受　四一七二

入□鄉嘉禾元年州吏黃皓租米二斛一斗〓嘉禾二年正月十日斬鈴
丘吳睪關邸閣董基付三州倉吏谷漢受　四一七三

【注】「皓」，或釋爲「晙」。「晙」，似通「晙」。《説文・日部》：「晙明也。」音jùn。

⧄……禾元年稅米十一斛胄畢〓嘉禾二年正月廿五日奇丘謝白關
邸閣董基付三州倉吏谷漢　四一七四

熊（能）男弟岑年七歲　四一七五

⧄　蔣姪子公乘篤年四歲　四一七六

東陽里户人公乘朱合年廿五筭一　⧄　四一七七

⧄……升〓嘉禾二年正月卅日……　四一七八

吉陽里户人公乘黃如（？）年卅二筭一　四一七九

入□鄉嘉禾元年□米……〓嘉禾二年正月□日菝丘謝□關邸閣董基付　四一八〇
三州倉吏谷漢受

・右桑（？）鄉入佃吏限米廿斛　四一八一

⧄嘉禾二年所調布四□□□〓嘉禾二年九月廿四日……付庫吏殷
連受　四一八二

⧄邸閣董□⧄　四一八三

入東鄉嘉禾元年稅米六斛二斗胄畢〓嘉禾二年二月廿八日下和丘
烝孰關邸閣董基⧄　四一八四

頓子女姑年五歲　四一八五

【注】「頓」，疑爲「頓」字之別體。或釋爲「頷」。

・使女弟□年五歲　四一八六

數子女愁年七歲　四一八七

富貴里户人公乘苗照年五十七苦腹心病　四一八八

入□鄉嘉禾二年和米二斛胄畢〓嘉禾□年正月四日園丘郡吏劉文
關邸閣董基付三州倉吏谷漢受　四一八九

・右廣成鄉入子弟限禾五斛六斗……　四一九〇

吉陽里户人公乘郭帳年卌八筭一　四一九一

⧄段（？）元年布一匹〓嘉⧄　四一九二

⧄夢丘男子吳庫（？）入⧄　四一九三

入平鄉布三匹〓⧄　四一九四

⧄布八匹三丈⧄　四一九五

⧄□付庫吏殷連⧄　四一九六

入中鄉嘉禾二年□⧄　四一九七

入中鄉蒩丘大男⧄　四一九八

⧄……斛九斗四升□⧄　四一九九

⧄百五十六斛白米⧄　四二〇〇

⧄嘉禾六年正月十二日都鄉典田掾蔡忠⧄　四二〇一正

⧄還鄉典田吏及仲（師）⧄　四二〇一背

☒禾元年十一月六日林溲丘男子廖明付主庫吏☒　四二〇二
☒□萬二□　•☒　四二〇三
……七十一斛□☒　四二〇四
☒……匹三丈六尺　☒　四二〇五
☒右郎中李嵩被督軍糧都尉□　四二〇六
☒一匹〓嘉禾二年十☒　四二〇七
入中鄉布☒　四二〇八
☒嘉禾二年十月卅日赤□☒　四二〇九
入□鄉嘉禾二年税米二斛☒　四二一〇
入小武陵鄉嘉禾二年税米七斛〓嘉禾二年☒　四二一一
☒入市吏潘羜（羜）所市布一百六十四匹（？）　四二一二
☒正月十二日都鄉典田掾蔡忠白　四二一三
☒所調布一☒　四二一四
其五十五斛五升□☒　四二一五
☒□調布二匹〓嘉禾二年正月十四□☒　四二一六
☒……嘉禾六年正月□二日都鄉典田掾蔡忠白　四二一七正
☒吏及仲（帥）　四二一七背
☒鄉勝丘鄧馮嘉禾二年口筭錢二千〓嘉禾三年二月廿□☒　四二一八

【注】丘名字不識，又見於四三九六號簡。

☒……嘉禾六年正月三日都鄉典田掾蔡忠白　四二一九正
☒……吏及仲（帥）　四二一九背
☒　嘉禾六年正月十一日都鄉典田掾蔡忠白　四二二〇正
☒鄉典田吏及仲（帥）　四二二〇背
☒年十二月十六日僕丘張萌□□付庫吏殷連受　四二二一
其一百四斛一斗嘉☒　四二二二
☒嘉禾元年十一月四日楮丘男子……殷連受　四二二三
☒田二月十六日桐山丘周遲付庫吏殷連受　四二二四
☒……禾六年正月□日都鄉典……　四二二五正
☒吏及仲（帥）　四二二五背
☒十二月十日□丘烝益付庫吏殷連受　四二二六
☒元年十一月十日烝□付庫吏殷連受　四二二七
☒□匹二丈七尺　中　四二二八
☒督軍糧都尉嘉禾二年七月十四日壬寅書☒　四二二九

【注】據陳垣《二十史朔閏表·魏蜀吴朔閏異同表》，吴嘉禾二年（二三四年）七月己丑朔，十四日爲壬寅。

☒其七百九十七斛九斗嘉禾□年粢租米　四二三〇
☒九日窟丘閭長毛獨（？）付庫吏殷連受　四二三一
☒……年擿□☒　四二三二
☒……吴平斛米□斛□斗二升爲稟斛米廿斛□斗一升☒　四二三三
右諸鄉入錫督□七千　☒　四二三四
☒斛五斗四升□鄉……米　四二三五
•其……四斛□斗□升嘉禾元□□☒　四二三六
入西鄉嘉禾元年☒　四二三七
入西鄉嘉☒　四二三八
☒廿五斛州□☒　四二三九
入都鄉嘉禾☒　四二四〇
☒嘉禾二年□☒　四二四一
☒九月十四日□☒　四二四二
☒庫吏殷☒　四二四三
☒諱史潘慮受　四二四四
☒嘉□禾四☒　四二四五
☒鄉嘉禾二年□☒　四二四六
☒□佃卒限米五斛☒　四二四七
☒十二日都鄉典田掾☒　四二四八
入廣成鄉鋘賈☒　四二四九
☒嘉禾元年☒　四二五〇

▨年税吳平斛米▨　四二五一
入小武陵鄉嘉禾▨　四二五二
▨・右桑鄉入布□▨　四二五三
▨□□黄□□▨　四二五四
▨□𠄠嘉禾▨　四二五五
入□鄉嘉禾▨　四二五六
▨　其一▨　四二五七
・□□□□▨　四二五八
▨嘉禾二年三月十□▨　四二五九
▨□□□□▨　四二六〇
▨禾二年十月廿三▨　四二六一
▨嘉禾二年□▨　四二六二
▨六斛州佃吏張□▨　四二六三
▨連受▨　四二六四
▨年十二月七▨　四二六五
▨𠄠嘉禾▨　四二六六
▨司馬鄧邵▨　四二六七
入□□鄉嘉▨　四二六八
入南鄉嘉禾二年税▨　四二六九
▨□嘉禾▨　四二七〇
▨禾二▨　四二七一
▨嘉禾元年……　▨　四二七二
・□子男□年　▨　四二七三
▨一匹𠄠嘉禾二年七月廿一日……▨　四二七四
▨七斛𠄠嘉▨　四二七五
▨嵩付倉吏▨　四二七六
▨匹三丈七尺𠄠▨　四二七七
▨廿日新匱▨　四二七八
▨十斛𠄠嘉禾元年▨　四二七九
年□米　▨　四二八〇
▨　其□▨　四二八一
▨□丈四尺黄龍三年□□▨　四二八二
▨𠄠嘉禾二年十月□▨　四二八三
▨税米▨　四二八四
▨男廖主關邸▨　四二八五
▨嵩付倉▨　四二八六
▨□限米五斛▨　四二八七
入廣成鄉▨　四二八八
▨其十一斛民還二年□▨　四二八九
▨□𠄠嘉禾二年十一月四日僕丘▨　四二九〇
▨連受　四二九一
▨年十一月一日▨　四二九二
▨吏黄諱史▨　四二九三
▨□二百七十七斛　▨　四二九四
▨斛六斗黄龍三年限米　▨　四二九五
▨鄉入布四匹三丈九尺　▨　四二九六
▨□三丈九尺𠄠嘉▨　四二九七
▨月四日甲申書▨　四二九八
▨□客黄▨　四二九九
▨德（？）付倉▨　四三〇〇
▨□□□▨　四三〇一
▨□斛二斗▨　四三〇二
▨三丈九尺▨　四三〇三
▨米卌一斛𠄠嘉▨　四三〇四
▨下（？）□▨　四三〇五
▨禾三年十二月廿六日浸（？）丘□謙付▨　四三〇六

右雜米一千二□□☑　四三〇七
出倉吏黄諱潘慮所領嘉禾二年税吴平斛米□□☑　四三〇八
☑□嘉禾六年正月十二日都鄉典田掾蔡忠白　四三〇九正
☑及仲（帥）　四三〇九背
☑嘉禾六年正月十二日都鄉典田掾……　四三一〇正
☑吏及仲（帥）　四三一〇背
☑□□曹史陳通付庫吏殷連受　四三一一
☑　·其五斛民還☑　四三一二
入小武陵鄉嘉禾二年子弟限米四斛⿱三㐅☑　四三一三
☑六年正月十二日都鄉典田掾蔡忠白　四三一四正
☑及仲（帥）　四三一四背
☑嘉禾元年限米　四三一五
☑其廿六斛六斗七升賊黄勳黄龍三年財物賈米　四三一六
☑其……七十三斛一斗五□□□黄龍三年屯田限米　四三一七
☑□□廿□□☑　四三一八
☑嘉禾元年限米　●　中　四三一九
·其□☑　四三二〇
☑糧都尉七月廿八日丙辰書給都尉☑　四三二一
☑其七十九斛六斗新吏黄龍三☑　四三二二
☑年所貸嘉禾□☑　四三二三
☑嘉禾六年正月十二日都鄉典田掾蔡忠白　四三二四正
☑及仲（帥）　四三二四背
☑□□嘉禾□□年限米　☑　四三二五
☑其廿一斛郵掾□☑　四三二六
☑其卌五斛故吏□□□☑　四三二七
☑年桼租米　●　四三二八
☑　·其六百七十四斛九斗……☑　四三二九
☑丘李禿關邸閣李嵩付倉吏黄諱☑　四三三〇
☑嘉禾元年九月廿二日都鄉☑　四三三一
入模鄉嘉禾☑　四三三二
☑庫吏殷☑　四三三三
☑其五十九斛私學黄龍三年限米●　四三三四
☑丘□□□☑　四三三五
☑□□□□□□☑　四三三六
☑其卌六……　☑　四三三七
☑其卌五斛□斗□□□☑　四三三八
☑百□四錢侯相……☑　四三三九正
☑縣不得持還鄉典田吏及☑　四三三九背
☑龍三年税米三斛……☑　四三四〇
☑其六……☑　四三四一
☑嘉禾六年正月十二日都☑　四三四二正
☑及仲（帥）　☑　四三四二背
☑田掾蔡忠白　四三四三
☑龍三年□賈米☑　四三四四
☑其五斛八斗故吏番䪾（顔？）備船師張盖☑　四三四五
☑七斛七斗黄龍三年限米　●　四三四六
☑嘉禾二年十月廿四日遲丘男☑　四三四七
【注】「遲」，或釋爲「日進」二字。
☑元年布□☑　四三四八
入都鄉磐（？）石丘男子□☑　四三四九
☑□⿱三㐅……☑　四三五〇
☑　其十一斛五斗監池司☑　四三五一
☑日東溲丘男子☑　四三五二
☑嘉禾三年税米廿三斛☑　四三五三
☑三年□□☑　四三五四
☑其九斛☑　四三五五

☑稅米□☑　四三五六
☑□廿四□斛☑　四三五七
☑嘉禾六年正月十二日都鄉典田掾蔡忠白　四三五八
【注】依文例，此簡另一面應有文字，已磨滅不能辨識。
入中鄉二年調布一匹三丈九尺乑嘉禾二年……☑　四三五九
☑□□斛嘉禾☑　四三六〇
□□里户人公乘安田年□□腫足　☑　四三六一
☑關邸閣☑　四三六二
☑嘉□□□☑　四三六三
☑關邸閣☑　四三六四
入模鄉☑　四三六五
☑米十四斛乑☑　四三六六
☑陽付庫☑　四三六七
☑乑嘉禾……關邸閣董基……　四三六八
☑丘胡杞付庫吏☑　四三六九
☑年十一月☑　四三七〇
☑師客限米☑　四三七一
☑□乑黃龍☑　四三七二
☑六年□□米☑　四三七三
☑……布七匹乑☑　四三七四
☑□□□☑　四三七五
☑……　四三七六
出倉吏□☑　四三七七
入都鄉☑　四三七八
☑□□斛乑嘉☑　四三七九
☑升☑　四三八〇
☑乑嘉禾☑　四三八一
☑十一月十一☑　四三八二

☑民還□□☑　四三八三
☑……嘉禾三年□☑　四三八四
出倉吏□☑　四三八五
☑□□□□☑　四三八六
☑四斗四升新☑　四三八七
☑連受　四三八八
☑禾二年四月☑　四三八九
☑禾二年□☑　四三九〇
☑限米□☑　四三九一
出倉吏□☑　四三九二
☑□黃武□年□☑　四三九三
☑□關邸閣董基付三州倉吏☑　四三九四
☑乑嘉☑　四三九五
☑[illegible]☑　四三九六
☑三斛☑　四三九七
☑日甲辰書□□☑　四三九八
☑二年限米☑　四三九九
☑嘉禾元年☑　四四〇〇
□□鄉嘉禾元年租米二斛九斗五升乑☑　四四〇一
☑　・知女弟黨年十三　●　四四〇二
右雙家口食五人　訾五☑　四四〇三
右東鄉□□稅米十六斛二斗　●　四四〇四
☑　縣男弟生年五歲　四四〇五
彊男弟士年十二　四四〇六
・樵妻大女絹年五十九　四四〇七
・其五百六十一人小口（？）收錢五合三千二百八十錢　四四〇八
【注】「口」字或釋爲重文號。據簡文五百六十一人每人收錢五錢，合計應爲二千八百五錢。

右從家口食三人　中　訾五十　四四〇九
【注】「中」字爲紅色筆蹟。
金男弟職年十一　四四一〇
·凡口六事四筭二事一　訾五十　四四一一
【注】「訾」上有一紅色筆蹟，或爲「中」字之殘。
·凡口九事□筭四事三　訾五十　四四一二
【注】「訾」上有一紅色筆蹟。
·右諸鄉嘉禾元年租米一百一十一斛四斗五升　☑　四四一三
·右廣成鄉吏帥客限米五斛三斗三升　四四一四
□子小女精年三歲　四四一五
☑……布二匹〼嘉禾……☑　四四一六
入平鄉嘉禾元年子弟限米三斛胄畢〼嘉禾元年十一月廿七日⿰⿱土冂六丘　四四一七
烝成關邸閣董基付三州倉吏谷漢受　四四一七
異男弟細年三歲　四四一八
男弟河年十歲　四四一九
陵寡嫂准年七十三　四四二〇
·……年□□筭一　☑　四四二一
☑威鄉嘉禾□年……〼……　四四二二
·右麦家口食五人　中　訾五十　四四二三
【注】「中」字爲紅色筆蹟。
斗小妻大女物年十四　☑　四四二四
·敲子男兒年三歲　四四二五
【注】「敲」，疑爲「敲」字之別體。《集韵·爻韵》：「敲，擊也。」音shāo。
·右平鄉入鄉吏限米十七斛八斗☑　四四二六
進（？）大男弟生年十一苦廙（癲）狂病　四四二七
大男潘首年□☑　四四二八
入桑鄉鹿皮四枚〼嘉☑　四四二九
☑□二事□☑　四四三〇
☑禾六年正月十二日都鄉□□□蔡忠白　四四三一正
☑及仲（帥）　四四三一背
☑□子女思年十二　四四三二
☑嘉禾六年正月十二日都鄉典田掾蔡忠白　四四三三正
☑吏及仲（帥）　四四三三背
☑收責□入復言書詣金曹　四四三四
☑住頃豊□□上……　四四三五
☑□金曹吏李珠白草　四四三六
☑□年冊二筭一　子男良年九歲　四四三七
☑年卅二　☑　四四三八
☑税吴平斛米六斛二斗……　四四三九
☑九子……　☑　四四四〇
☑五筭一☑　四四四一
·□凡口三事□☑　四四四二
·其一户方遠州吏☑　四四四三
☑皮妻解六十二　☑　四四四四
·右家合六人　☑　四四四五
☑　思男弟齋（？）年九歲　亥姪子☑　四四四六
☑無有家屬以詭責者依癸卯書☑　四四四七
☑　光妻錦年卌九　四四四八
☑五十七斛九斗六升□合負者□□遭　四四四九
☑妻大女炭年卅五筭一　子男泠年四歲　四四五〇
☑□年卅一筭一腫兩足　四四五一
姪子男赿（赿）年十七筭一　☑　四四五二
☑·右□家口食三人　其一人男 二人女　四四五三
☑户□合□□百八十六人　四四五四
☑家口食四人　四四五五

⧄　□男弟□年五歲　四四五六
⧄嘉禾六年正月十二日都鄉典田掾蔡忠　四四五七正
⧄及仲（帥）　四四五七背
・其二户方遠州吏□　⧄　四四五八
⧄支子男渦年十歲　四四五九
【注】「渦」，即「渦」字之别體。
⧄公乘□尚年……　訾五十　四四六〇
⧄年正月十二日都鄉典田掾蔡□□　四四六一
【注】依文例，此簡背面應有文字，已磨滅不能辨識。
⧄田斛付吏谷漢受　四四六二
⧄□折減米□□□⧄　四四六三
大男唐客年五⧄　四四六四
⧄凡口九事七⧄　四四六五
⧄錢□庫吏⧄　四四六六
大男潘濤年□筭□⧄　四四六七
⧄女凡（？）年卅九　⧄　四四六八
⧄侯相嘗（營）□⧄　四四六九
⧄凡口七事⧄　四四七〇
⧄妾□年卅八　□□□⧄　四四七一
⧄丞丁琰夜（？）固（？）還宮　⧄　四四七二
【注】「琰」，疑爲「琰」字之别體。「琰」，《説文·玉部》：「璧上起美色也。」
⧄……□米二百八十斛　四四七三
⧄　□子男養年三歲　⧄　四四七四
⧄　□母妾年六十　四四七五
⧄……年十八筭一　季父謝騰年七十五刑右手　四四七六
⧄嘉禾……　四四七七
姪子男樵年十七筭一　姪子男萬年三歲　四四七八
⧄年卌三筭一　訾五十　四四七九

凡口四事□　筭一事□　四四八〇
其九百八斛七斗給貸黄龍三年貧民佃種粻已列　四四八一
凡口四事　筭二事　四四八二
□黄龍三□貧民貸食……四百……　四四八三
・妻大女□年六十一　子男遲年十二　四四八四
⧄・右凡收及傳送大屯月……可詭責依　四四八五
・妻大女思年卅五筭一　子女粢年八歲　四四八六
中唐里大男□皮年六十五踵（腫）兩足　四四八七
□男弟□年十一　四四八八
⧄未畢六百八十八斛六斗五升　四四八九
・其六户郡吏中品……　⧄　四四九〇
・□妻大女貞年五十一筭一　小妻大女思年卅八筭一刑右手　四四九一
東陽里户人公乘烝敦年卅一筭一刑左手　貲五十　四四九二
入西……⧄　四四九三
・贊嫂大女是年廿二筭一　是子男設年六歲　四四九四
東陽里户人公乘唐緅年卅六筭目□□　訾五十　四四九五
・達父巍年六十五　妻大女思年卅七筭一　四四九六
・妻大女思年卌三筭一　子男于年九歲　四四九七
・妻大女分年卅一筭一　四四九八
・凡口十三事十一　筭三事　四四九九
・泓姪子男伯慈（？）年廿二　四五〇〇
東陽里户人公乘謝熹年卅□筭一　訾五十　四五〇一
安陽里户人公乘□表年卅五筭一腫兩足　四五〇二
⧄凡口五事二　筭二事　四五〇三
⧄里户人公乘謝達年廿六筭給縣吏　訾五十　四五〇四
・妻大女惟年卅八筭一　姪子男湯年五歲　四五〇五
東陽里户人公乘廖長年六十六苦腹心病　訾五十　四五〇六

□□里户人公乘黄蕙年卅五筭一踵（腫）兩足　　訾五十　四五〇七

安陽里户人公乘米倉年卅九筭一盲左目　四五〇八

鮎魚魟（？）會大男張噫租錢月一萬一十　四五〇九

【注】「鮎」，《龍龕手鑑·魚部》：「音孤。」此處疑用爲「沽（賈）魚」之專字。「月一萬一千」上有紅色痕蹟。

右泊（？）家口食四人　四五一〇

☒陽里户人公乘謝贊年廿二筭一給縣卒　　訾五十　四五一一

·其十三……　四五一二

·其廿八人小口　四五一三

·……新成里□曹平桀簿　四五一四

【注】「桀」爲「桀」的異體。

□客舍大女黄汝租錢月六百　　●　四五一五

【注】「六百」上有紅色痕蹟。

凡口一事·　　筭一事　四五一六

賣繒大男趙究（？）租錢月七百　四五一七

一月領市租錢九萬九千六百米四百八十斛●　☒　四五一八

·育母大女妾年七十五　四五一九

東陽里户人公乘烝漁年五十三踵（腫）兩足　　訾五十　四五二〇

三月領市租錢九萬九千六百米四百十斛　四五二一

☒·集凡……簿領吏民合□□八十户口萬四□□十六□　四五二二

☒禾元年租米十斛胄畢〓嘉禾元年四月十八日領山丘謝粟關邸☒　四五二三

入平鄉嘉禾□□私學米一斛六斗就畢〓嘉禾二年正月十三日專丘謝　四五二四

岑關邸閣董基付三州倉吏谷漢受　四五二五

入桑鄉嘉禾二年新調布一匹〓嘉禾二年七月廿七☒　四五二六

【注】「一匹」之「一」上有一短撇，或釋爲「二」。

入平鄉所調嘉禾二年布三丈九尺〓嘉禾二年八月九日杷（？）丘

大男番足（？）付庫☒　四五二六

入桑鄉嘉禾二年新調布三丈九尺〓嘉禾二年七月廿☒　四五二七

☒嘉禾元年子弟限米十一斛二斗□畢〓嘉禾二年正月五日□□☒　四五二八

☒……董基付三州倉吏谷漢☒　四五二九

入小武陵鄉嘉禾二年粢租米一斛八斗〓嘉☒　四五三〇

☒□妻大女妾年八十四　☒　四五三一

☒鄉嘉禾二年布二匹〓嘉禾二年八月八日□中☒　四五三二

入西鄉嘉禾二年布一匹三丈九尺〓嘉禾二年八月□☒　四五三三

入都鄉嘉禾二年粢租米六斛五斗〓嘉禾二年七月廿日□☒　四五三四

☒鄉嘉禾二年粢租米二斛〓嘉禾二年六月廿七日後（後）泮（？）☒　四五三五

☒□家口食五人筭二　☒　四五三六

·右桑鄉入租米十二斛五斗☒　四五三七

入平鄉嘉禾二年布一匹〓嘉禾二年六月九日寇丘大男周□☒　四五三八

入都鄉嘉禾二年粢租米二斛五斗二升〓嘉禾二年☒　四五三九

☒日嫣（？）丘烝帛關邸閣董基付三州倉吏谷漢受　四五四〇

入都鄉嘉禾二年粢租米斛四斗〓嘉禾二年十月☒　四五四一

☒鄉嘉禾二年粢租米十斛〓嘉禾二年七□☒　四五四二

入都鄉嘉禾二年粢租米一斛三斗六升〓嘉禾二年七月二日□□☒　四五四三

☒□元年□□限米二斛五斗胄畢〓嘉禾二年三月三日□丘☒　四五四四

☒二年十月十六日……付庫吏殷連受　四五四五

……九月十□☒　四五四六

☒元年税米四斛胄畢〓嘉禾□年二月六日上臺丘鄭皮關邸閣☒　四五四七

☒　·表弟公乘蔦（？）年八歲　四五四八

☒三年税米十六胄畢〓嘉禾元年十一月十三日石下丘廬（盧）戰

付三☒　四五四九

入□鄉二年調布七匹𡰥嘉禾二年八月十九日上利（？）丘歲伍烝听☒　四五五〇
☒嘉禾元年租米二斛☒　四五五一
☒子弟米四斛五斗𡰥嘉禾☒　四五五二
☒元年四月廿六日栗丘番龍關邸閣董☒　四五五三
☒□粢租米二斛𡰥嘉禾二年七☒　四五五四
入西鄉嘉禾二年粢租米三斛𡰥☒　四五五五
☒嘉禾二年四月六日榴（？）丘陳顏關邸閣☒　四五五六
□栨（？）里户人公乘……☒　四五五七
【注】「栨」，音cì。
吏□□□波（？）田長廿□☒　四五五八
入南鄉嘉禾二年粢租米六斛☒　四五五九
☒禾□年正月十日楊溲丘男□☒　四五六〇
右平☒　四五六一
☒□米一斛胄畢𡰥嘉☒　四五六二
入樂鄉嘉禾元年租米一斛一斗二升☒　四五六三
☒氾書□□☒　四五六四
入西鄉嘉禾二年粢租米☒　四五六五
☒百卌匹　☒　四五六六
☒……基……☒　四五六七
入廣成鄉嘉禾元年租米五斛五斗☒　四五六八
入東鄉嘉禾元年助佃吏李客限米□□☒　四五六九
☒粢租米三斛𡰥嘉禾二年☒　四五七〇
☒右州吏陳秋（？）□□☒　四五七一
☒……租米……𡰥嘉禾□☒　四五七二
入平鄉嘉禾□年……☒　四五七三
☒□鄉嘉禾元年佃吏限米五斛胄畢𡰥嘉禾二年正月廿八日漂丘吏
潘□關邸閣董基付三州倉吏……　四五七四
☒□三斛𡰥嘉禾二年七月五日□☒　四五七五
☒□布一匹𡰥嘉☒　四五七六
入平鄉嘉禾二年布一匹𡰥嘉禾二年八月廿七日胡萇丘☒　四五七七
入中鄉嘉禾二年粢租吳平斛米一斛七斗𡰥嘉禾二年六☒　四五七八
☒□鄉嘉禾二年所調布一匹𡰥嘉禾二年八月廿二日梨……☒　四五七九
士區𡨦妻軍田長一百卌☒　四五八〇
【注】「𡨦」，字書所無。或疑爲「宰」字之別體。
入鄉上俗丘歲伍林禿入□☒　四五八一
【注】依文例，「入」下脱鄉名。
☒禾二年十一月三日烝窑☒　四五八二
☒張[亻胡]二年布一匹𡰥嘉禾二年九月廿四日……付庫吏殷連受　四五八三
【注】「[亻胡]」，字書所無。或疑爲「湖」字之訛。
入平鄉嘉禾二年粢租三斛𡰥☒　四五八四
入都鄉二年調布一匹☒　四五八五
☒州倉吏鄭黑受　四五八六
☒□□關邸閣董基☒　四五八七
☒丘□□關邸閣☒　四五八八
入都鄉□□□調布五匹□丈☒　四五八九
・右諸鄉入子弟☒　四五九〇
☒限米六斛七斗就畢☒　四五九一
☒禾二年租米四斛一斗胄畢𡰥☒　四五九二
☒□□三年税米六十一斛八斗　☒　四五九三
☒　□子小女恩年七歲　四五九四
☒匡新調布一匹𡰥嘉禾二年八月十八日唐下丘男子李卿（？）付
庫吏殷連受　四五九五
入平鄉嘉禾元年子弟限米五斛𡰥嘉禾元年正月十五日□□丘石萇
（？）關邸閣董基付三州倉吏谷漢受　四五九六
☒□赤□☒　四五九七

☑……關邸閣董基付三州倉吏☑　四五九八
☑……基付倉吏鄭黑受　四五九九
☑□□子弟限米三斛三斗畢〓嘉禾二年正月五☑　四六〇〇
☑……所貸食三年租米二□　☑　四六〇一
☑……簿……☑　四六〇二
☑……〓嘉禾二年……☑　四六〇三
☑……限米十七斛☑　四六〇四
☑□四月六日由溲丘潘音關邸閣董基☑　四六〇五
入廣成鄉嘉禾元年租米三斛胄畢〓嘉☑　四六〇六
☑□鄉嘉禾二年粢租米一斛七斗☑　四六〇七
☑壬二百□除□錢☑　四六〇八
入平鄉嘉禾元年子弟限米四斛九斗一升七合胄畢〓☑　四六〇九
入桑鄉嘉禾……☑　四六一〇
☑限米八斛□□〓嘉禾☑　四六一一
☑禾元年租米十斛胄米畢☑　四六一二
☑基付三州倉……☑　四六一三
☑□黃□入三州☑　四六一四
☑倉吏谷漢受　四六一五
☑基付三州倉吏☑　四六一六
☑禾五年十一月十五☑　四六一七
入西鄉二年新□☑　四六一八
☑五月四日□丘潘□□□☑　四六一九
☑付三州倉吏漢受中　四六二〇

【注】「倉吏」署名僅有「漢」一字，依文例「漢」前應有「谷」姓字。又，「漢受」二字右側有一紅色筆蹟書寫的僅存左半的「中」字。

☑二斛五斗〓□☑　四六二一
入桑鄉嘉禾二年新☑　四六二二
☑邸閣董基☑　四六二三
☑五斗　☑　四六二四
入西鄉嘉禾二年税米卅□☑　四六二五
☑嵩付倉吏□☑　四六二六
☑□〓嘉禾☑　四六二七
入樂鄉嘉禾二年頃丘大男☑　四六二八
☑二年財〈財〉用☑　四六二九
☑年卅八筭一　訾五十　四六三〇
凡口二事　筭二事一　四六三一
☑　□子男買年七歲　買男弟記（？）年五歲　四六三二
……言（？）部吏石彭隨月收責市租錢米有入未畢如牒□　四六三三
☑□家口食四人　四六三四
·凡口八事　筭二事　四六三五
·凡口五事四　筭二事　四六三六
□□□里户人公乘朱鵠年卅□筭一盲右目　四六三七
車母大女阿年八十三　車妻大女然年卅六筭一　四六三八
……筭一　訾五十　四六三九
☑　妻大女汝年廿二筭一　四六四〇
其十一斛給貸貧民嘉禾二年米（？）田（？）粻（？）收還
簿別列　☑　四六四一
妻大女姑年卌二筭一腫兩足　四六四二
其七十三人筭人　四六四三
☑贊男弟丞（？）年廿筭一　丞（？）妻大女倉年十六筭一　四六四四
☑　□男弟別年七歲　□　四六四五
☑五十二斛□斗八升……　四六四六
……　□一事　四六四七
□女卯（？）年四歲　車季父羅年八十三　四六四八
元子男鼠年卅八刑左足　☑　四六四九
☑　□子女婢年六歲　四六五〇

日入錢五□□□千五百付庫吏潘□ ▼　四六五一
•彭（?）女弟生年十三　生女弟靡年十 ▼　四六五二
其一百六十五人大□　四六五三
孫子男惕年五歲　四六五四
亮舅何鐵年卅筭一　鐵妻大女姑年卅九筭一　四六五五
戰男弟金年廿五筭一腹心病　戰姪子男銅年七歲　四六五六
•妻大女思年廿二刑一筭右足　客小妻故年十五筭一　四六五七
•妻傴男弟□鼠年十一　四六五八
•右黃簿吏民卌戶口食一百八十人　四六五九
•右鵠家口食三人　其一人男　二人女　四六六〇
妻大女汹年廿四筭一　鵠女弟士（?）年五歲盲右目　四六六一
妻大女[口攵]年十七筭一　子小女思年二歲　四六六二
兒男弟故年三歲　吳姪子公乘端（端）年十八筭一　四六六三
•右言家口食二人　其一人男　一人女　四六六四
安陽里戶人公乘高……筭一　四六六五
　•右客家口食五人　其二人男　三人女　四六六六
•客妻母大女妾年六十二腫兩足　客姪子男謀（?）年七歲　四六六七
•右亮家口食九人　其四人男　五人女 ▼　四六六八
妾子女□年六歲　四六六九
•亮男弟養年十四　亮寡嫂大女妾年六十一　四六七〇
•右[糸來]家口食五人　其一人男　四人女　四六七一
郡女弟排年四歲　排女弟囷（?）年三歲　四六七二
•子男弱年廿一筭一　弱男弟郡十四刑左足　四六七三
【注】依文例，「郡」下脱「年」字。
安陽里戶人大女周妾年六十八 ▼　四六七四
□妻大女蛙年□六筭一腫兩足　掖（?）孫子男米年八歲
□ ▼　四六七五
•妻大女妾年卅筭一　□子男昭年廿二筭一 ▼　四六七六
安陽里戶人公乘何掖（?）年五十八筭一　四六七七
安陽里戶人公乘何高年五十五　四六七八
•元（?）妻大女㚇年卅二筭一腫兩足　子小女小年七
歲 ▼　四六七九
【注】「㚇」，疑爲「崇」字之訛。
•妻大女妾年七十八　子男□年卅□筭一腹心病　四六八〇
•□右育家口食六人　其三人男　三人女　四六八一
•右妾家口食五人　其二人男　三人女　四六八二
安陽里戶人公乘馬謙年七十三腫兩足　四六八三
•客女弟思年六歲　思女弟兒年三歲　四六八四
•右掖（?）家口食五人　其三人男　二人女　四六八五
•子男弟鼠年六歲　鼠男弟見（?）年四歲　四六八六
【注】「見」，或釋爲「兒」。
•□妻大女因年卅四筭一　子男客年五歲　四六八七
□姊大女思年十一　思女弟汝年十　四六八八
妻大女孫年卅二腫兩足　子男晧年九歲腫兩足　四六八九
吳妻大女糸年廿筭一　公姪子囡狶年十五筭一腫兩足　四六九〇
【注】「女」，以小字補於「子」字右下側。
•晧女弟思年四歲　思女弟累年二歲　四六九一

安陽里户人公乘樊文卅七筭一 四六九二
·兒男弟州年二歲 四六九三
入廣成鄉嘉禾二年粢租米八斗〓嘉禾⧄ 四六九四
入東鄉二年新調布□□⧄ 四六九五
入模鄉嘉禾二年冬賜布⧄ 四六九六
⧄□年七月廿一日上□丘□⧄ 四六九七
⧄董基付三州倉吏谷漢受 四六九八
⧄男子盧（盧）饋□⧄ 四六九九
⧄〓嘉禾二年八月廿四日温⧄ 四七〇〇
入小武陵鄉嘉禾二年所調布土⧄ 四七〇一
⧄□嘉禾二年布□匹〓嘉禾二年⧄ 四七〇二
〓嘉禾二年十月十一日……付庫吏殷連受 四七〇三
入南鄉牙田丘男子盧（盧）伍二年⧄ 四七〇四
⧄□□丘男子付庫吏□⧄ 四七〇五

【注】依文例，此簡「男子」下脱姓名。

⧄……烝惕（？）二年布□匹二丈九尺〓嘉⧄ 四七〇六
入東鄉□□⧄ 四七〇七
⧄布一匹〓嘉⧄ 四七〇八
□嘉禾二年□米⧄ 四七〇九
⧄付三州倉吏鄭⧄ 四七一〇
⧄……布一匹三丈⧄ 四七一一
⧄運受⧄ 四七一二
⧄□廣四 四七一三
入□鄉布二匹〓……⧄ 四七一四
⧄……布□匹二丈六尺〓嘉禾二年⧄ 四七一五
四月十七日□關中部督郵……⧄ 四七一六
·右諸鄉入租米六十八斛九斗⧄ 四七一七
·右平鄉入税米⧄ 四七一八
⧄□盧（盧）□關邸閣董基□⧄ 四七一九
入都鄉嘉禾二年布四匹三丈六尺〓嘉⧄ 四七二〇
入平鄉嘉禾元年郡吏番□子弟限米一斛冑畢〓嘉⧄ 四七二一
入中鄉嘉禾二年調布□匹……〓⧄ 四七二二
⧄……嘉禾□年……⧄ 四七二三
⧄……日露丘烝□付三州倉吏谷漢受 四七二四
⧄……□斛……〓嘉禾二年九月廿七日……⧄ 四七二五
入廣成鄉嘉禾二年所調布一匹〓嘉禾⧄ 四七二六
⧄大女妾年七十三 四七二七
⧄ 〓嘉咊二年九月十二日龍上丘廖俗付主庫史殷⧄ 四七二八

【注】「咊」當爲「禾」之別體。「龍」疑爲「蘢」字之別體。《説文·艸部》：「蘢，枲實也。」音fèi。

⧄……斛九斗就畢〓嘉禾三年四月廿五日石下丘鄭車關邸□⧄ 四七二九
⧄貸食三年税米一斛四斗畢〓嘉禾元年十一月十一日下象丘烝□付三州⧄ 四七三〇
⧄嘉禾二年九月十日栗丘男子石員付庫吏殷連受 四七三一
⧄男唐元二年布六匹三丈八尺〓嘉禾二年九月十四日烝弁付庫吏 四七三二
⧄ 四七三三
⧄□禾二年賜布六匹〓嘉禾二年八月十四日劉里丘男子劉俅（？）付庫⧄ 四七三四
□年布一匹〓嘉禾五年八月廿六日上俗丘謝岁付庫吏殷⧄ 四七三五
入都鄉嘉禾二年布二匹三丈六尺〓嘉禾二年八月廿六日員東丘大男黄堂付庫吏殷⧄ 四七三六
⧄□松田丘男子⧄ 四七三七
⧄庫吏殷□受⧄ 四七三八
⧄二年十一月二日……⧄ 四七三九
⧄□〓嘉禾二年十月四日□□……⧄

入東鄉嘉禾二☐　四七四〇

☐米四斛一斗胄畢𥝢嘉禾二年□□☐　四七四一

☐……𨟻錐張復……☐　四七四二

☐禾二年四月一日寇丘男☐　四七四三

入廣成鄉嘉禾二年所調布☐　四七四四

☐倉吏谷漢受　四七四五

☐□税米九斗□畢𥝢嘉禾☐　四七四六

入都鄉二年布五☐　四七四七

☐三匹三丈八尺𥝢☐　四七四八

☐……邸閣董基付三□□☐　四七四九

☐烝弁付庫吏殷□□☐　四七五〇

☐庫吏殷連受　四七五一

入廣成鄉二年調布三匹三丈七尺𥝢嘉禾二年……☐　四七五二

☐……付庫吏☐　四七五三

☐　□子男□年廿二筭一☐　四七五四

入都鄉嘉禾……☐　四七五五

☐布一匹𥝢嘉禾二年八月十九日租下丘男子盧（盧）□☐　四七五六

入平鄉嘉禾元年税米☐　四七五七

☐鄉嘉禾二年新調布一匹𥝢嘉禾二年四月十八日何丘男子由□☐　四七五八

☐𥝢嘉禾二年八月廿七日栗丘男子周客☐　四七五九

入都鄉嘉禾二年布二匹二丈八尺𥝢嘉禾二年八月十八日垓（？）
田黄☐　四七六〇

【注】依文例，「垓田」下脱「丘」字。「垓」，或釋爲「陬」。

入中鄉二年布二匹三丈二尺𥝢……☐　四七六一

入□鄉二年新調布一匹𥝢嘉禾二年七月廿七日東平丘☐　四七六二

☐□月十八日烝弁付倉吏潘琬受　四七六三

入平鄉嘉禾二年布一匹𥝢嘉禾二年八月廿一日函丘男☐　四七六四

入平鄉二年布二匹三丈九尺𥝢嘉禾二年八月十一☐　四七六五

☐新調布二匹𥝢嘉禾二年八月十九日區丘男子□□☐　四七六六

☐丘黄□關邸閣董基付三州倉吏□□☐　四七六七

☐□布三丈九尺𥝢嘉禾二年十月十五日烝弁付庫吏殷☐　四七六八

☐七月三日烝弁付庫吏殷☐　四七六九

☐布六匹三丈六尺𥝢嘉禾二年八月廿二日□丘男子陳漢付庫吏
連受　四七七〇

☐二年九月廿日上和丘謝遠付三州倉吏□☐　四七七一

☐𥝢嘉禾二年十月廿七日五□付庫吏殷☐　四七七二

☐　鮭弟小女平年十四　四七七三

☐腫兩足　☐　四七七四

☐　主女弟婢年一歲　☐　四七七五

☐嘉禾二年所調布一匹𥝢嘉禾二年□月十三日湛上丘男子梅碭☐　四七七六

☐二丈八尺𥝢嘉禾二年十月廿六日烝弁付庫吏殷連受　四七七七

☐所調布一匹𥝢嘉禾二年九月三日漂（？）丘男子烝（？）蘇
（？）付主庫吏殷☐　四七七八

☐……𥝢嘉禾二年九月二日□□丘記忠付庫吏殷□☐　四七七九

☐桑鄉［二年］新調布一匹𥝢嘉禾二年七月廿七日東平丘□☐　四七八〇

【注】「二年」二字爲小字，補在「鄉」字右側下方。

……二年布……𥝢……☐　四七八一

☐元年租米四斛五斗胄畢𥝢嘉禾二年……上俾丘大男鄧僕（？）
關邸閣☐　四七八二

☐□二年所調布二匹𥝢嘉禾二年九月廿八日烝弁付庫吏殷□☐　四七八三

☐凡口五事四筭三事二　訾五十　四七八四

·右從家口食六人　其三人男 三人女　四七八五
妻大女妾年六十九　子男交年八歲　四七八六
·右謹家口食三人　其二人男 一人女　四七八七
高姪子男樵（檐？）年七歲　□男姪子沮年卅五筭一　四七八八
·沮妻大女青年十四腹心病腫兩足　四七八九
安陽里户人公乘魯鄧年六十四腫兩足　●　四七九〇
妻大女汝年八十　孝姪子公乘升年卌三筭一給卒　四七九一
安陽里户人公乘宗孝年八十一　●　四七九二
襄男弟萇年卅二筭一　萇妻大女刺（？）年廿五筭一　●　四七九三
妻大女此年卌五筭一　表子男交年六歲　●　四七九四
交男弟饒年四歲　饒姊小女郵年七歲　四七九五
·妻大女移年十七筭一　□母大女思年六十四　●　四七九六
·右亥家口食五人　其三人男 二人女　四七九七
安陽里户人公乘馬扣年卌盲左目　四七九八
⧄　·□子小女杲年□□筭一　子男如年三歲　四七九九
·蔣男弟伯年七歲　●　四八〇〇
·妻大女思年廿二筭一　度從弟師年八歲　四八〇一
⧄□□里户人公乘……年六十三　訾五十　四八〇二
⧄三斛五斗關邸閣李嵩倉吏黄諱潘□□　四八〇三
·其六户方遠州吏下品　●　⧄　四八〇四
⧄……一十一斛七斗四升　四八〇五
·□大女思年五十三　四八〇六
⧄領餘逋粢租米一千四百九十四斛四斗四升八合三勺　●　四八〇七

【注】此簡數字上畫有一條紅色筆道，「粢」字右側另有紅色筆蹟，其字不能辨識。

·其二户縣吏……　四八〇八
⧄輒料計三州倉起嘉禾元⧄　四八〇九
⧄□□〼嘉禾元年二月三日□⧄　四八一〇
⧄未畢重絞促⧄　四八一一
⧄堪妻妾年卅⧄　四八一二
⧄……食三□⧄　四八一三
⧄□基付三州倉漢□　四八一四

【注】依文例，「三州倉」下脱「吏谷」等字。

⧄□基付三州倉吏……⧄　四八一五

【注】此簡因左右券破莂時分剖不均，致使右側殘存右券文字之左側，左側存左券文字之右側。此處只録左側一行殘文。

⧄付庫吏殷⧄　四八一六
⧄典田吏及帥　四八一七

【注】依文例，此簡另一面應有文字，已磨滅不能辨識。

⧄品布一匹〼嘉⧄　四八一八
⧄年粢租米四斛⧄　四八一九
⧄米一斛胄畢〼嘉禾二年⧄　四八二〇
⧄□□限米卅二斛　⧄　四八二一
入東鄉嘉禾二年布三丈九尺〼嘉禾二□⧄　四八二二
⧄月九日郡吏息里貴丘李政⧄　四八二三
⧄□倉吏鄭黑受　四八二四
入西鄉嘉禾二年布一匹〼嘉禾二年⧄　四八二五
⧄□〼嘉禾□年□⧄　四八二六
⧄年十二月七日龍丘⧄　四八二七
⧄黄諱潘□□⧄　四八二八
⧄……〼嘉禾二□⧄　四八二九
⧄庫吏殷⧄　四八三〇
東陽里户人公乘□□⧄　四八三一

⧄倉吏谷漢受　四八三二
⧄董基付⧄　四八三三
⧄粢租米三斛〼嘉禾二年　四八三四
⧄尺〼嘉禾二年十一月三⧄　四八三五
⧄付三州倉吏谷漢受⧄　四八三六
⧄□鄉嘉禾元年□⧄　四八三七
入都鄉嘉禾二年布三匹〼……⧄　四八三八
⧄年十一月六日……付庫吏殷⧄　四八三九
⧄〼嘉禾二年七月廿三日烝弁□⧄　四八四〇
⧄□□〼嘉禾二年六月五日□□⧄　四八四一
⧄三丈八尺〼嘉禾二年十月廿五日烝⧄　四八四二
入平鄉二年布一匹〼嘉□⧄　四八四三
⧄州倉吏鄭黑□⧄　四八四四
⧄布一匹□⧄　四八四五
⧄董基付三州倉⧄　四八四六
⧄倉吏谷□⧄　四八四七
⧄下丘大男□⧄　四八四八
⧄連受　四八四九
⧄受　中　四八五〇

【注】「中」字爲紅色筆蹟。

⧄鄉元年租⧄　四八五一
⧄弟限米⧄　四八五二
⧄區狌關⧄　四八五三

【注】「狌」，《説文·犬部》：「黄犬黑頸。讀若注。」

⧄布三⧄　四八五四
⧄禾二年十月廿七日⧄　四八五五
入廣成鄉二年⧄　四八五六
入廣成鄉嘉⧄　四八五七
⧄□三歲　四八五八

【注】下端右側有紅色痕蹟。

⧄月廿一日□⧄　四八五九
⧄……三丈一尺⧄　四八六〇
⧄……〼嘉⧄　四八六一
⧄□廬（？）□□□⧄　四八六二
⧄□禾二年粢租米⧄　四八六三
⧄□二年八月廿一日⧄　四八六四
⧄〼嘉禾⧄　四八六五
⧄□九日下⧄　四八六六
入東鄉二年新調⧄　四八六七
入小武陵鄉還□⧄　四八六八
⧄養護猴（？）⧄　四八六九
⧄……胄畢〼嘉禾二年□⧄　四八七〇
⧄付庫吏殷連受　四八七一
⧄□一日□丘男子□□⧄　四八七二
⧄基付三州倉吏谷⧄　四八七三
⧄倉吏谷漢⧄　四八七四
⧄口食二人　⧄　四八七五
⧄達子男⧄　四八七六
⧄米□百卅二斛□⧄　四八七七
入中鄉嘉禾⧄　四八七八
⧄丘大男⧄　四八七九
入西鄉二年布一匹……〼嘉禾二年⧄　四八八〇
⧄〼嘉禾元年十一月廿五日潘□□□⧄　四八八一
入小武陵鄉嘉禾二年新調布四匹二丈……〼⧄　四八八二
入中鄉嘉禾二年所調布一匹〼嘉禾⧄　四八八三
⧄□杷（？）丘男子□溴付庫吏殷□⧄　四八八四

☒☐鄉嘉禾二年布一匹𠬝嘉禾二年八月廿二日付庫吏殷☒　五四七〇

【注】依文例，簡文脫繳布人住址、姓名。

☒匡新調布一匹三丈八尺𠬝嘉禾二年八月廿四日因疒丘歲伍吳溼民☐如付庫吏殷連受　五四七一

•其四頃九十畝旱敗不收錢布　五四七二

入中鄉嘉禾二年新調布一匹三丈九尺𠬝嘉禾三年七月廿四日龍穴丘聶舉付庫吏殷☒　五四七三

入小武陵鄉嘉禾二年所調布四匹三丈六尺𠬝嘉禾二年七月廿八日平支丘男子謝跙付庫吏殷連受　五四七四

入都鄉嘉禾三年……𠬝嘉禾三年八月十四日何渡丘達☐付庫吏殷☒　五四七五

☒☐丘男子田事付庫吏殷連受　五四七六

☒☐利丘二年所調布三匹三丈𠬝嘉禾二年七月廿八日大男衛皮付庫吏殷連受　五四七七

入都鄉二年布三丈八尺𠬝嘉禾二年八月廿四日監沱丘大男聶陽付☐運受　五四七八

入小武陵鄉嘉禾二年調布七匹𠬝嘉禾二年七月廿九日☐丘男子苗讓付庫吏殷連受　五四七九

入南鄉嘉禾二年調布☐匹三丈☐☐𠬝……　五四八〇

☒☐丘男子烝鳫（?）付庫吏殷連受　五四八一

入☐鄉嘉禾二年布二匹𠬝嘉禾二年八月十☒　五四八二

入中鄉嘉禾二年布一匹𠬝嘉禾二年八月☐☐日緒中丘☒　五四八三

☒月八日緒中丘男子朱典付庫吏殷連受　五四八四

入廣成鄉二年布二匹𠬝嘉禾二年☐☐☐☒　五四八五

入桑（?）鄉新調布一匹𠬝嘉禾二年八月十六日東平丘男子吳倉☒　五四八六

☒匡八月廿二日彈溲丘男子蔡若付庫吏殷☒　五四八七

☒七日敷丘大男景（?）椎付庫吏殷連受　五四八八

入樂鄉嘉禾二年新調布二匹𠬝嘉禾二年八月十八日領山丘謝羽付庫吏殷☒　五四八九

入都鄉嘉禾二年布一匹𠬝嘉禾二年八月廿一日☒　五四九〇

入廣成鄉二年新調布一匹𠬝嘉禾二年八月廿☒　五四九一

☒……𠬝嘉禾二年九月一日……☒　五四九二

•右小武陵鄉入二年布卅一匹三丈二尺　五四九三

入小武陵鄉嘉禾二年新調品布一匹𠬝嘉禾二年七月廿日新薄丘男子☐狗付庫吏殷連受　五四九四

入樂鄉嘉禾二年新調布三丈九尺𠬝嘉禾二年七月廿九日領山丘大男謝驚付庫吏殷連受　五四九五

入中鄉嘉禾二年調布一匹三丈八尺𠬝嘉禾二年八月七日緒中丘大男先典付庫吏殷連受　五四九六

入都鄉嘉禾二年調布一匹三丈八尺𠬝嘉禾二年七月十三日敖（?）中丘大男李赤付庫吏殷連受　五四九七

……𠬝嘉禾二年☐月六日禾（?）丘大男☐☐付庫吏殷連受　五四九八

•右都鄉入二年布廿八匹一丈七尺　五四九九

入南鄉嘉二年所調布一匹𠬝嘉禾二年七月廿九日語中丘男子逢樵唐平付庫吏殷連受　五五〇〇

【注】簡文上段「嘉」下脫「禾」字。

☒都鄉嘉禾二年布一匹三丈𠬝嘉禾二年八月廿五日杋奇丘大男區☐付庫吏殷連受　五五〇一

入中鄉嘉禾二年布二匹𠬝嘉禾二年八月三日唐下丘歲伍潘船（船?）付主庫吏殷連受　五五〇二

入桑鄉嘉禾二年新調布一匹𠬝嘉禾二年七月廿三日度丘男子鄧狗付庫吏殷☒　五五〇三

入廣成鄉嘉禾二年調布一匹𠬝嘉禾二年七月廿八日男子鄧☒　五五〇四

☒調布一匹𠬝嘉禾二年八月廿二日溥丘男子馮☐付庫吏殷連受　五五〇五

☒三丈七尺𠆨嘉禾二年八月十二日陵枯丘王吏付庫吏殷連受　五五〇六

入桑鄉嘉禾二年新調布一匹𠆨嘉禾二年七月十七日區丘縣吏谷水付庫吏殷☒　五五〇七

☒・右䓓廿二枚布合五十四匹一丈　❜　五五〇八

入南鄉嘉禾二年調布二匹𠆨嘉禾二年七月廿七日牙田丘大男馮平付☒　五五〇九

入都鄉嘉禾二年新調布五匹三丈四尺𠆨嘉禾二年八月十一日杕倚丘男子區巴付庫吏殷☒　五五一〇

入小武陵鄉嘉禾二年新調布一匹𠆨嘉禾二年七月廿三大男許釦付庫☒　五五一一

【注】依文例，「廿三」下脱「日」字。

☒庫吏殷☒　五五一二

☒連受　五五一三

入西鄉嘉禾二年布☒　五五一四

☒□鄉嘉☒　五五一五

入平鄉□☒　五五一六

☒子黃□☒　五五一七

☒□鄉新唐丘男☒　五五一八

☒殷連受　五五一九

入平鄉嘉禾☒　五五二〇

入廣……☒　五五二一

☒殷連受　五五二二

入廣成鄉嘉禾二年布一匹𠆨嘉禾二年七月廿六日上薄丘大男區桐☒　五五二三

☒□布二匹𠆨嘉禾□年八月廿七日佃溲丘男子潘季付庫吏殷連受　五五二四

☒𠆨嘉☒　五五二五

☒殷連受　五五二六

入桑鄉嘉禾二年新調布一匹𠆨嘉禾二年七月廿三日租下丘男子李亥付庫殷連受　五五二七

☒所調布一匹𠆨嘉禾二年八月廿二日溥下丘男子鄭將（？）付庫吏殷☒　五五二八

入南鄉嘉禾二年調布□匹𠆨嘉禾二年……庫吏殷連受　五五二九

……□嘉禾二年布□匹□丈𠆨嘉禾二年八月八日梨下丘男子李僮付庫吏殷☒　五五三〇

……枚合一百廿四匹一丈六尺　中　五五三一

入小武陵鄉嘉禾二年所調布一匹𠆨嘉禾二年八月一日白石丘謝仁付庫吏殷連受　五五三二

入廣成鄉嘉禾二年所調布一匹𠆨嘉禾二年七月廿一日桓陛（陞）丘男子黃圭付庫吏殷連受　五五三三

□□……☒　五五三四

☒廿九日東扶丘州吏周仁付庫吏殷連受　五五三五

☒期會掾烝　録事掾□水校☒　五五三六

入南鄉嘉禾二年調布七匹三丈九尺𠆨嘉禾二年七月廿五日伻丘力田李帛（？）付庫吏殷連受　五五三七

入廣成鄉嘉禾二年所調布一匹𠆨嘉禾二年八月十五日三州丘男子鄧兒付庫吏殷連受　五五三八

☒調布二匹三丈七尺𠆨嘉禾二年七月廿五日石下丘男子水（？）載付庫掾□連受　五五三九

入都鄉嘉禾二年布八匹𠆨嘉禾二年八月十四日禾丘大男呂僮付庫吏殷☒　五五四〇

入桑鄉嘉禾二年新調布三丈一尺𠆨嘉禾二年七月十七日唐下丘男子由夌（麥？）付庫吏殷連受　五五四一

【注】「夌」，《説文・夊部》：「越也。」

入桑鄉嘉禾二年布二匹𠆨嘉禾二年八月廿三日松田丘男子魯斗（？）付庫吏殷連受　五五四二

☑☰嘉禾二年八月十一日大男烝賦（？）付庫吏殷☑　五五四三

入都鄉嘉禾二年布四匹二丈六尺☰嘉禾二年八月十日石成丘李助庫吏殷連受　五五四四

入都鄉嘉禾二年三□調布一匹☰嘉禾二年八月十四日□溲丘謝□付庫吏殷☑　五五四五

……☰……五日湛上丘大男鄭平付庫吏殷連受　五五四六

入都鄉嘉禾二年布二匹三丈七尺☰嘉禾二年八月廿日上於丘男子吴親（？）付庫吏殷連受　五五四七

入桑鄉嘉禾二年新調布一匹☰嘉禾二年七月十七日區丘男子黄弩付庫吏殷連受　五五四八

入中鄉嘉禾二年調布二匹三丈七尺☰嘉禾二年八月八日曼溲丘大男黄顔付庫吏殷連受　五五四九

☑……☰嘉禾二年八月廿四日前龍丘月伍……付庫吏殷☑　五五五〇

入廣成鄉二年調布三匹☰嘉禾二年七月廿九日伻丘大男鄧遲付庫吏殷連受　五五五一

入南鄉嘉禾二年所調布三匹☰嘉禾二年七月廿九日□溲丘大男李汲付庫吏殷連受　五五五二

入中鄉嘉禾二年布二匹☰嘉禾二年八月廿二日平眺丘男子楊佀（？）付庫吏殷連受　五五五三

入廣成鄉嘉禾二年品布三丈八尺☰嘉禾二年八月十日大男周葆付主庫吏殷連受　五五五四

【注】依文例，「大男」前脱地名。

☑☰嘉禾二年八月十二曼溲丘黄誼付庫吏殷連受　五五五五

入平鄉二年布一匹☰嘉禾二年八月……付庫吏殷☑　五五五六

石小武陵鄉入嘉禾二年布蒴卅八枚合一百七匹三丈九尺☑　五五五七

☑二年冬賜布二匹☰嘉禾二年八月廿五日□丘大男吴帛付庫吏殷連受　五五五八

☑……二年新調布☑匹☰嘉禾二年八月……☑　五五五九

☑□付庫吏殷連受　五五六〇

☑□布一匹☰嘉禾二年□月□日☑　五五六一

☑月□三日里中丘阝□☑　五五六二

入樂鄉新調布一匹☰嘉禾二年七月廿五日窟丘大男毛貴（？）付庫吏殷連☑　五五六三

入都鄉嘉二年布一匹☰嘉禾二年八月十一日廉（？）丘大男吕□付庫吏殷連受　五五六四

【注】簡文上段「嘉」下脱「禾」字。

……☰嘉禾二年八月廿一日菝丘男子□□付庫吏☑　五五六五

☑調品布一匹三丈九尺☰嘉禾二年八月十六日露丘男子烝岑付庫吏殷連受　五五六六

入桑鄉嘉禾二年新調布二匹☰嘉禾二年七月廿七日租下丘男子谷箸付庫吏殷連受　五五六七

入南鄉嘉禾二年所調布一匹☰嘉禾二年七月廿九日桐唐丘男子陳文付庫吏殷連受　五五六八

☑鄉嘉禾二年所調布一匹☰嘉禾……付庫吏殷連受　五五六九

入桑鄉嘉禾二年新調布一匹☰嘉禾二年七月廿七日租下丘男子盧禽付庫吏殷連受　五五七〇

☑禾二年布二匹☰嘉禾二年七月廿日上和丘大男謝鳴（？）付庫吏殷連受　五五七一

入桑鄉嘉禾二年新調布三丈九尺☰嘉禾二年七月十七日敷丘男子由嬰付庫☑　五五七二

☑二年調布三丈九尺☰嘉禾二年八月廿四日□俗丘男子米（？）□付☑　五五七三

☑年八月廿一日上俗丘朱當付庫吏殷連受　五五七四

☑二年八月十八日於上丘男子□☑　五五七五

☑税米五十六斛六斗☑　五五七六

☑連受　五五七七

⧄連受 五五七八
⧄十一月十二⧄ 五五七九
⧄丘黄□⧄ 五五八〇
⧄鄉嘉禾二年新調□⧄ 五五八一
⧄月二日唯丘⧄ 五五八二
⧄嘉禾二年八月十八日領山丘謝碓付庫吏殷⧄ 五五八三
⧄□東溪丘大男米（？）萇二年布三匹三丈⧄ 五五八四
⧄〓嘉禾二年八月廿七日白石丘大男謝宗付庫吏殷⧄ 五五八五
⧄〓嘉禾二年八月廿五日□⧄ 五五八六
入中鄉嘉禾二年布一匹〓嘉禾二年⧄ 五五八七
⧄付庫吏殷連受 五五八八
⧄年所調布一匹〓⧄ 五五八九
⧄禾二年□月廿二日□□⧄ 五五九〇
⧄嘉禾二年調布三匹〓⧄ 五五九一
⧄□付庫吏殷⧄ 五五九二
⧄吏殷連受 五五九三
入中鄉嘉禾二年調布五匹〓嘉⧄ 五五九四
⧄二事　訾五十 五五九五
⧄……〓嘉禾二年八月廿一日木□（瓜？）丘大男吴□⧄ 五五九六

【注】參見五三一九號簡。

⧄樂鄉入嘉禾二年布莂廿八枚合卅七匹三丈四尺　中 五五九七
入桑鄉嘉二年新調布一匹〓嘉禾二年七月十五日敷丘男子潘□⧄ 五五九八
⧄〓嘉禾二年□月十七日林溲丘男子□□付庫⧄ 五五九九

【注】簡文上段「嘉」下脱「禾」字。

⧄〓嘉禾二年十月廿⧄ 五六〇〇
入桑鄉嘉禾二年新調布一匹〓嘉禾⧄ 五六〇一
⧄八月廿九日楊溲丘大男□□⧄ 五六〇二
⧄年十一月廿四日浸頃潘□⧄ 五六〇三

【注】依文例，「浸頃」下脱「丘」字。

⧄丈九尺〓嘉禾二年八月廿一日桐下丘大男□⧄ 五六〇四
入都鄉嘉禾二年布四匹〓⧄ 五六〇五
入廣成鄉二年調布三匹〓嘉禾二年⧄ 五六〇六
⧄〓嘉禾二年八月廿八日徑上丘大⧄ 五六〇七
⧄二匹〓嘉禾二年八月一日□丘大男⧄ 五六〇八
⧄□丘男子蔡（？）邸付庫吏殷連受 五六〇九
⧄龍三年□⧄ 五六一〇
入樂鄉嘉禾二年新調布一匹〓嘉禾二年七月十八日窟丘男子謝震付庫吏殷連受 五六一一
入桑鄉嘉禾二年新調布一匹〓嘉禾二年七月廿三日桐丘男子殷展（？）付庫吏殷⧄ 五六一二
⧄年七月廿二日□中丘大女□蔦（？）付庫吏殷連受 五六一三
入都鄉新調布三丈九尺〓嘉禾二年七月廿六日員東丘男龔鶉付庫吏殷連受 五六一四
⧄入□鄉椤丘鄧馮二年布二匹〓嘉禾二年九月廿七日烝弁付庫吏殷連受 五六一五

【注】依文例，丘名下應爲「男子」或「大男」。

⧄・右莂廿九枚布合卅三匹二丈九尺 五六一六
入都鄉嘉禾二年新調……〓嘉禾二年六月廿一日横溪丘男子王勉付庫吏殷連受 五六一七
入桑鄉嘉禾二年新調布一匹〓嘉禾二年七月廿三日租下丘男子谷（？）宜付庫吏殷連受 五六一八
入桑鄉嘉禾二年新調布一匹〓嘉禾二年七月廿三日租下丘男子盧（盧）曲付庫吏殷連⧄ 五六一九
⧄……〓……付庫吏殷⧄ 五六二〇
⧄年□月 五六二一

入西鄉二年布一匹𠄡嘉禾二年九月□日汀汀丘大男……⧄　五六二二

⧄嘉禾二年税米卅二斛𠄡嘉禾二年十一月三日□丘烝曲關邸閣⧄　五六二三

⧄……布一匹𠄡嘉禾二年七月十九日淦丘男子□⧄　五六二四

⧄調布五丈九尺𠄡嘉禾二年四月十八日□□丘男子吴□付庫吏殷
連受　五六二五

⧄二年布二匹𠄡嘉禾二年八月廿日上和丘男子謝韜付庫吏殷⧄　五六二六

入南鄉所調二年布一匹𠄡嘉禾二年八月卅日語丘大男彭旐付庫吏
殷連⧄　五六二七

入南鄉嘉禾二年新調布三丈八尺𠄡嘉禾二年七月廿五日石下丘男
子婁囪付庫吏殷連受　五六二八

【注】「囪」，疑爲「當」字之訛體。

入廣成鄉上薄丘區士二年布二匹𠄡嘉禾二年十月十四日烝弁付庫
吏⧄　五六二九

⧄妻大女決（？）年廿二筭一　⧄　五六三〇

入西鄉嘉二年税米八斛𠄡嘉禾二年十一月十三日湛龍丘許何關⧄　五六三一

【注】簡文上段「嘉」下脱「禾」字。

⧄十一月十二日吴唐丘帥何（？）使（？）付庫吏殷連受　五六三二

⧄□鄉税米一斛三斗胄畢𠄡嘉禾元年十二月⧄　五六三三

入中鄉嘉禾二年布一匹𠄡嘉禾二年七月十日長（？）世丘大男⧄　五六三四

入都鄉嘉禾二年新調布一匹三丈九尺𠄡嘉禾二年七月廿一日□⧄　五六三五

⧄二年調布一匹三丈七尺𠄡嘉禾二年八月廿日曼溲⧄　五六三六

⧄禾二年布一匹𠄡嘉禾年八月廿日盡丘□⧄　五六三七

入小武陵鄉嘉禾二年税米十七斛𠄡嘉禾二年三月十四日平支

⧄　五六三八

⧄嘉禾二年十一月廿一日男子番垂（？）關⧄　五六三九

入廣成鄉嘉禾二年調布二……𠄡⧄　五六四〇

⧄禾二年税米五斛⧄　五六四一

⧄𠄡嘉禾二年八月⧄　五六四二

·右廣成鄉□⧄　五六四三

⧄□月廿三日□□丘男子黄□關邸閣郭據⧄　五六四四

⧄米十八斛三斗𠄡嘉禾二年⧄　五六四五

⧄嵩付倉⧄　五六四六

⧄禾二年八月⧄　五六四七

⧄布五匹三丈四尺⧄　五六四八

⧄吏黄諱番⧄　五六四九

⧄慮受⧄　五六五〇

⧄十一日□下丘大男⧄　五六五一

⧄斛五斗胄畢𠄡嘉⧄　五六五二

⧄九日烝弁付庫⧄　五六五三

⧄嘉禾二年十一月廿二日⧄　五六五四

入小武陵鄉嘉禾二年⧄　五六五五

⧄三斗胄米畢𠄡⧄　五六五六

⧄所調布一匹⧄　五六五七

⧄𠄡嘉禾二年九月⧄　五六五八

⧄……東溪丘縣吏郭⧄　五六五九

⧄付庫⧄　五六六〇

⧄□月廿九日□⧄　五六六一

⧄殷連受　五六六二

⧄米十八斛⧄　五六六三

入中鄉嘉禾二年⧄　五六六四

⧄□嘉禾二年所調布四匹𠄡⧄　五六六五

☒吳（？）唐（？）付庫吏殷☒　五六六六
☒□□〓嘉禾……☒　五六六七
☒禾二年布□匹〓嘉☒　五六六八
☒調布□匹〓嘉禾三年☒　五六六九
☒限米二斛　五六七〇
・右中鄉□☒　五六七一
☒嵩付倉吏黃諱番☒　五六七二
入都鄉嘉禾二年税米二斛〓☒　五六七三
☒□□丘大男何馬付☒　五六七四
☒九月廿六日烝弁☒　五六七五
☒二年八月卅五日……☒　五六七六
入都鄉樂坑丘男子白（？）直□□☒　五六七七
☒禾二年鋘賈錢四千四百☒　五六七八
入□鄉□□男子……☒　五六七九
☒月十一日新田丘大女唐姑關邸閣☒　五六八〇
☒□四斛四斗☒　五六八一
☒米一斛五斗〓嘉☒　五六八二
☒付庫吏潘琦受　五六八三
☒右都鄉入財用錢一□☒　五六八四
☒嘉禾二年調布一匹〓☒　五六八五
☒調布一匹〓嘉禾二年十☒　五六八六
☒年五月十一日杕（？）奇丘男子五郡（？）□□☒　五六八七
☒……嘉禾二年所調布一匹〓□☒　五六八八
☒付倉吏黃諱史潘慮受　五六八九
☒丘男子王勉付庫吏殷連受　五六九〇
☒嘉禾二年十一月廿五日租下丘李客關邸閣李嵩☒　五六九一
☒嘉禾二年十一月十三日租（？）下丘大男潘坑關邸閣李嵩☒　五六九二
☒嘉禾二年新調布□匹……〓嘉禾二年□月廿三日☒　五六九三
☒……鄧瑙關邸各李嵩付倉吏黃諱史番慮受　五六九四
【注】「各」，當爲「閣」字之訛。「付」字被「嵩」字遮掩，僅存左旁立人筆畫。
入中鄉二年布四匹〓嘉禾二年……☒　五六九五
☒廿二日下俗丘男子五賅付庫吏殷連受　五六九六
入模鄉嘉禾二年所調布一匹〓嘉禾二年八月廿六日無丘男子唐☒　五六九七
☒□□新唐丘何吾二年布……〓嘉禾二年十月廿一日☒　五六九八
入桑鄉嘉禾二年新調布一匹〓嘉禾二年七月十四日上財（？）丘大男婁馬□☒　五六九九
☒鄉嘉禾二年八月十四日弦丘男子唐陶付庫吏殷連受　五七〇〇
⿰口頁□□□吱⿰口的⿰口的□□□⿰口頁⿰口彔□詣廷言□☒　五七〇一
☒□鄉嘉禾二年新調布一匹〓嘉禾二年七月廿九日頃（？）丘大男五閟付庫吏殷連☒　五七〇二
・右平鄉入嘉禾三年布九十六匹二丈八尺　中　五七〇三
☒……二年八月十四日憂丘男子吳觀付庫吏殷連受　五七〇四
入中鄉嘉禾二年税米十二斛二斗五升〓嘉禾二年十一月廿六日小赤丘☒　五七〇五
☒嘉禾二年八月廿六日牙下丘大男五愓付庫吏殷連受　五七〇六
入中鄉嘉禾二年税米四☒　五七〇七
☒禾二年税米十一斛〓嘉禾二年正月十八日小赤丘大男五客（？）☒　五七〇八
出桑鄉二年新調布一匹〓嘉禾二年九月一日租下丘☒　五七〇九
☒二年新調布一匹〓嘉禾二年八月廿七日濇丘□☒　五七一〇
☒卅六日□小（？）丘男子□志（？）付庫吏殷連受　五七一一
☒八日大田丘男子毛相關邸閣李嵩付倉吏黃☒　五七一二
入桑鄉嘉禾二年新調布一匹〓嘉禾二年七月十七日唐下丘男子由改付庫吏殷運☒　五七一三

入廣成鄉二年調布一匹三丈九尺〓嘉禾二年七月廿九日棼丘大男　五七一四
鄧馮付庫吏殷連受　五七一五
〼年八月廿五日下俗丘男子五信（?）付庫吏殷〼　五七一六
〼禾二年正月二日唐中丘大男文帛（?）關邸閣李嵩〼　五七一七
〼嘉禾二年八月十一日新唐丘張年付庫吏殷連受　五七一八
〼斛〓嘉禾二年〼　五七一九
〼十一月三日新唐丘大男張羅關邸閣李〼　五七二〇
〼斛〓嘉禾元年〼　五七二一
〼嘉禾二年租錢一千〓嘉禾〼　五七二二
〼兒付庫吏殷連受　五七二三
入南鄉嘉禾二年税米卅六斛八斗〓嘉禾二年十一〼　五七二四
入南鄉嘉禾二年所調布一匹〓嘉禾二年八月廿日椁□〼　五七二五
入廣成鄉上俗丘男子鄧遲二年布□□〓嘉禾二年〼　五七二六
入□鄉嘉禾二年調布一匹〓嘉禾二年七月廿□日〼　五七二七

【注】此簡上段文字存左半，下段文字存右半，疑原非一簡。

入小武陵鄉嘉禾年税米七斛〼　五七二八
〼〓嘉禾二年十一月〼　五七二九
〼□年十一月四日禁（?）中丘〼　五七三〇
〼□〓嘉禾二年二月廿□〼　五七三一
〼付庫吏〼　五七三二
〼四月十一日頃（?）下丘大男蔡□關邸閣□基〼　五七三三
〼歲伍吴滢民□〼　五七三四
〼年□月一日烝弁〼　五七三五
入中鄉嘉禾二年新調布一匹〓嘉禾二年七月廿三日男子〼　五七三六
入□鄉……調布……〓嘉禾……〼　五七三七
〼財用錢一千三百〓嘉禾元年十二月廿日烝弁付〼　五七三八
〼□年十一月一日新唐丘謝循（?）關邸閣李〼　五七三九
〼□□財用錢六萬〼　五七四〇
〼丈九尺〓嘉禾二年□月十一日逢唐丘大〼　五七四一
入中鄉嘉禾二年税米七斛〓嘉禾二年十二月〼　五七四二
入中鄉嘉禾二年税米五斛□□〓嘉禾二年□□　五七四三
〼緒中丘男子朱典付庫吏殷連受　五七四四
〼嘉禾二年所調布二匹三丈九尺〓〼　五七四五
〼□□丘大男□元關邸閣〼　五七四六
〼關邸閣李〼　五七四七
入□鄉二年調布〼　五七四八
〼廿二斛〓嘉禾二年十一〼　五七四九
〼大男盧（盧）曲〼　五七五〇
〼付庫吏潘〼　五七五一
入□鄉嘉禾〼　五七五二
〼三日吏謝□〼　五七五三
〼□□□□□付□〼　五七五四
〼嘉禾二年□〼　五七五五
〼□迎關邸閣李嵩付倉吏黄諱〼　五七五六

【注】「迎」，似爲「迎」字之俗體。參見《廣碑别字》引唐樊奴子造像。

〼□□□〼　五七五七
〼連受　五七五八
〼嘉禾二年十一月十□〼　五七五九
〼庫吏殷〼　五七六〇
〼年税米八斛〼　五七六一
〼月十□日□□〼　五七六二
〼□男唐碓付三州倉〼　五七六三
〼月三日烝弁〼　五七六四
〼唐中丘大男鄧士（?）□□〼　五七六五
〼□月十七日大男〼　五七六六
入都鄉嘉禾二□〼　五七六七

入中鄉嘉☒　五七六七
入都鄉嘉禾二年税米二斛☒　五七六八
☒庫吏殷☒　五七六九
入平鄉嘉☒　五七七〇
☒□税米五斛☒　五七七一
☒米付庫吏☒　五七七二
☒　右□☒　五七七三
☒連受　五七七四
☒□諱史潘慮受　五七七五
☒十八日烝弁☒　五七七六
入平鄉二年財用☒　五七七七
☒□庫吏殷☒　五七七八
☒十斛〓☒　五七七九
入廣成鄉嘉☒　五七八〇
☒……〓嘉☒　五七八一
☒〓嘉禾二年☒　五七八二
☒丘男這綝（？）付庫吏殷☒　五七八三
☒□付庫吏殷連受　五七八四
・右南鄉入鋘☒　五七八五
☒□丘大男這⿱取灬關邸閣李嵩付倉吏☒　五七八六
【注】「⿱取灬」，似爲「聚」字之俗體。
入平鄉嘉禾二年布一匹〓☒　五七八七
入中鄉嘉禾二年税米十五斛〓□☒　五七八八
　右莂卅六枚□☒　五七八九
入中鄉二年税米六十一斛五斗〓嘉禾二年□☒　五七九〇
☒嘉禾二年五月十五日前龍丘月☒　五七九一
☒嘉禾二年十一月十四日合丘男子吴晞關邸閣☒　五七九二
入中鄉嘉禾二年調布☒　五七九三
☒□〓嘉禾二年十一月十□□☒　五七九四
☒米三斛〓嘉禾☒　五七九五
☒……縣吏胡☒　五七九六
☒禾二年薄（？）丘吴棠財用錢☒　五七九七
入中鄉嘉禾二年布三丈□☒　五七九八
☒庫吏殷連受　五七九九
☒庫吏殷連受　五八〇〇
入中鄉嘉禾二年税米十六斛〓嘉禾□☒　五八〇一
☒□鄉下平丘男子婁若二年☒　五八〇二
☒〓嘉禾二年十一月十五日東溪丘大男唐□☒　五八〇三
☒　・右諸鄉入私學限□☒　五八〇四
入小武陵鄉二年布二匹三丈八尺〓☒　五八〇五
☒嘉禾二年十一月十六日緫中丘大男何里關邸□☒　五八〇六
☒□庫吏殷連受　五八〇七
☒長付庫吏殷連受　五八〇八
☒〓嘉禾元年十二月十三日□☒　五八〇九
☒財用錢三千一百　☒　五八一〇
☒……所調布一匹三丈九尺〓嘉禾二年☒　五八一一
☒唐中丘郡吏張䲢（騰）關☒　五八一二
☒□成二年鋘賈錢六千四百〓☒　五八一三
☒大男潘連付庫吏潘☒　五八一四
入小武陵鄉二年税米五斛三☒　五八一五
☒連受　五八一六
入中鄉嘉禾二年税米十八斛☒　五八一七
入西鄉嘉禾二年税米十斛〓☒　五八一八
入樂鄉嘉禾二年□□錢□□〓　五八一九
☒□吕潼□主庫掾殷☒　五八二〇
☒鄉嘉禾二年布三匹〓嘉禾二年八月廿五日□☒　五八二一

☒……千㲻嘉禾二年正月五日盡丘男子潘從付庫☒　五八二二

☒□□丘男子鄧遲付庫吏殷連受　五八二三

☒□月廿八日復皐丘男子光肫付庫吏殷連受　五八二四

☒月八日羅民終上丘潘鳩關邸閣李嵩付倉吏☒　五八二五

☒連受　五八二六

☒黃諱史潘慮☒　五八二七

☒二斛㲻嘉禾二年☒　五八二八

入小武陵鄉二年布☒　五八二九

☒逢耑（端）關邸閣☒　五八三〇

☒稅米九斛㲻嘉☒　五八三一

入□鄉嘉禾二年稅米九☒　五八三二

☒月三日平支丘朱□付庫吏殷連受　五八三三

☒閣李嵩付倉吏☒　五八三四

☒嘉禾☒　五八三五

入南鄉□□☒　五八三六

☒□鋘錢□☒　五八三七

入廣成□☒　五八三八

☒連受　五八三九

☒……付庫吏殷☒　五八四〇

☒三年正月廿九日㙻（？）丘☒　五八四一

☒連受　五八四二

☒丘大男番□☒　五八四三

☒嘉禾元年十一月☒　五八四四

入西鄉嘉禾二年布四□☒　五八四五

☒慮受　五八四六

☒□五□□☒　五八四七

☒□付倉掾黃諱史番慮受　五八四八

☒□倉吏黃諱史潘慮受　五八四九

入廣成鄉二年財用錢一千㲻☒　五八五〇

☒嘉禾二年財用錢三千☒　五八五一

☒　□忠户下☒　五八五二

☒□鄉入財用錢☒　五八五三

入中鄉嘉禾二年稅米□斛☒　五八五四

☒連受　五八五五

☒……二年稅米三斛㲻嘉☒　五八五六

☒□稅米十六斛㲻嘉禾☒　五八五七

☒月九日彈溲丘翟□☒　五八五八

☒□主庫掾殷☒　五八五九

☒付庫吏殷☒　五八六〇

入小武陵鄉嘉禾二年稅米二斛☒　五八六一

入西鄉嘉禾二☒　五八六二

☒□百㲻嘉禾三年□☒　五八六三

【注】此簡破莂合同符號寫作「同文」二字。「同」字存左半，「文」字完整。

☒百㲻嘉禾三年四月十☒　五八六四

入小武陵鄉嘉禾二年和米□☒　五八六五

☒□鄉二年調布一匹㲻嘉禾二年八月□☒　五八六六

☒匹㲻嘉禾三年九月廿日……☒　五八六七

☒□十一月廿五日合丘縣吏吳贊關邸閣李嵩☒　五八六八

☒錢六千六百　●☒　五八六九

☒□關邸閣李嵩付倉吏黃諱史潘慮受　五八七〇

☒□□常略丘烝囷二年財用錢二千㲻嘉禾二年十□☒　五八七一

入小武陵鄉嘉禾二年稅米☒　五八七二

入□鄉二年所調品布二匹㲻嘉□☒　五八七三

入平鄉二年於上丘大男戴馮財用錢二千㲻嘉☒　五八七四

☒□丘吳觀（觀）付庫吏殷☒　五八七五

入樂鄉嘉禾二年新調布一匹㲻嘉☒　五八七六

入小武陵鄉嘉禾二年所調布一匹〓嘉禾二年八月廿三⧄　五八七七
⧄鄉嘉禾二年布一匹〓嘉禾二年八月十九日浸頃丘潘□⧄　五八七八
入都鄉嘉禾二年稅米三斛〓嘉禾⧄　五八七九
入都鄉皮賈行錢⧄　五八八〇
⧄……付倉吏黃諱潘⧄　五八八一
⧄年稅米十一斛五斗〓嘉禾二年十一月⧄　五八八二
⧄二年十一月三日上俗丘男子唐（？）仙（？）關邸閣⧄　五八八三
入廣成鄉二年所調布一匹〓嘉禾二年□月⧄　五八八四
⧄嘉禾二年布一匹〓嘉禾二年九月廿日榜（？）丘大男蔡詧（？）⧄　五八八五
入□鄉嘉禾二年調布一匹三丈九尺〓嘉禾二年八月廿七□⧄　五八八六
⧄□一匹〓嘉禾二年九月□⧄　五八八七
⧄□禾三年五月十三日勸農掾五蕊付庫吏潘⧄　五八八八
⧄一匹〓嘉禾二年八月十二日廉丘男子呂明付庫吏殷⧄　五八八九
入小武陵鄉嘉禾二年新調布四匹〓嘉禾二年□⧄　五八九〇
⧄□官（？）州丘男子郭士付庫吏　連受　五八九一
【注】依文例，「庫吏」下脫「殷」字。
入廣成鄉嘉禾二年調布□匹〓嘉禾二年八月十三日⧄　五八九二
⧄□嘉禾二年新調布一匹〓嘉禾二年八月十九日頃丘潘卯付庫吏
□⧄　五八九三
右都鄉入皮賈錢一萬五千　⧄　五八九四
⧄鄉二年新調布一匹〓嘉禾二年八月十七日敷丘男子監□⧄　五八九五
⧄〓嘉禾元年十二月二日勸農⧄　五八九六
⧄十六……⧄　五八九七
⧄□□張□⧄　五八九八
入廣成鄉嘉禾二年新調⧄　五八九九
⧄吳帛（？）付庫吏殷⧄　五九〇〇
⧄渡丘男子黃□付庫吏⧄　五九〇一
⧄□丘大男黃銀關邸閣⧄　五九〇二
⧄布一匹〓嘉⧄　五九〇三
⧄……殷連受　五九〇四
⧄□丘大男胡積關邸閣李嵩⧄　五九〇五
⧄布二匹〓□⧄　五九〇六
⧄付庫吏殷連⧄　五九〇七
⧄州丘右長誦怤關邸閣⧄　五九〇八
⧄嘉禾二年布一匹〓嘉禾二年八月十九日龍穴丘大⧄　五九〇九
⧄嘉禾二年布三丈九尺〓嘉禾二年……⧄　五九一〇
⧄月廿七日□⧄　五九一一
⧄殷連受　五九一二
⧄□布二丈□尺〓嘉禾二年⧄　五九一三
⧄……匹□丈九尺〓嘉⧄　五九一四
⧄□□黃周（？）付庫吏殷連受　五九一五
⧄斛四斗〓嘉禾二年十一月廿五日栗中丘大⧄　五九一六
⧄斛〓嘉禾二年十一月廿五日東溪丘大男番帛關邸⧄　五九一七
⧄□尺〓嘉禾二年八月⧄　五九一八
⧄閣李嵩付倉吏黃諱番慮受　五九一九
⧄嘉禾二年十一月八日東夫丘□男⧄　五九二〇
⧄一斛六斗〓嘉禾二年十一月十八日唐⧄　五九二一
入廣成鄉嘉禾二年布一匹〓嘉禾二年八月廿九日⧄　五九二二
入廣成鄉嘉禾□年所調布……一尺〓嘉禾二年八月廿⧄　五九二三
⧄鄉嘉禾二年□新調布六匹〓嘉禾二年八月十三日⧄　五九二四
⧄李嵩付倉吏黃諱潘慮受　五九二五
入中鄉嘉禾二年稅米十五斛〓嘉禾二年⧄　五九二六
⧄嘉禾二年布一匹〓嘉禾二年九月□□⧄　五九二七
⧄丘男子周戰二年布一匹三丈□尺〓嘉禾二年九月十七日烝弁付
庫吏⧄　五九二八

入廣成鄉嘉禾二年調布一匹≡×嘉禾二年八月廿三日彈⧄　五九二九

⧄□鄉嘉禾二年布二匹≡×嘉禾二年八月⧄　五九三〇

⧄二匹≡×嘉禾二年九月一日廉丘男子吕明（？）付庫吏殷連受　五九三一

⧄禾二年新調布三丈□尺≡×嘉禾二年八月□□日□⧄　五九三二

【注】此簡爲兩片殘簡重叠粘連形成，釋文爲左側殘簡文字，右側殘簡尚有若干文字：「⧄……匹≡×……九日……吴（？）□⧄」。

⧄嘉禾二年布三丈九尺≡×嘉禾二年八月十八日撈丘男子鄧罷⧄　五九三三

⧄鄉嘉禾二年新調布□匹三丈≡×嘉禾二年八月廿七日桐丘男子烝⧄　五九三四

⧄年所調布一匹≡×嘉禾二年八月廿一日東山丘男子李載付庫吏殷

連受　五九三五

入廣成鄉嘉禾二年布一匹≡×嘉禾二年八月十四日⧄　五九三六

⧄□丘男子壬當二年布三丈□尺≡×嘉禾二年九月三日烝弁⧄　五九三七

⧄鄉嘉禾二年布一匹≡×嘉禾二年八月十八日龍□⧄　五九三八

入中鄉嘉禾二年税米十九……⧄　五九三九

⧄鄉嘉禾□年冬賜布……≡×嘉禾□年□月□日□□丘大男⧄　五九四〇

⧄鄉嘉禾二年布三丈九尺≡×嘉禾二年九月三日胡萇丘廖□付庫吏⧄　五九四一

⧄·右蒴卅四枚布合六十四匹一丈九尺　五九四二

⧄□鄉入嘉禾二年布蒴六十枚合一百一十九匹……　五九四三

⧄一日夫與丘男子黄杷（？）庫吏殷連受　五九四四

入□鄉嘉禾二年所調冬賜⧄　五九四五

入西鄉嘉⧄　五九四六

⧄嘉禾二年□⧄　五九四七

⧄吏殷⧄　五九四八

⧄嘉禾二年調布一匹≡×嘉禾二年八月廿三日榜丘吴姚付庫吏殷⧄　五九四九

⧄鄉嘉禾二年冬賜布三匹三丈≡×嘉禾二年八月十九日□□⧄　五九五〇

⧄嘉禾二年冬賜布一匹≡×嘉禾二年九月三日□唐丘□⧄　五九五一

⧄□八月三日訖卅日□吏入嘉禾二年布合一千八十六匹□⧄　五九五二

⧄□林溲丘男子黄碩二年布十一匹三丈□尺≡×嘉禾二年九月十七

日烝弁付庫吏殷⧄　五九五三

入廣成鄉嘉禾二年所調布一匹≡×嘉禾二年八月廿八日空溲丘烝□⧄　五九五四

⧄……布三丈九尺≡×嘉禾二年……下丘廖□付庫吏殷⧄　五九五五

⧄≡×嘉禾三年八月廿一日東山丘男子利識付庫吏⧄　五九五六

⧄禾二年新調布一匹≡×嘉禾二年八月廿六日柚丘⧄　五九五七

入平鄉嘉禾二年冬賜布一匹≡×嘉禾二年八月廿五日油丘大男吴□⧄　五九五八

【注】「油」，疑爲「泊」字之别體。

⧄□付庫吏殷⧄　五九五九

入中鄉嘉禾二年税米⧄　五九六〇

入西鄉嘉禾二年税⧄　五九六一

⧄□月八日息里⧄　五九六二

入廣成鄉嘉禾⧄　五九六三

⧄禾二年十一月廿日□□⧄　五九六四

⧄連受　五九六五

⧄六尺≡×嘉禾⧄　五九六六

⧄田丘大男尾（？）仲⧄　五九六七

⧄米廿八斛≡×嘉禾二年十一月十五日湛龍⧄　五九六八

⧄……≡×嘉禾二年十一月廿九⧄　五九六九

⧄雷虞付庫吏　連⧄　五九七〇

【注】依文例，「庫吏」下脱「殷」字。

⧄朱鄄付庫吏　連受　五九七一

【注】「鄄」，似爲「鄄」字之俗體。又，依文例，「庫吏」下脱「殷」字。

☒布一匹𠄘九月三日☒　五九七二
☒□日彈溲丘周陽付主庫吏☒　五九七三
☒□年稅米五斛𠄘嘉禾二年十一月☒　五九七四
入中鄉嘉禾二年稅米十斛𠄘嘉禾二☒　五九七五
☒斛𠄘嘉禾二年十一月十六日經☒　五九七六
☒付庫吏殷☒　五九七七
☒年八月廿九日下□丘男子周☒　五九七八
☒廉（？）丘男子應石（？）☒　五九七九
☒張興嘉禾二年☒　五九八〇
入□鄉朱正二年布一□☒　五九八一
☒鄉嘉禾二年所調布三匹☒　五九八二
☒子謝禄（？）付匯☒　五九八三
☒李嵩付庫吏☒　五九八四
☒潘時付庫吏殷☒　五九八五
☒連受　五九八六
入西鄉嘉禾二年稅米□☒　五九八七
入西鄉嘉禾☒　五九八八
☒□九尺𠄘嘉禾☒　五九八九
入都鄉嘉禾二年稅米☒　五九九〇
入平鄉嘉禾二年財用☒　五九九一
☒嘉禾二年九月☒　五九九二
☒一匹𠄘嘉禾☒　五九九三
入都鄉嘉禾二年稅米六斛八斗𠄘☒　五九九四
☒□□調布三匹□𠄘嘉禾☒　五九九五
☒禾二年布三丈九尺𠄘□☒　五九九六
☒嘉禾二年稅米六十七☒　五九九七
☒鄉嘉禾二年所調冬賜布三丈九尺𠄘嘉☒　五九九八
☒□日下薄丘文鄧二年布二匹八尺□☒　五九九九
☒鄉嘉禾二年布一匹𠄘嘉禾☒　六〇〇〇
入小武陵鄉嘉禾二年新調布二匹𠄘嘉禾二年八月廿□☒　六〇〇一
☒𠄘嘉禾二年八月☒　六〇〇二
☒𠄘嘉禾二年八月十三日上欲丘朱宗關☒　六〇〇三
☒調布一匹𠄘嘉禾二年□□☒　六〇〇四
入都鄉嘉禾二年稅米四斛𠄘嘉☒　六〇〇五
入□鄉二年新調布一匹𠄘嘉禾二年八月十八日上□丘☒　六〇〇六

【注】此簡在使用紅外綫儀寫釋文時尚有合同符號以上部份，後殘去，今依舊釋文排出。

入桑鄉嘉禾二年新調布二匹𠄘嘉禾二年八月□☒　六〇〇七
☒丘區堯付庫吏殷連受　六〇〇八
入樂鄉嘉禾二年新調布三丈九尺𠄘嘉禾二年八月十八日☒　六〇〇九
入西鄉嘉禾二年布一匹𠄘嘉禾二年八月廿九日彈溲丘男子□☒　六〇一〇
……調布一匹𠄘嘉禾□☒　六〇一一
☒鄉嘉禾二年新調布一匹𠄘嘉禾二年八月十八日☒　六〇一二
☒斗𠄘嘉禾二年十一月三日下□丘男子□□☒　六〇一三
☒鄉嘉禾二年新調布一匹𠄘嘉禾二年八月☒　六〇一四
入小武陵鄉二年布三丈八尺𠄘嘉禾二年八月廿五日武☒　六〇一五
☒二年調布一匹𠄘嘉禾二年八月廿八日東國☒　六〇一六
入廣成鄉嘉禾二年布一匹𠄘☒　六〇一七
☒年調布三丈九尺𠄘嘉禾二年九月二日東扶丘大男陳□付庫吏☒　六〇一八
☒鄉龍穴丘男子李萬二年布三匹三丈□尺𠄘嘉禾二年九月十七日
烝☒　六〇一九
☒……𠄘嘉禾二年八月十八日南彊丘□☒　六〇二〇
☒二年調布二匹𠄘嘉禾二年☒　六〇二一
☒嘉禾二年八月十八日縣吏陽□付庫吏殷☒　六〇二二

☒陳高付主庫吏殷連受　六〇二三
☒□年税米□☒　六〇二四
☒鄉嘉禾二年税☒　六〇二五
☒□日平樂丘☒　六〇二六
☒□□丘男☒　六〇二七
☒禾二年☒　六〇二八
☒租米九斛⿻三乂嘉☒　六〇二九
☒□一千⿻三乂嘉☒　六〇三〇
☒廿七□☒　六〇三一
☒□收二年財用錢☒　六〇三二
入平鄉嘉禾二年布三☒　六〇三三
☒嵩付庫吏黄諱☒　六〇三四
☒□丘鄭□付庫☒　六〇三五
☒付庫吏殷☒　六〇三六
☒□禾□年……日☒　六〇三七
☒連☒　六〇三八
☒□丘男子魯仁關邸☒　六〇三九
☒日前龍丘月伍□☒　六〇四〇
☒連受　六〇四一
☒殷連受　六〇四二
☒布□匹□丈□尺⿻三乂嘉禾二年八月卅☒　六〇四三
入□鄉嘉禾□年新調布……☒　六〇四四
入平鄉嘉禾二年布一匹⿻三乂嘉禾二年正月□☒　六〇四五
☒□□中丘朱典元二年調布四匹三丈四尺⿻三乂嘉禾二年十月八日烝
弁☒　六〇四六
☒調布一匹⿻三乂嘉禾二年□月四日覃□丘廖諸付庫吏☒　六〇四七
入中鄉二年布二匹⿻三乂嘉禾二年□月十二日旱丘朱□□☒　六〇四八
入桑鄉嘉禾二年新調布一匹⿻三乂嘉禾二年八月十七日敷丘☒　六〇四九

☒　·右東鄉入□禾二年布□匹☒　六〇五〇
☒⿻三乂嘉禾二年八月廿八日□□丘吳政付庫吏殷連受　六〇五一
☒付庫吏殷☒　六〇五二
☒□□應□　六〇五三
入□鄉嘉禾二年新調布☒　六〇五四
☒吏殷連受　六〇五五
☒付庫吏☒　六〇五六
☒嘉禾二年☒　六〇五七
入中鄉嘉禾□年税米☒　六〇五八
☒唐丘大男唐宫☒　六〇五九
入中鄉嘉禾二年税米五☒　六〇六〇
☒一匹⿻三乂嘉禾二年☒　六〇六一
☒倉吏黄諱☒　六〇六二
☒右廣☒　六〇六三
☒鄉嘉禾二年……☒　六〇六四
☒庫吏殷連受　六〇六五
☒李卓（？）付庫☒　六〇六六
☒布□匹　☒　六〇六七
☒連受　六〇六八
☒⿻三乂嘉禾二年九☒　六〇六九
☒鄉二年財用☒　六〇七〇
☒邸閣董☒　六〇七一
☒七千⿻三乂☒　六〇七二
☒殷連受　六〇七三
入樂鄉嘉禾☒　六〇七四
☒匹三丈八尺⿻三乂嘉☒　六〇七五
☒日桐丘男子☒　六〇七六
☒連受　六〇七七

☑諸下丘男子☑ 六〇七八
☑黄諱史番☑ 六〇七九
☑三日於上丘番隟付庫☑ 六〇八〇
☑詡□付庫吏☑ 六〇八一
☑二年税米□☑ 六〇八二
☑男子□☑ 六〇八三
☑連受 六〇八四
☑□年七歲　☑ 六〇八五
☑☰嘉☑ 六〇八六
入樂鄉嘉禾二年新調布一匹☰嘉禾二年七月廿四日何丘男子殷元付庫吏殷連受 六〇八七
☑□益關邸閣李嵩付倉吏黄諱潘慮☑ 六〇八八
☑黄□付庫☑ 六〇八九
☑□浦丘光□☑ 六〇九〇
入平鄉元年子弟米五☑ 六〇九一
入西鄉元年布一匹☰嘉禾二年☑ 六〇九二
☑嘉禾二年八月十三日橎（?）石丘朱政付庫吏慇☑ 六〇九三
☑……丈二尺　☑ 六〇九四
☑……鄉嘉禾二年布二匹☰嘉禾二年八月八日租□☑ 六〇九五
☑□□租錢一萬☰嘉禾三年二月十七日石頭丘大男朱□☑ 六〇九六
☑□僓（?）丘盧平付庫吏殷連受 六〇九七

【注】丘名字殘作「僓」，據已有資料分析，應爲「億」字之殘。

入廣成鄉里中丘男子鄧盧（?）二年布一匹☰嘉禾元年□☑ 六〇九八
☑　·右□鄉錢一萬四千　☑ 六〇九九
☑……合七十匹六尺 六一〇〇
　·右東鄉入布十三匹三丈七尺　☑ 六一〇一
入南鄉嘉禾二年新布二匹三丈七尺☰嘉禾三年七月十九日新唐丘唐□付庫殷連受 六一〇二
承七月簿餘嘉禾二年布二百廿八匹三丈九尺 六一〇三
入都鄉嘉禾二年布八匹☰嘉禾二年八月十三日𥿄丘大男吕倕付庫吏殷連受 六一〇四
☑□禾二年布卌七匹三丈五尺　❜　中 六一〇五
入南鄉嘉禾二年布卌一匹二丈四尺　❜　中 六一〇六
☑□年所調布一匹☰嘉禾二年□月廿九日……☑ 六一〇七
☑……七月卅日主庫史殷連白 六一〇八
☑□子□訖付庫吏殷☑ 六一〇九
☑□匹☰嘉禾二年……☑ 六一一〇
　·右☑ 六一一一
☑庫吏殷☑ 六一一二
☑……嘉禾二年□☑ 六一一三
☑……丘……☑ 六一一四
☑……嘉禾二年☑ 六一一五
☑吏殷連受 六一一六
入西鄉二年□☑ 六一一七
入中鄉嘉禾二☑ 六一一八
☑新唐丘男子番胥二年☑ 六一一九
☑☰嘉禾二年八月五日□☑ 六一二〇
☑□子男□☑ 六一二一
☑連受 六一二二
☑□鄉嘉禾二☑ 六一二三
☑庫吏殷☑ 六一二四
☑嘉禾元☑ 六一二五
☑□禾二年□☑ 六一二六
☑……二年税米☑ 六一二七
☑□丘男子□☑ 六一二八
☑□調布□□☑ 六一二九

☑二年十一月廿二☑　六一三〇

☑□庫吏□☑　六一三一

☑嘉禾二年八月☑　六一三二

入平鄉嘉☑　六一三三

入□鄉二年布二匹☑　六一三四

☑連受　六一三五

☑……嘉禾二☑　六一三六

☑□付庫☑　六一三七

☑鄉東薄（？）丘☑　六一三八

☑□三（？）日（？）□□☑　六一三九

☑□吏殷☑　六一四〇

☑……付□☑　六一四一

☑·右平鄉☑　六一四二

☑連受　六一四三

☑家口食☑　六一四四

入都鄉嘉禾二□☑　六一四五

☑□二年布☑　六一四六

☑吏殷☑　六一四七

☑資丘烝□☑　六一四八

☑□庫吏殷連謹列☑　六一四九

☑租米十二☑　六一五〇

入□鄉嘉禾二年新調☑　六一五一

☑九十六斛　☑　六一五二

☑□諸下丘男子胡諸付主庫吏☑　六一五三

【注】此簡原存左半，圖版貼好後看校樣時與六一五八號綴合，因仍其舊而校訂釋文。

☑四百☑　六一五四

☑付庫吏殷□☑　六一五五

出中鄉二年調布二匹三丈八尺𠄏嘉☑　六一五六

☑……丘番雄付庫吏☑　六一五七

☑□諸下丘男子胡諸付主庫吏☑　六一五八

【注】此簡原存右半，圖版貼好後看校樣時與六一五三號綴合，因仍其舊而校訂釋文。

入西鄉嘉禾二年税米□☑　六一五九

☑□限米十六斛一斗四升𠄏嘉　六一六〇

☑嘉禾二年□月□日晝丘男☑　六一六一

☑庫吏殷連受　六一六二

☑□布一匹𠄏嘉禾二年七月☑　六一六三

☑□丘烝潘付庫吏殷連受　六一六四

☑□妻大女□年五十　☑　六一六五

·右中鄉入大豆租□☑　六一六六

☑𠄏嘉禾二年四月廿三日租坑丘大男烝□……☑　六一六七

☑　·右士黄尾妻田五畝合六□□六□六□☑　六一六八

☑嘉禾二年辛調布九匹𠄏☑　六一六九

【注】「辛」字右側有二小點，表示塗滅。

☑連受　六一七〇

入小武陵鄉嘉禾二年所調□☑　六一七一

☑烝弁付庫吏殷連受　六一七二

☑□鄉嘉禾二年□□☑　六一七三

☑二匹𠄏嘉禾二年八月十五日☑　六一七四

☑庫吏殷連受　六一七五

入都鄉二年新調布一匹𠄏嘉☑　六一七六

☑平支丘男子朱將（？）付庫吏殷☑　六一七七

【注】「平支丘」，據文例應爲「平攴丘」之譌。

☑廿二日租坑丘男子烝□☑　六一七八

☑□丘徐麦二年布三丈一尺𠄏嘉☑　六一七九

☑□五尺　六一八〇

☑勸農掾文□☑　六一八一

☒□布一匹𢎥嘉禾二年七月廿三日□☒　六一八二
☒月一日區丘大男婁馬付庫吏殷☒　六一八三
☒□庫吏殷連受　六一八四
☒……月十一□田☒　六一八五
入中鄉嘉禾二年調布二匹三尺☒　六一八六
☒西鄉嘉禾二年粢租米三斛𢎥嘉禾二年八月十五日☒　六一八七
☒模鄉二年楮丘樊春……☒　六一八八
入中鄉嘉禾二年税白米一斛☒　六一八九
☒□□連受　六一九〇
☒付庫吏殷連受　六一九一
☒連受　六一九二
☒嘉禾二年十一月廿□□長（？）世丘大男☒　六一九三
☒……冑畢𢎥嘉禾元年十一月☒　六一九四
☒□男□□☒　六一九五
☒・右□☒　六一九六
☒年粢租米二斛☒　六一九七
☒□𢎥嘉禾二年……☒　六一九八
☒……嘉禾□年十二月☒　六一九九
☒……𢎥嘉禾二年十一月……☒　六二〇〇
☒連受　六二〇一
入西鄉嘉禾二年布二匹𢎥☒　六二〇二
☒□倉吏黄諱史潘慮受　六二〇三
☒……年新調布二匹𢎥☒　六二〇四
☒二年十二月廿日□☒　六二〇五
☒連受　六二〇六
☒嘉禾二年八月廿五日栗（？）☒　六二〇七
☒嘉禾二年□☒　六二〇八
入西鄉嘉禾☒　六二〇九

☒□唯付庫☒　六二一〇
☒□園丘男☒　六二一一
入平鄉嘉禾元年……☒　六二一二
☒□新調☒　六二一三
☒連受　六二一四
入廣成鄉☒　六二一五
☒連受　六二一六
入西鄉二年☒　六二一七
☒二年十一月五日☒　六二一八
☒付庫吏殷☒　六二一九
☒□二年十一月十三日☒　六二二〇
☒□丈九尺𢎥嘉禾二年☒　六二二一
☒□年八月廿七日☒　六二二二
☒□廿三日☒　六二二三
☒禾二年布廿八匹一丈七尺　●☒　六二二四
入廣成鄉二年鋘賈錢三千𢎥嘉禾三年二月十四日桐山丘烝端付庫
吏潘☒　六二二五
入桑樂二鄉嘉禾二年布九十七匹一丈一尺　六二二六
入東鄉二年布十三匹三丈七尺　☒　六二二七
☒□潘有謹列起五月□日訖卅日所受雜米布莂如右☒　六二二八
入小武陵鄉嘉禾二年所調布二匹𢎥嘉禾二年八月廿日石下丘廬
（廬）戰付庫吏殷連受　六二二九
・右士黄卑（？）妻田九畝合……　☒　六二三〇
☒嘉禾二年布廿匹三丈三尺　☒　六二三一
☒嘉禾二年布一百一十七匹　六二三二
主庫史殷連謹列十月旦承餘新入二年布匹數簿　☒　六二三三
☒鄉嘉禾二年布一百七十二匹二丈五尺　中　六二三四
入平鄉嘉禾二年鋘賈錢四千𢎥嘉禾二年二月廿三日盡丘巨仲付庫

吏潘☐　六二三五
☐□□□桐（?）唐田長廿四　□二日（?）一草（?）廣十
四☐　六二三六
【注】「□二日（?）一草」等字爲紅色筆蹟。
☐鄉二年布卅二匹二丈五尺　☐　六二三七
☐　・右士彭萇妻田二畝合□□　六二三八
☐五十匹三丈　六二三九
入都鄉租渚丘男子李正（?）二年油（?）租錢四千☰嘉禾二年
十二月十九日☐　六二四〇
入平鄉嘉禾二年布一匹☰嘉禾三年二月廿日亭下丘男子李占付庫
吏潘☐　六二四一
☐丘張圭二年布一匹☰嘉禾三年二月十七日付庫吏潘☐　六二四二
☐嘉禾二年五月四日彈溲丘鄧緈關邸閣董基付倉吏黄☐　六二四三
【注】「緈」，《玉篇・糸部》：「長皃。」音xì。
☐□趙沘（?）所佃□畝數簿　六二四四
【注】「沘」，《漢書・地理志上》：「廬江郡，『沘山，沘水所出，北至壽春入芍陂。』顔注：『沘，音比。』」
☐邸閣李嵩付倉吏黄☐　六二四五
入廣成鄉嘉禾二年新調布一匹☰七月廿六☐　六二四六
☐粢租米七十三斛九斗　☐　六二四七
☐三年粢租米十二斛八斗　☐　六二四八
☐五匹三丈四尺　☐　六二四九
☐……付庫吏殷連受　六二五〇
☐□四日上和丘□☐　六二五一
☐十六匹三丈五尺☐　六二五二
☐□月六日東夫丘大男董☐　六二五三
☐嘉禾□年□☐　六二五四
☐連受　六二五五
☐布□丈☰嘉禾二年十□☐　六二五六
☐□□所備何黑錢二千☰嘉禾□☐　六二五七
入□鄉三年布一匹☰嘉禾三年八月□日□□丘大男□□付☐　六二五八
入平鄉嘉禾二年布一匹☰嘉禾二年……付庫☐　六二五九
入□鄉二年新調☐　六二六〇
☐　中　六二六一
☐　右士□☐　六二六二
☐連受　六二六三
☐□鄉嘉禾二年布一匹☰嘉禾二☐　六二六四
☐連受　六二六五
入小武陵鄉嘉禾二年☐　六二六六
☐嘉禾二年□月☐　六二六七
☐關邸閣李嵩付倉吏黄諱☐　六二六八
……☰嘉禾□年……☐　六二六九
☐連受　六二七〇
☐☰嘉禾□年十月十七日□□付庫☐　六二七一
☐□子□□付庫吏殷☐　六二七二
☐……胄畢☰嘉☐　六二七三
☐庫吏□☐　六二七四
☐□丘吳□二□☐　六二七五
☐□□　☐　六二七六
☐龍元年☐　六二七七
☐嘉禾二年☐　六二七八
☐嘉禾二年☐　六二七九
☐禾二年八月十三日□☐　六二八〇
☐吏黄諱史潘☐　六二八一
☐閣李☐　六二八二
☐□言……☐　六二八三

【注】疑可與六三三七號簡綴合，但中間有殘缺。

〼所調布□〼　六二八四

〼百斛□〼　六二八五

〼嘉禾二年八月〼　六二八六

〼庫吏殷〼　六二八七

〼丘男子□〼　六二八八

〼月十三日〼　六二八九

〼布一匹〼　六二九〇

入中鄉嘉禾二年……☰〼　六二九一

〼吏限米二斛〼　六二九二

〼角□□□〼　六二九三

〼番瑸受　六二九四

〼嘉禾〼　六二九五

〼付庫吏潘〼　六二九六

入小武陵鄉〼　六二九七

〼廿四斛☰〼　六二九八

入小武陵鄉□〼　六二九九

〼□年九月十日〼　六三〇〇

〼……潘（？）□□〼　六三〇一

〼成鄉嘉〼　六三〇二

〼☰嘉禾〼　六三〇三

入和鄉二年鋘賈□錢一（？）千〼　六三〇四

〼禾二年八月十〼　六三〇五

□□鄉嘉禾二年新調布〼　六三〇六

〼□匹☰嘉禾二年□〼　六三〇七

〼鄉嘉禾二年〼　六三〇八

〼錢九萬〼　六三〇九

〼二人　〼　六三一〇

〼力田潘明二年所調〼　六三一一

〼庫吏殷連〼　六三一二

〼□百匹□丈☰嘉禾二年〼　六三一三

〼師客限米□□□□〼　六三一四

〼嘉禾二年八月八日前丘黄□〼　六三一五

〼□賈錢五〼　六三一六

〼財用錢二千☰嘉〼　六三一七

〼鄉嘉禾□年……☰嘉〼　六三一八

〼稅米□五斛九斗□□胄畢☰〼　六三一九

〼鄉嘉禾□年新調布一匹☰〼　六三二〇

〼男廬（盧）勸付庫吏殷連受　六三二一

入中鄉〼　六三二二

〼庫吏殷〼　六三二三

〼連受　六三二四

入中鄉嘉〼　六三二五

入□鄉□年財用錢〼　六三二六

〼調布一匹☰嘉〼　六三二七

〼匹□丈□尺☰嘉〼　六三二八

〼五斗☰嘉〼　六三二九

〼□下□丘大男〼　六三三〇

〼□□付庫吏殷〼　六三三一

〼□年所調□□□〼　六三三二

〼……連受　六三三三

〼布一匹☰嘉〼　六三三四

〼賈錢三千☰〼　六三三五

〼鄉嘉禾二年新調布□〼　六三三六

〼□□□□□釦□□
□佑□……誠追捕□□白　六三三七

⧄……付庫吏殷⧄　六三三八
【注】疑可與六二八三號簡綴合，但中間有殘缺。
⧄倉吏黄諱⧄　六三三九
⧄二日上和丘大男⧄　六三四〇
⧄關邸⧄　六三四一
⧄連受　六三四二
⧄月十七日⧄　六三四三
⧄……〼……付庫吏殷連受　六三四四
民男子唐□年七……　•　六三四五
⧄五尺　•⧄　六三四六
⧄……付庫吏殷連受　六三四七
⧄禾二年所調布一匹〼嘉禾二年八月□□日□丘□□⧄　六三四八
入模⧄　六三四九
⧄……二升〼⧄　六三五〇
⧄嵩付倉⧄　六三五一
⧄□□□□付□⧄　六三五二
⧄受　六三五三
⧄□〼嘉⧄　六三五四
⧄嘉禾二年⧄　六三五五
⧄烝弁付庫⧄　六三五六
入小武陵鄉⧄　六三五七
⧄右平鄉⧄　六三五八
⧄二年新□□⧄　六三五九
入平鄉嘉禾⧄　六三六〇
⧄旦（？）□⧄　六三六一
⧄□□□□三斛⧄　六三六二
⧄布二匹⧄　六三六三
⧄……四合⧄　六三六四
⧄付庫⧄　六三六五
⧄付庫吏殷⧄　六三六六
⧄連受　六三六七
⧄□鄉二年布一匹〼⧄　六三六八
⧄二年八月□⧄　六三六九
⧄□錢六⧄　六三七〇
⧄〼□□二年八月十八日⧄　六三七一
⧄□所入二年□⧄　六三七二
入□鄉二年調布一匹〼嘉禾……⧄　六三七三
⧄□付庫吏⧄　六三七四
⧄……丘□⧄　六三七五
入……〼嘉禾三⧄　六三七六
⧄〼嘉禾三年⧄　六三七七
⧄年所調布□□⧄　六三七八
⧄二年調布⧄　六三七九
⧄□財用錢三千〼⧄　六三八〇
⧄漢受　六三八一
入□鄉嘉禾□年□調布⧄　六三八二
⧄禾二年□⧄　六三八三
出中鄉⧄　六三八四
⧄……限米⧄　六三八五
⧄□〼嘉禾⧄　六三八六
⧄吏殷連⧄　六三八七
⧄鄉二年布二匹〼⧄　六三八八
⧄□□□六匹〼嘉⧄　六三八九
⧄〼嘉⧄　六三九〇
⧄□付庫吏殷⧄　六三九一
⧄殷⧄　六三九二

☑王二□☑ 六三九三
☑□□墨〼嘉禾☑ 六三九四
☑吏殷☑ 六三九五
☑月十□☑ 六三九六
☑禾二年☑ 六三九七
☑連受 六三九八
☑〼嘉☑ 六三九九
☑〼嘉禾☑ 六四〇〇
☑〼嘉☑ 六四〇一
☑□年八月□☑ 六四〇二
☑連受 六四〇三
☑二年☑ 六四〇四
☑付庫吏殷☑ 六四〇五
☑鄉嘉禾二年□□☑ 六四〇六
☑栗丘男☑ 六四〇七
☑〼嘉禾☑ 六四〇八
☑□邔☑ 六四〇九
☑〼嘉☑ 六四一〇
☑錢一萬☑ 六四一一
入南鄉嘉禾二年新調布一匹〼嘉禾二年七月廿八日山田丘利高付
庫吏殷連受 六四一二
☑□鄉二年羊皮一枚〼嘉禾二年二月十一日敷丘潘丁付庫吏潘☑ 六四一三
☑杋（鹿）皮二枚〼嘉禾三年二月廿七日吏傳丘月伍區哃付庫吏潘☑ 六四一四
☑禾二年十一月十二日上薄丘吳任（？）關邸閣董基付三州倉吏
鄭黑受 六四一五
入樂鄉二年新調布一匹〼嘉禾二年七月廿九日梗☑ 六四一六
☑　廣卅□ 六四一七
☑模鄉二年布六十四匹三丈二尺　☑ 六四一八
☑平鄉二年調布六匹〼嘉禾二年九月☑ 六四一九
入平鄉嘉禾二年官所調布二匹〼嘉禾二年九☑ 六四二〇
入西鄉二年布六匹三丈七尺〼嘉禾二年☑ 六四二一
入西鄉嘉禾二年粢租米三斛四斗五升〼☑ 六四二二
☑禾二年税☑ 六四二三
入桑鄉上鄉（？）丘□□☑ 六四二四
☑殷連受 六四二五
☑□中丘大男□☑ 六四二六
☑□付庫吏殷連☑ 六四二七
入西鄉嘉禾二年粢租一斛四斗☑ 六四二八

【注】據文例，「租」下脱「米」字。

☑文啓關邸閣☑ 六四二九
入廣成鄉嘉禾二年☑ 六四三〇
☑鄭杭（？）付庫☑ 六四三一
☑十日□□☑ 六四三二
入桑鄉二年調布☑ 六四三三
☑文付庫☑ 六四三四
・右東鄉入☑ 六四三五
入桑鄉嘉禾二年新調布三丈九尺〼嘉禾二☑ 六四三六
☑□付庫吏殷連受 六四三七
☑連受 六四三八
☑□□付主庫吏☑ 六四三九
入小武陵鄉嘉禾☑ 六四四〇
☑付庫吏殷☑ 六四四一
☑錢六百〼嘉☑ 六四四二
☑潘慮受 六四四三

☒□關邸閣☒ 六四四四
☒皮賈行錢☒ 六四四五
☒付庫吏☒ 六四四六
☒□乂嘉禾二年九月廿☒ 六四四七
☒潘慮受 六四四八
☒□□月十八日枳下☒ 六四四九
☒丘男子于□☒ 六四五〇
☒丘大男□☒ 六四五一
☒□付吏殷□☒ 六四五二
☒禾二年十月六日☒ 六四五三
入廣成鄉☒ 六四五四
入東鄉□□□☒ 六四五五
☒乂嘉禾二年☒ 六四五六
☒陵丘大☒ 六四五七
☒三日常□丘男☒ 六四五八
☒年八月十六日□☒ 六四五九
☒烝弁付庫吏☒ 六四六〇
☒子蔡鷹（？）☒ 六四六一
☒禾二年□☒ 六四六二
☒葥龍☒ 六四六三
☒月廿二日☒ 六四六四
☒四日□☒ 六四六五
☒禾二年布廿二匹三丈……☒ 六四六六
☒二年布三匹 六四六七
·集凡萬廿八枚○錢二萬六千布十七匹三丈四尺皮☒ 六四六八

【注】「枚」字下有一圓圈符號，簡末有一「皮」字。細玩簡文，似應讀爲「集凡萬廿八枚皮、錢二萬六千、布十七匹三丈四尺」或「集凡皮萬廿八枚、錢二萬六千、布十七匹三丈四尺」。圓圈符號似表示此處簡文或此句簡文有脱文，有待補入的文字。

入廣成鄉二年布五十四匹三丈三尺 丶☒ 六四六九
三月□☒ 六四七〇
☒□日訖卅日領諸鄉嘉禾二年調布 ☒ 六四七一
……鄉二年鋘賈錢□□乂嘉禾二年八月□日□☒ 六四七二
☒年七月十七日唐下丘男子盧買付庫吏殷連受 六四七三
☒三丈二尺 ☒ 六四七四
士黃果（？）妻頃田長卅 丶☒ 六四七五
☒基付三州倉鄭黑受 六四七六

【注】簡下端有紅色筆蹟。

☒□付庫吏殷連受 六四七七
☒殷連受 六四七八
☒十六日□☒ 六四七九
☒□薄丘男子李☒ 六四八〇
☒□紀付庫吏☒ 六四八一
☒潘珛受 六四八二
☒嘉禾二年八月廿四日☒ 六四八三
☒乂嘉☒ 六四八四
☒連受 六四八五
☒ 右東鄉☒ 六四八六
☒□付庫☒ 六四八七
☒□受 六四八八
☒日里中大男謝☒ 六四八九

【注】依文例，「里中」下脱「丘」字。

☒庫吏殷☒ 六四九〇
入都鄉☒ 六四九一
☒鄧春☒ 六四九二
☒丘郡吏黃車（？）關邸閣☒ 六四九三
☒□丘縣吏☒ 六四九四

☒嘉禾二年八月十七日□☒　六四九五
☒□付庫吏殷☒　六四九六
☒月卅日周☒　六四九七
☒嘉禾二年☒　六四九八
☒禾二年財用錢二千☒　六四九九
☒斛五斗八升〼嘉禾二年十一月☒　六五〇〇
☒唐下丘大男☒　六五〇一
☒年八月廿日□□☒　六五〇二
☒〼嘉禾二年☒　六五〇三
☒四日唐□☒　六五〇四
☒日□☒　六五〇五
☒一匹☒　六五〇六
☒□三年五月十三日進渚☒　六五〇七
【注】簡面有紅色筆蹟。
☒□付庫吏☒　六五〇八
☒付庫吏殷☒　六五〇九
入東鄉稅米☒　六五一〇
入模☒　六五一一
☒連受　六五一二
入西鄉南彊☒　六五一三
☒〼嘉禾二☒　六五一四
☒連受　六五一五
☒付庫吏□☒　六五一六
☒吏殷☒　六五一七
☒財用錢□☒　六五一八
☒禾二年八月廿四日賓（？）丘□☒　六五一九
☒錢四千五□☒　六五二〇正
☒還縣不得持還☒　六五二〇背

☒諱吏潘慮受　中　六五二一
【注】「中」字爲紅色筆蹟。
☒李嵩付倉吏黄☒　六五二二
入桑鄉嘉禾二年所調☒　六五二三
☒吏及師　●　六五二四
入樂（？）鄉三□吏烝孫嘉禾三年稅米四斛四斗〼嘉☒　六五二五
都鄉男子黄（？）□故户上品出錢……☒　六五二六正
入錢畢民自送牒還縣不得持☒　六五二六背
・右模鄉入私學限米☒　六五二七
☒年二月廿一日男子賴階關邸閣□☒　六五二八
☒佃卒　六五二九
☒錢一（？）千〼嘉禾二年十一月廿三日付庫吏☒　六五三〇
☒所調布四匹〼嘉禾二年十一月十一日☒　六五三一
☒□□付庫吏潘珛受☒　六五三二
☒年十一月□日盧丘大女文婢關邸閣郭據☒　六五三三
☒□年五月☒　六五三四
☒送錮☒　六五三五
☒□六斛冑畢〼嘉禾□☒　六五三六
☒布准爲米四百四□☒　六五三七
入模鄉粢租米一斛□畢〼☒　六五三八
☒都鄉男子逢政（？）故户中品☒　六五三九正
入錢畢民☒　六五三九背
・右□□☒　六五四〇
☒　訾五十　●　六五四一
☒……百廿九户□□嘉禾☒　六五四二
☒草言府湘（？）西所傳□書□……☒　六五四三
☒　訾五十　六五四四
☒　訾五十　六五四五

☐妻汝年廿九 ▼ 六五四六
☐……年六月廿三日□曹掾□☐ 六五四七
☐故户中品出錢八☐ 六五四八正
☐自送牒□☐ 六五四八背
都鄉大男何孫故户下品出錢☐ 六五四九正
入錢畢民自送牒還□☐ 六五四九背
☐□妻姑年廿（？） 六五五〇
都鄉軍吏□□故户□品出錢□☐ 六五五一正
入錢畢民自送牒還縣☐ 六五五一背
☐□年十二月十六日敷丘男子石☐ 六五五二
出小武陵鄉嘉禾元年租米五□☐ 六五五三
☐□何遂（？）付三州倉吏谷漢受 六五五四
·其一萬吴□□錢☐ 六五五五
☐……訾五十☐ 六五五六
☐ 訾五十 ▼ 六五五七
☐□記□……記朱……☐ 六五五八
☐ 訾五十 六五五九
·右□鄉入租米……斛 ☐ 六五六〇
·右□肙家口食五人 ☐ 六五六一
☐ 訾五十 六五六二
☐□二 □妻姑年七十 ☐ 六五六三
☐□付倉吏黄諱番慮受 六五六四
☐鄧䣊付倉吏黄諱潘慮受 六五六五
☐侯（？）弟囊匡☐ 六五六六
☐六十七 ……年五十九 六五六七
☐斛二斗六升 ☐ 六五六八
☐……五□□四百□□☐ 六五六九
☐ 訾五十 ☐ 六五七〇
☐……南（？）年卅□ □妻姑年廿（？）九（？） ☐ 六五七一
☐付庫吏殷連受 六五七二
☐客家口食□□人 ☐ 六五七三
☐ 訾五十 六五七四
☐……付倉吏黄諱潘慮 六五七五
☐□□收米合一萬一千六百五☐ 六五七六
☐石模鄉入三年吏帥客限☐ 六五七七
☐關邸閣郭據付倉吏黄諱潘慮受 六五七八
☐ 子女宅年三歲 六五七九
☐鄉黄龍□年……米四（？）斛吴嘉☐ 六五八〇
☐ 訾五十 ☐ 六五八一
☐……月廿六日桑鄉典田掾五陵☐ 六五八二
入□鄉二年税米七斛六斗八升吴☐ 六五八三
☐閣郭據付倉吏黄諱史潘慮受 六五八四
☐□廣所主歲伍朱政襲□☐ 六五八五
必（？）妻大女汝年卅九腫兩足☐ 六五八六
☐ ·其一户上□☐ 六五八七
勔子女汜年十三 ☐ 六五八八
☐……州吏 ☐ 六五八九
右鮑家□食…… ☐ 六五九〇
詡（？）妻大女阳年□……☐ 六五九一
·勔妻大女斗年卅八☐ 六五九二
☐□小妻大女□年廿筭一 ☐ 六五九三
民男子烝連（？）年八十五 ☐ 六五九四
□女弟仨年□……☐ 六五九五
·右隟（？）家口食…… ☐ 六五九六
兼（？）父公乘義年七十七腹心病 義☐ 六五九七

⧄□　訾五十　●　六五九八
　•義小妻大女□年卌一筭一　⧄　六五九九
　弱（?）母大女意年六十五□□　⧄　六六〇〇
⧄□丘□⧄　六六〇一
⧄吏殷⧄　六六〇二
⧄連受　六六〇三
⧄月十九日……區（?）⧄　六六〇四
⧄□租□二⧄　六六〇五
⧄□米□⧄　六六〇六
⧄黃諱史潘慮受　六六〇七
入廣成鄉吏□⧄　六六〇八
入□鄉租米□⧄　六六〇九
出小武陵鄉嘉禾元年錢□⧄　六六一〇
⧄□掾黃原□⧄　六六一一
⧄潘慮受　六六一二
⧄□潘慮受　六六一三
⧄據付倉吏黃⧄　六六一四
⧄家口食二人　⧄　六六一五
⧄右董家⧄　六六一六
⧄□禾二年三月……⧄　六六一七
⧄人公乘朱孫年五十□⧄　六六一八
　•右豪家⧄　六六一九
⧄□□故户下品出錢⧄　六六二〇正
⧄入錢畢民自送⧄　六六二〇背
首（?）里户人公乘……⧄　六六二一
⧄……嘉禾二年□月……⧄　六六二二
⧄□米二斛　⧄　六六二三
⧄≡乂嘉禾……⧄　六六二四
⧄嘉禾元年十二月十五日黃文付□⧄　六六二五
首里户人公乘鄭祐年⧄　六六二六
⧄□史潘慮受　六六二七
⧄□一……⧄　六六二八
⧄米五斛≡乂嘉禾二年正月廿九日玒□⧄　六六二九
⧄□斗二升畢≡乂嘉禾⧄　六六三〇
⧄食三人筭二　⧄　六六三一
⧄□付庫吏潘珛受　六六三二
⧄≡乂嘉禾元年十一月十三日緒中丘⧄　六六三三
⧄據付倉吏黃諱潘慮　六六三四
⧄□家口食□□人　⧄　六六三五
⧄　•右湛家口食□人　⧄　六六三六
首里户人公乘□嘔年卅⧄　六六三七
首里户人公乘□野（?）年卅⧄　六六三八
⧄……合四百九⧄　六六三九
　右領（?）□⧄　六六四〇
⧄日略丘大男鄧里關⧄　六六四一
⧄吏黃諱史番慮受　六六四二
⧄食□人　⧄　六六四三
⧄右護（?）家口食□人　⧄　六六四四
入南鄉訁□丘雷□二年口筭錢二千≡乂嘉禾⧄　六六四五
　思子公乘洵年七歲……　六六四六
　平男弟謝年廿九苦鼠□病　六六四七
　•謁兄昭年卌九刑右足　六六四八
　亮男弟大年十三細小　六六四九
新（?）吏南陽銅庭（庭）　六六五〇
⧄隨男弟□年十八任縣吏　六六五一
⧄□吏烝謝　六六五二

☒吏郡盖議　六六五三

【注】「吏郡」，疑當爲「郡吏」之倒。

買男弟蔣年廿四先給縣吏　六六五四

・其四人任給吏　六六五五

☒齊（？）男弟如年十四隨（墮）桓（垣）物故　六六五六

從男弟五年十五腫兩足　六六五七

☒□□　訾五十　六六五八

☒元年稅米十斛𠔁嘉禾二年五月十日□□丘……關☒　六六五九

☒　□五十　六六六〇

☒　訾五十　六六六一

☒中　六六六二

【注】「中」字爲紅色筆蹟。

右東鄉入民筭錢一萬☒　六六六三

☒　訾五十　六六六四

入桑鄉新故……☒　六六六五

☒　訾五十☒　六六六六

☒五斛二□六☒　六六六七

☒□領嘉禾元年□吴丘□☒　六六六八

☒首里户人公乘黄喜年卅☒　六六六九

☒稅米八百二斛五斗五升□☒　六六七〇

・右雙家口食☒　六六七一

☒□胄畢𠔁嘉禾元年十二月廿□☒　六六七二

☒訾五十☒　六六七三

首里户人公乘李雙年卌☒　六六七四

☒二百一十六☒　六六七五

☒□□□□☒　六六七六

☒□□□𠔁☒　六六七七

☒□□五斗☒　六六七八

☒吏黄諱史☒　六六七九

入平鄉故吏潘元□□黄武☒　六六八〇

☒限米四斛七斗☒　六六八一

☒限米三斛☒　六六八二

☒吐（？）家口□☒　六六八三

☒右雜禾廿☒　六六八四

☒家口食□人☒　六六八五

☒四千四百☒　六六八六

☒□□四年☒　六六八七

☒□□𠔁嘉禾☒　六六八八

入三州倉運吏谷漢貰☒　六六八九

☒□支丘男☒　六六九〇

☒□丘大男☒　六六九一

☒閤李□☒　六六九二

☒中　六六九三

【注】「中」字爲紅色筆蹟。

☒𠔁嘉禾☒　六六九四

☒年五月廿八日☒　六六九五

☒年□□☒　六六九六

☒吏潘☒　六六九七

□父禾（？）年六十九以嘉禾二年六月十一日被病物故　六六九八

出倉吏黄諱潘慮所領黄龍三年稅吴平斛米二百五斛九斗二升爲稟
斛米二百一十　六六九九

四斛五斗被督軍糧都尉嘉禾元年九月廿四日丙戌書給監運掾謝慎所　六七〇〇

・騎弟仕伍集年六歲　☒　六七〇一

・播妻大女頭年七十三　☒　六七〇二

☒　・其九十斛叛士黄龍元年限米　☒　六七〇三

⧄所領所領嘉禾元年税吴平斛米卅斛九斗二升爲禀斛米卅二斛被
督軍　六七〇四

【注】依文例，簡文衍「所領」二字。

□鄉男子張春故户中品⧄　六七〇五正

・入錢畢民自送牒還⧄　六七〇五背

都鄉州吏張春故户下品出錢□⧄　六七〇六正

入錢畢民自送牒⧄　六七〇六背

□吏税米……　六七〇七

・……大男成年廿四細小隨□屬移居湘西縣爲口　六七〇八

・……男□遺年廿四　六七〇九

□父張年七十六老鈍苦□脅病　六七一〇

・其廿八人細小……　六七一一

・□雖弟公乘昭年十七　❟　⧄　六七一二

礼男弟頭年七歲　⧄　六七一三

・奴弟公乘石年十二　⧄　六七一四

・虛外孫子男吉年五歲細小　❟　六七一五

・右讓家口食八人　中　訾⧄　六七一六

【注】「中」字爲紅色筆蹟。

領山里户人公乘潘季年卅一腹心病　⧄　六七一七

・監子小女容（？）年三歲　⧄　六七一八

領山里户人公乘謝鷩年卅四刑右足　⧄　六七一九

・右卯家口食五人　中　訾⧄　六七二〇

【注】「中」字爲紅色筆蹟。

季妻大女從年廿四　⧄　六七二一

當妻大女思年十七　⧄　六七二二

・食姪子男□年十九筭一腫兩足　六七二三

奴妻大女栢年廿二　⧄　六七二四

懸子小女生年三歲　⧄　六七二五

□妻大女□年□二筭一腫兩足⧄　六七二六

□子□□年四歲□□□⧄　六七二七

⧄據付倉吏黃諱史⧄　六七二八

⧄六千八百□除名　⧄　六七二九

⧄入錢八千侯相⧄　六七三〇正

⧄牒還縣不得持還⧄　六七三〇背

⧄……男⧄　六七三一

□□黃龍□年庫吏潘珛還□□黑妻杋所持三封啓一枚詣□□
嘉禾三年五月十二日書佐烝訁□　六七三二

狗弟小女□⧄　六七三三

⧄□□年廿七筭一　李男弟□⧄　六七三四

⧄　車弟公乘雙年十□　六七三五

・右喜家口⧄　六七三六

【注】「右」上有紅色筆蹟痕。

⧄□子士五末年七歲　⧄　六七三七

⧄月三日右賊曹史（？）□⧄　六七三八

⧄□□年廿九⧄　六七三九

⧄　□女楊年四⧄　六七四〇

都鄉大男□里故户下品出……⧄　六七四一正

入錢畢民自送⧄　六七四一背

⧄　□兄子公乘謾年十五踵（腫）兩足⧄　六七四二

都鄉……故户下……　六七四三正

入錢畢民自送⧄　六七四三背

⧄致孫小女捻年六歲　⧄　六七四四

⧄令子仕伍遺年□⧄　六七四五

⧄五年十二月十八日□鄉典田□李嵩　六七四六

都鄉男子□□故户下品出錢四⧄　六七四七正

入錢畢民自送牒還⧄　六七四七背

〼……≡……月〼　六七四八
〼斛≡嘉禾三年正月四日石淳丘□〼　六七四九
都鄉大男黄□故户下品出〼　六七五〇正
入錢畢民自送牒還〼　六七五〇背
〼戰（？）故户下品出錢四千四百侯相〼　六七五一正
〼入錢畢民自送牒還縣不得持□〼　六七五一背
〼□左手　〼　六七五二
都鄉郡卒張仲故户下品出錢四千四百侯相〼　六七五三正
入錢畢民自送牒還縣不〼　六七五三背
都鄉郡吏黄璘（？）故户下品出錢四千四百〼　六七五四正
入錢畢民自送牒還縣不〼　六七五四背
都鄉男子烝坑（？）故户下品……〼　六七五五正
入錢畢民自送牒還〼　六七五五背
〼領山里户人公乘周誤（？）年五十□　〼　六七五六
·〼小□强年五十二〼　六七五七
·堆孫士伍佳年□〼　六七五八
堆子公乘奴年廿　〼　六七五九
〼……關邸閣李嵩付倉吏黄諱潘〼　六七六〇
·仨弟小女糸年五歲〼　六七六一
·誤子士伍侯年八歲〼　六七六二
〼□檐大小竹木散（？）□料校前後行書拘如科……〼　六七六三
都鄉男子馬米（？）故户下品出錢四千四百侯相〼　六七六四正
入錢畢民自送牒還縣不得持□〼　六七六四背
〼潘棟右倉田曹史烝室（？）户曹史□□兵曹史黄□〼　六七六五
右安陽里領吏民□□口食四百八十六……　〼　六七六六
□嶠里户人公乘黄□年卅五□小　〼　六七六七
集凡……新入吴平斛米二萬六千九百……〼　六七六八
·右一月入吴平斛九千三百廿四斛四斗六升　〼　六七六九
玄妻大女金年廿三踵（腫）兩足〼　六七七〇
領山里户人大女唐堆年六十　〼　六七七一
·卯子小女并年六歲　〼　六七七二
□子公乘當年十二　〼　六七七三
·右玑家口食九人　中〼　六七七四
【注】「中」字爲紅色筆蹟。
·右□家口食……　〼　六七七五
右金（？）家口食□人　〼　六七七六
·右春家口食四人　其□人男〼　六七七七
·牛妻大女頭年卌五盲兩目　〼　六七七八
〼二日付書史周則　　六七七九
右模鄉入布廿四匹三丈八□〼　六七八〇
·侯弟小女倉年六歲　〼　六七八一
〼　·其七斛佃吏黄龍元年限米　六七八二
·右曲家口食七人　〼　六七八三
·右宜家口食五人　〼　六七八四
首里户人公乘……　妻田年卅一　〼　六七八五
〼□二年入税米八百一十八斛七斗五升　〼　六七八六
任子公乘狗年十七　〼　六七八七
·難妻大女鼠年十六　〼　六七八八
都鄉男子劉騰（騰）故户中品出錢八千侯相〼　六七八九正
入錢畢民自送牒還縣不得持還鄉〼　六七八九背
·□大父公乘梧年八十一　〼　六七九〇
〼一升……八月廿三日……烝□白　六七九一
懸妻大女偶年廿　〼　六七九二
〼　任妻大女汝年廿六　〼　六七九三
〼……踵（腫）兩足　〼　六七九四
都鄉大男□□故户中品出錢……〼　六七九五正

入錢畢民自送牒還縣不得持還☐　六七九五背

☐蔡𨟄☐故户下品出錢四千四百侯☐　六七九六正

☐入錢畢民自送牒還縣不☐　六七九六背

·紀子女毛年十四　☐　六七九七

☐……護（？）小女張☐☐☐☐☐☐　六七九八

·右糜家口食四人☐　六七九九

☐……事　☐☐　六八〇〇

·雙弟仕伍騎年八歲　☐　六八〇一

☐　驚子公乘昭年☐☐　六八〇二

☐☐元年佃卒限米　❜　☐　六八〇三

首里户人公乘潘買年卌九……　☐　六八〇四

☐　·綏（？）妻大女逸年廿八　☐　六八〇五

·右將家口食☐人　☐　六八〇六

善子女尾☐　六八〇七

都鄉……　☐　六八〇八正

入錢畢民自送牒還縣不得持還☐　六八〇八背

☐☐☐小女𠯑年四歲　☐　六八〇九

☐鄉……　☐　六八一〇正

入錢畢民自送牒還縣不得☐　六八一〇背

☐　☐大女☐年卅二　☐　六八一一

☐☐廿一斛𠤳嘉禾二年正月廿一日息里周巴關邸閣郭據付倉☐　六八一二

☐妻☐年廿六　☐☐☐☐　六八一三

☐嘉禾元年☐月☐　六八一四

☐鄱鄉民還四年……☐　六八一五

☐☐廿四日司虞☐史陳通☐　六八一六

☐倉吏谷漢受　中　六八一七

【注】「中」字爲紅色筆蹟。

弦妻大女宷年卌三　☐　六八一八

☐☐並關邸閣李嵩☐　六八一九

☐其卅八斛七斗一升黄☐☐　六八二〇

☐嘉禾三年五月八日書☐☐　六八二一

都鄉男子☐　六八二二

☐　楊妻此年☐　六八二三

☐四日大男☐　六八二四

☐諱史潘慮受　六八二五

☐☐妻大女流（？）年卅三☐　六八二六

☐斛𠤳嘉禾二年九月十八日☐☐　六八二七

☐☐𠤳嘉禾元年十一月六日☐　六八二八

☐……黄龍元年旱☐☐☐　六八二九

草言府記☐☐　六八三〇

☐☐𠤳嘉禾二年閏月十☐　六八三一

☐☐倉吏……☐　六八三二

☐☐嘉禾二年☐　六八三三

☐☐☐倉吏黄諱☐　六八三四

入廣成☐　六八三五

☐箅☐　六八三六

☐𠤳嘉禾二年五月十九☐　六八三七

☐月五日☐厭丘謝君☐　六八三八

☐　·讓弟公乘宗年十八☐　六八三九

☐十七斛四斗　六八四〇

☐年正月十五日☐丘潘（？）表☐　六八四一

☐☐妻汝年廿九　☐　六八四二

雜物種☐皮布柏船☐　六八四三

☐禾三年二月十八日模鄉典田掾烝若白　六八四四

☐☐除　五月十二日☐☐☐☐　六八四五

⍁　□弟士伍□年□歲⍁　六八四六

⍁□吴平斛米九斛㕣嘉禾二年二月廿⍁　六八四七

⍁畢㕣嘉禾元年十二月十二日□⍁　六八四八

⍁女汝年卅一　⍁　六八四九

⍁　開（？）弟公乘靬年□一⍁　六八五〇

・右□家口食二人　⍁　六八五一

⍁米□五斛　中　六八五二

⍁男弟盏年六歲細小　中　六八五三

……故户中品出錢……⍁　六八五四正

入錢畢民自送牒還縣不得⍁　六八五四背

⍁據付倉吏黄諱潘慮受　六八五五

⍁月十二日……史黄⍁　六八五六

都鄉男子……⍁　六八五七正

入錢畢民自⍁　六八五七背

・右樂鄉入皮四枚⍁　六八五八

⍁……五斛㕣⍁　六八五九

・右□□餘□⍁　六八六〇

⍁□姑□年七十四　⍁　六八六一

出三月旦簿餘嘉禾二年三州倉賈錢二千二百一十……⍁　六八六二

⍁庫吏鄧舟　。　⍁　六八六三

⍁　・今餘錢三千二百錢⍁　六八六四

・驚妻大女勉年廿□　⍁　六八六五

・已出五萬四千二百七十　⍁　六八六六

⍁□迟年六十五苦腹心病老□⍁　六八六七

⍁□户合一百二口□……　⍁　六八六八

【注】「迟」，同「起」。

都鄉男子故户中品出錢八千□□⍁　六八六九正

入錢畢民自送牒還縣不得　六八六九背

⍁鄉入黄龍三年税米六斛五斗　六八七〇

君教□□丞出給民種粻……　⍁
□□　六八七一

【注】「君教」下左右兩行各有二草書大字。左行上一字殘去左側，下一字或以爲乃「書」字草寫。按，此牘原存左半，圖版貼好後看樣時與六九二一號綴合，因仍其舊而校訂釋文。參見六九二一簡釋文。

⍁五（？）十人給習射及限佃客爲官□⍁　六八七二

・動叔父泥年五十二給官□⍁　六八七三

其……嘉禾二三年租米三百九十八斛四斗　六八七四

□吏劉儀　六八七五

酆妻大女□年卌九……⍁　六八七六

⍁□四斛㕣嘉禾二年二月七日湖田丘□山關邸閣郭據付倉吏黄諱番慮受　六八七七

□子男奴年四歲細小⍁　六八七八

・鼍子男麦年三歲細小　六八七九

⍁……潘慮　⍁　六八八〇

其一百七十四斛五斗嘉禾二年佃吏限米　六八八一

・其一百一十七斛九斗九升四合船師梅朋建安廿六年折咸米　六八八二

其一百五十九斛九斗嘉禾二年佃吏限米　六八八三

⍁　……給州及郡縣吏　六八八四

其三斛五斗嘉禾二年貸食黄龍三年私學限米　六八八五

州吏南郡趙典年廿五　六八八六

・右小武陵鄉二年新吏限米一斛　六八八七

其一千四百九十六斛九斗六升嘉禾□年私學限米　六八八八

⍁九千九百……　六八八九正

⍁鄉典田吏及帥師　六八八九背

都鄉男子誦和故户下品⍁　六八九〇正

入錢畢⍁　六八九〇背

⧄……十二日典田掾蔡□□　六八九一正

⧄……田吏及帥　六八九一背

都鄉男子區布故户下品出⧄　六八九二正

入錢畢民自送⧄　六八九二背

都鄉男子□□故户上品⧄　六八九三正

入錢畢民自⧄　六八九三背

⧄　惪年七十六　⧄　六八九四

⧄……年折咸米　⧄　六八九五

⧄廣成鄉兒□□賈行錢……⧄　六八九六

⧄年十一月廿一日進渚丘婁詘關邸閣郭⧄　六八九七

草言府部吏鄭□行請……　⧄　六八九八
領□訖□事

⧄年十二月三日暹丘黄琰付三州倉吏⧄　六八九九

【注】「暹」，或釋爲「日進」二字，似于義爲長。

入嘉禾元年租米十九斛七斗⧄　六九〇〇

⧄男逢□故户下品出錢⧄　六九〇一正

⧄入錢畢民自送⧄　六九〇一背

都鄉男子唐丁故户下品出⧄　六九〇二正

入錢畢民自⧄　六九〇二背

⧄……三年郵卒限米　⧄　六九〇三

⧄……嘉禾元年六月廿日□四……⧄　六九〇四

・其二萬六千元年……⧄　六九〇五

番（？）里户人公乘朱績年廿五給縣卒　⧄　六九〇六

入□鄉吏黄林（？）調机（麂）皮一⧄　六九〇七

⧄元年十一月十一日栗中丘比伍周達⧄　六九〇八

⧄……錢四千四百侯相⧄　六九〇九正

⧄……送牒還縣不⧄　六九〇九背

・右一家合三人　⧄　六九一〇

都鄉男子楊樊故户下品出錢⧄　六九一一正

入錢畢民自送牒還縣不得⧄　六九一一背

草言私學謝稚廬（盧）金正户民推求□□無有張違知□□□□
五月十一日⧄　六九一二

・右一家合十一人　⧄　六九一三

⧄大男鄧護〈護〉故下中品出錢⧄　六九一四正

⧄入錢畢民自送牒還⧄　六九一四背

其十二斛五升黄龍三年□食⧄　六九一五

【注】「下」爲「户」字之訛。

入都鄉嘉禾二年鋘賈行錢一萬五千　⧄　六九一六

・宗弟公乘趙年十四　⧄　六九一七

⧄……鄉□白□□黄龍等廿四人……⧄　六九一八

・讓寡嫂大女□頃年五十⧄　六九一九

・定領雜米二萬八千五十六斛二斗九升七合　中　六九二〇
君教□□丞出給民種種粻掾烝　潘　如曹期會掾烝　録事掾谷　校

□□　六九二一

【注】按，此牘原存右半，圖版貼好後看校樣時與六八七一號簡綴合，因仍其舊而校訂釋文。

⧄□卌四斛億米⧄　六九二二

⧄斛胄畢⧄　六九二三

⧄吏陳通□⧄　六九二四

⧄年二月十□⧄　六九二五

⧄食六人　⧄　六九二六

⧄……肌年……　⧄　六九二七

⧄□邸閣李嵩付倉吏黄諱史番慮受　六九二八

⧄弟限米七斛　六九二九

・右□家口食六人　⧄　六九三〇

⧄詣倉田□　六九三一

▨學限米二斛〓嘉禾二年十一月▨　六九三二

▨閣郭據付倉吏黄諱潘慮　六九三三

▨〓嘉禾二年正月廿九日唫丘男▨　六九三四

▨廿日牙下丘五同關邸▨　六九三五

▨□□□已列言▨　六九三六

□平鄉嘉禾二年限米▨　六九三七

▨□佃卒限米　▨　六九三八

▨□年四歲　▨　六九三九

▨貸三州倉黄龍三年税米□▨　六九四〇

▨嘉禾二年十二月十二日下象丘男子李民關邸閣▨　六九四一

▨五月□日□□▨　六九四二

·湖男弟▨　六九四三

都鄉男子黄始故户下品▨　六九四四正

入錢畢民自▨　六九四四背

▨關邸閣董基▨　六九四五

▨吏谷漢受　六九四六

▨〓嘉禾二年三月五日男子謝□▨　六九四七

▨歲細小□中　六九四八

入廣成鄉郡吏蔡恪還所貸▨　六九四九

▨禾二年正月廿九日息里胡萇丘□▨　六九五〇

▨〓嘉禾二年二月十一日……關邸▨　六九五一

□□□□訖税▨　六九五二

▨□□所貸臨湘所領價人李綬黄龍二年陳（？）▨　六九五三

□南鄉入□子弟限米廿斛　▨　六九五四

·宗祖父持□▨　六九五五

【注】「租」爲「祖」字之誤。

▨□□□□定（？）見人名年紀爲簿言　六九五六

▨　·善妻大女息（？）年廿（？）三　▨　六九五七

▨右中鄉入元年吏帥客限米六十斛□□　▨　六九五八

▨倉吏黄▨　六九五九

·右廣成鄉入船師梅朋建安廿六年折咸米五斛　六九六〇

入南鄉黄龍三年子弟限米八斛〓嘉禾二年二月▨　六九六一

入西鄉故吏番□備黄武元年錢准米廿八▨　六九六二

·右新入錢□▨　六九六三

▨……□年佃卒限米▨　六九六四

▨入模鄉嘉禾二年鋘賈錢□一（？）千三百　▨　六九六五

孝（？）妻弟公乘巢（？）年十五▨　六九六六

▨右□鄉□……▨　六九六七

▨……嘉禾元年佃吏限米　▨　六九六八

▨禾二年八月一日帥唐茖▨　六九六九

【注】「茖」，《説文·艸部》：「艸也。從艸，各聲。」音gé。

▨　·其一萬二□□▨　六九七〇

▨……〓嘉禾二年十一月廿九日廉丘男子陳……▨　六九七一

▨其（？）□百廿八斛八斗九升嘉禾元年五▨　六九七二

▨……□卅三錢　六九七三

▨□從史位廖咨……　六九七四

入廣成鄉調杋（麂）皮十一枚□▨　六九七五

▨卅五斛四斗▨　六九七六

▨□斛一斗迪割用百五□　六九七七

▨……〓嘉禾二年□月□日□▨　六九七八

▨□禾二年□□月廿四日□▨　六九七九

▨□月三日鴻（？）上丘□▨　六九八〇

▨……　六九八一正

▨還鄉典田吏及帥　六九八一背

▨倉吏谷漢受　六九八二

▨賣售得米二千五百　六九八三

☒日於上丘番牒（？）付倉吏☒　六九八四

□年税米十斛〼☒　六九八五

☒　□□□民潘鈞馮
　□□□金曹掾烝循白　六九八六

☒公乘虞年七十腹心病□☒　六九八七

☒□卌九斛九斗二升黄龍☒　六九八八

都鄉……☒　六九八九

入桑鄉所□□二年税□還米一斛□☒　六九九〇

☒〼嘉禾元年十二月十六日☒　六九九一

☒……丘□男□善關邸閣☒　六九九二

☒……謝二年限米……〼嘉禾二年二月二日☒　六九九三

☒□二月十七日胡萇丘私學陽岐關☒　六九九四

【注】「岐」，同「坡」。《集韻・戈韻》：「坡，或作岐。」

☒□諱番慮受　六九九五

☒黄諱潘慮受　六九九六

☒□逢關邸閣郭☒　六九九七

☒年六月十一日吏謝威關☒　六九九八

☒其十一斛五斗□☒　六九九九

☒□二斛〼□☒　七〇〇〇

入都鄉唐卿（？）☒　七〇〇一

☒□山年五歲□☒　七〇〇二

☒吏鄭黑受　七〇〇三

☒吏黄□☒　七〇〇四

☒……青畢☒　七〇〇五

入模鄉□☒　七〇〇六

☒〼嘉禾……廿八日□吏區脩（？）關邸閣李嵩☒　七〇〇七

☒・右牛家☒　七〇〇八

☒□關邸閣李嵩付倉吏黄……☒　七〇〇九

☒邸閣李嵩付倉吏黄諱史潘慮受　七〇一〇

☒邸閣李嵩☒　七〇一一

□鄉縣吏張近故户下品出錢四千四☒　七〇一二正

入錢畢民自送牒□☒　七〇一二背

☒嘉禾二年三月六日☒　七〇一三

☒據付三州倉吏谷漢受　七〇一四

☒皮一枚〼嘉禾元年正月☒　七〇一五

☒黄諱史潘慮☒　七〇一六

☒據付倉吏黄□☒　七〇一七

☒五十☒　七〇一八

☒縣吏　☒　七〇一九

☒　・其廿斛五斗☒　七〇二〇

☒□付三州倉吏谷漢受　七〇二一

☒……嵩付倉吏黄諱潘慮受　七〇二二

☒士伍讓年五歲　☒　七〇二三

　・右出（？）□☒　七〇二四

入中鄉□二枚〼嘉☒　七〇二五

【注】「中鄉」下一字有殘損，似爲「鹿」字，其下脱「皮」字。

☒十斛〼嘉禾二☒　七〇二六

☒□平關邸閣郭據付☒　七〇二七

民黄□年□☒　七〇二八

☒三州倉吏谷漢受　七〇二九

☒入平鄉黄龍三年私學限米……☒　七〇三〇

☒□鋘賈錢六百☒　七〇三一

☒□皮三枚〼嘉☒　七〇三二

☒□人　☒　七〇三三

☒吏限米五斛　☒　七〇三四

　・其三千二百八十二□☒　七〇三五

☒·其……大豆二斛九☒　七〇三六

　右樂鄉入口筭錢☒　七〇三七

凡□月簿餘嘉禾二年□錢一萬　☒　七〇三八

入南鄉桐唐丘大男子唐萇二年口筭錢四千⿱三乂嘉☒　七〇三九

　·南子公乘初年十七　七〇四〇

□里户人公乘朱鄷年卅八給郡吏　▼　七〇四一

☒卅六斛三斗　▼　七〇四二

凡四月旦簿餘吏潘謝所還三年鋘賈錢九千三百五十☒　七〇四三

入廣成鄉嘉禾二年鋘賈錢三千　☒　七〇四四

　·□男弟原年十二細小　☒　七〇四五

□鄉記□所……子弟□□☒　七〇四六

月二斛廿三人人月二斛□年八月三日付書史馬□□掾　七〇四七

　祐男姪南年卅五給祐子弟限田以嘉禾四年八月十一日叛走大男　七〇四八

☒□言☒誠惶誠恐叩頭死罪敢言之詣功曹　七〇四九

　·右一家口食□人　▼　☒　七〇五〇

　九月卅日書佐張樂言　七〇五一

　·□外從兄忠年卅九苦腹心病嘉禾元年八月十日已列言……　七〇五二

☒□吏虞欽　七〇五三

　□男弟忠年十四□□　☒　七〇五四

　明男弟□年廿二　七〇五五

☒　其二百五十□☒　七〇五六

☒利下丘黄糖關邸閣郭據☒　七〇五七

☒　□妻汝年卅九　☒　七〇五八

鄱鄉男子李廉（？）故户中品☒　七〇五九正

入錢畢民自送☒　七〇五九背

　·右南鄉入三年吏限☒　七〇六〇

☒□付庫吏殷☒　七〇六一

入模鄉芋丘胡車二年布一匹⿱三乂嘉☒　七〇六二

　定收一頃廿四畝一百卅步☒　七〇六三

☒税米二斛⿱三乂嘉禾二年二月一日關邸閣郭據付倉吏黄諱史潘慮受　七〇六四

☒三日大男李孫關邸閣郭據付倉吏黄諱史潘慮受　七〇六五

☒……郭據付倉吏黄諱史番慮受　七〇六六

　·其一斛佃卒周吴黄龍二年麦准米　七〇六七

☒□倉丘男子烝義關邸閣☒　七〇六八

☒史潘有□☒　七〇六九

☒閣郭據付倉吏☒　七〇七〇

☒……付三州倉吏☒　七〇七一

入小武陵嘉禾元年☒　七〇七二

【注】依文例，「武陵」下脱「鄉」字。

入模鄉元年□☒　七〇七三

☒慮受　七〇七四

☒其九斗六升□☒　七〇七五

　·右□家☒　七〇七六

☒常衣□☒　七〇七七

☒妻勉年廿☒　七〇七八

☒倉吏黄□☒　七〇七九

☒人　☒　七〇八〇

入模鄉嘉☒　七〇八一

☒……潘慮受　七〇八二

☒郭據付倉☒　七〇八三

☒　□兄☒　七〇八四

☒……弟限米☒　七〇八五

☒嘉禾元年☒　七〇八六

⧄五十⧄ 七〇八七
·其五十斛七斗三升黃龍三年盈米 ⧄ 七〇八八
·典子男思（？）年六歲細小 中 七〇八九
……筭一…… 七〇九〇
⧄□□□□軍吏父兄子弟人名年紀簿 七〇九一
毛寡嫂大女思年七十 ⧄ 七〇九二
·其一人真身送宮 ❜ 七〇九三
其廿二斛六斗嘉禾二年郡…… ⧄ 七〇九四
⧄ □兄蜀年五十四以嘉禾四年二月十日叛走 七〇九五
軍吏李叵年卌七 ❜ 七〇九六
州吏谷前年卅五 ❜ 七〇九七
·其二人子弟隨本主在宮 七〇九八
象子小女頓年四歲 ⧄ 七〇九九
凡口十 訾⧄ 七一〇〇
⧄平鄉入子弟限米十五斛五斗 ⧄ 七一〇一
溺弟公乘謾年十一 ⧄ 七一〇二
⧄……年卌 ……年卅三腫□□ 七一〇三
⧄倉起九月二日訖四日……⧄ 七一〇四
□□里户人乘潘高年六十□ ⧄ 七一〇五
【注】「乘」前脱「公」字。
⧄……嘉禾四…… 七一〇六
入平鄉二年吏客米十□〼嘉禾二年四月四日息里男子李班關⧄ 七一〇七
⧄……價人李綬黃龍二年米 七一〇八
⧄……丘□千關邸閣郭據付倉吏黃諱…… 七一〇九
□□里户人公乘謝詡年五十六□□□ ⧄ 七一一〇
象弟士伍倉年九（？）歲⧄ 七一一一
⧄二千三百斛悉畢付庫吏番有領嘉禾⧄ 七一一二
·右桑鄉入皮五十二⧄ 七一一三
⧄□……郭據付倉吏黃諱潘⧄ 七一一四
【注】此簡因左右券破莂時分剖不均，致使右側殘存左半字，左側殘存右半字。今祇録左側殘文。
□□月旦簿□嘉禾二年……⧄ 七一一五
⧄〼嘉禾二年五月廿五日胡萇丘廖何⧄ 七一一六
⧄……私學限米 ⧄ 七一一七
⧄鄉男子□□故户中品出錢⧄ 七一一八正
⧄入錢畢民自送牒還縣⧄ 七一一八背
⧄〼嘉禾元年十一月廿二日□□丘□⧄ 七一一九
⧄……斛三斗五升……⧄ 七一二〇
⧄溲丘潘□攴關邸閣郭據⧄ 七一二一
⧄……鷹揚將軍⧄ 七一二二
⧄……高𢖍……⧄ 七一二三
⧄據付倉吏黃諱□慮 七一二四
⧄□□故户中品出⧄ 七一二五正
⧄錢畢民自送牒還縣不⧄ 七一二五背
⧄□禾元年正月□…… 七一二六正
⧄持還鄉典田吏及師 七一二六背
都鄉州卒周碩故户中品出錢八千侯□⧄ 七一二七正
入錢畢民自送牒還縣不得⧄ 七一二七背
⧄潘湛年六十…… ⧄ 七一二八
⧄大男謝……⧄ 七一二九
⧄…… 七一三〇正
⧄□鄉典田吏及師 七一三〇背
⧄〼嘉禾元年十一月廿九日領下丘□⧄ 七一三一
首里户人公乘石農年卅五 ⧄ 七一三二
⧄嘉禾元年十月□一日寇丘大男周□⧄ 七一三三

☑𫝀……關□☑　七一三四
出倉吏黄諱潘慮所領□☑　七一三五
☑□吴（?）達（?）朱政等□□□☑　七一三六
☑……陳因年卌　☑　七一三七
☑□丘男子……☑　七一三八
出……郡吏鄭易（?）□☑　七一三九
☑□□年六十九　☑　七一四〇
右賢家口□☑　七一四一
功曹言遣吏□☑　七一四二
•右司馬黄☑　七一四三
☑三州倉吏鄭黑記　七一四四
☑□裹（?）關邸閣☑　七一四五
☑……事嘉禾元☑　七一四六
•右倉（?）家口九人☑　七一四七
☑家口食□人　☑　七一四八
都鄉男子□□☑　七一四九正
入錢☑　七一四九背
☑貲五☑　七一五〇
☑禾二年□□□□□☑　七一五一
☑中☑　七一五二
☑□□□烝若録事掾☑　七一五三
☑□男張樊關邸閣☑　七一五四
☑龍三年税米三斛𫝀☑　七一五五
入廣成鄉嘉禾二年佃帥☑　七一五六
☑□記劉□□□☑　七一五七
☑年正月廿八日淩丘□☑　七一五八
☑□上和丘吴□☑　七一五九
☑□十斛擿米畢𫝀☑　七一六〇

☑……十一月……☑　七一六一
☑𫝀嘉禾二年十月☑　七一六二
☑倉掾黄☑　七一六三
☑諱潘慮受　七一六四
首里户人公乘□☑　七一六五
☑錢二千𫝀嘉禾二☑　七一六六
☑諱潘慮　七一六七
☑筭☑　七一六八
☑□十二月廿四日☑　七一六九
☑□丘男子潘□關☑　七一七〇
言□☑　七一七一
☑劉焉嘉禾☑　七一七二
草言府
□□□　☑　七一七三
☑邸閣郭☑　七一七四
☑□丘□□☑　七一七五
☑諱潘☑　七一七六
☑……四斛……𫝀☑　七一七七
☑倉（?）吏□☑　七一七八
☑□十一□□☑　七一七九
☑□楝□☑　七一八〇
☑税米五□□☑　七一八一
☑𫝀嘉禾元年☑　七一八二
☑庫吏☑　七一八三
☑□死紀☑　七一八四
☑嘉禾二年☑　七一八五
☑□白　七一八六
☑區民□☑　七一八七

•……二年佃卒限米二斛 七一八八

□□言□緒丘大男黄槢（椙？）大女黄員罪應髡頭笞二百黥面送大屯事
嘉禾三年五月十二日書佐烝頓（？）具
封 七一八九

【注】「椙」，《玉篇·木部》：「枸椙木，中箭笴。」音gū。

☒□詭責□□爲□入□□答言書詣司（？）鹽□☒ 七一九〇

•其二千卌一斛八斗四升嘉禾元年吏民租米　中 七一九一

【注】「中」字爲紅色筆蹟。

☒嘉禾五年正月十七日兼録事□……
……許迪軍法草 七一九二

【注】簡面上部有濃墨大字筆蹟，未能辨識。

☒□≡×嘉禾二年八月十五日劉里丘李勝庫吏殷連受 七一九三

【注】依文例，「勝」下脱「付」字。

•其五斛五斗嘉禾二年貸食黄龍元年吏帥客限米 七一九四

□曹言……詣大屯□請殺（？）爵（？）事
嘉禾五年五月七日書佐烝誌（？）具封 七一九五

•其一百廿四斛八斗四升嘉禾二年貸食嘉禾元年租米 七一九六

入中鄉黄龍三年税米廿八斛≡×嘉禾三年廿二日唐（？）下丘力田
陳（？）文關邸閣李☒ 七一九七

入西鄉黄龍三年税米十斛≡×嘉禾二年十月八日上俗丘張□關邸閣 七一九八

☒ 七一九九

☒……蔡□□米□一斛…… 七二〇〇

☒正月乙亥朔日臨湘侯相君丞叩頭死罪敢言之 七二〇一

【注】據《二十史朔閏表·魏蜀吴朔閏異同表》，與走馬樓簡牘時代相當之「正月乙亥朔」，應爲嘉禾五年（公元二三六年）。

☒□□□皮一枚≡×嘉禾二年十月十五日□丘……☒ 七二〇二

•首妻大女息年五十三　☒ 七二〇三

其廿斛五斗嘉禾二年貸食嘉禾元年☒ 七二〇四

其卌斛嘉禾二年習射限米 七二〇五

其二百九十三斛二斗嘉禾二年佃卒限米 七二〇五

其四百卌四斛七斗二升嘉禾二年貸食嘉禾元年税米 七二〇六

其五十七斛六斗一升五合黄龍三年逈米 七二〇七

其六十斛嘉禾二年州佃吏限米 七二〇八

•右……租米十四斛□□ 七二〇九

•右平鄉入二年租米二斛　☒ 七二一〇

集凡承餘及新入雜吴平斛米三萬三千八斛一斗五升二合八勺二撮 七二一一

☒……米卌八斛　☒ 七二一二

☒禾二年鹿皮一枚≡×嘉禾二年□月三日楊溲丘□□付庫吏殷☒ 七二一三

•□□五（？）年鋘賈錢　☒ 七二一四

入州佃吏蔡雅（？）黄龍三年限吴平斛米卅一斛≡×嘉☒ 七二一五

•右模鄉入元年佃卒限米……斛……☒ 七二一六

承五月旦簿餘嘉禾二年□□□錢一萬　☒ 七二一七

☒斛六斗三升九合五勺二撮雜擿米 七二一八

☒斛二斗一升吏所備船師梅朋傅忠建安廿六折咸米 七二一九

【注】據文例，「廿六」下脱「年」字。

☒□關邸閣　據付倉吏黄諱史潘□☒ 七二二〇

【注】「據」前脱「郭」字。

•其二萬六千二年漬☒ 七二二一

楊男弟使年十四細☒ 七二二二

•右承餘錢一萬　☒ 七二二三

□　無□　☒ 七二二四

萬四千七百卌八錢□□錢五萬四千四百七☒ 七二二五

承二月旦簿餘嘉禾二年漬□米賈行錢二萬六千　☒ 七二二六

•右平鄉入故吏番觀所備船師張盖賈龍☒ 七二二七

☒　領主簿烝若省　七二二八
☒督郵　七二二九
☒已列言乞傅前□□迪軍法乞府□☒　七二三〇
☒　領主簿烝若省正月廿九日白　七二三一
廿日爲所差（？）於港（？）口典受官□□□□督　七二三二
☒□事部譚實核迪故如前□乞□□□□迪言□　七二三三
☒……入七千四百卌七斛□斗一升……　七二三四
☒□掾督郵旁己丑書曰部核事掾趙譚考實□□　七二三五
☒……
……迪獄革　七二三六
六歲□科不坐迪兄下從□☒　七二三七
☒關邸閣郭據付倉吏黄諱史潘慮受　七二三八
☒録事掾番琬校　七二三九

【注】「琬」字筆畫粗大，似爲簽署時有意而爲。

☒□气（乞）請對書事□
□□年□月十一日書佐烝誌具封　七二四〇
☒□□十一日起五月一日訖卅日所言名物錢米諸所調求　七二四一
☒都（？）典掾烝若録事□☒　七二四二
☒斛㐅嘉禾二年六月五日關邸☒　七二四三
都鄉男子□□故户下品出錢四千四百☒　七二四四正
入錢畢民自送牒還縣不得持☒　七二四四背
☒鄉男子逢政故户下品出錢四千四百侯相☒　七二四五正
☒入錢畢民自送牒還縣不得持☒　七二四五背
都鄉男子□□故户下品出錢四千四百侯相☒　七二四六正
入錢畢民自送牒還縣不得持還☒　七二四六背
☒男逢鳴故户下品出錢四千四百侯相☒　七二四七正
☒入錢畢民自送牒還不得持☒　七二四七背
☒百五十三斛三斗四升　七二四八
☒年八月一十八日杺倚丘五原☒　七二四九
☒郭據付倉吏黄諱潘慮受　七二五〇

【注】此簡因左券破莂時分剖不均，致使右側殘存左券半字，左側殘存右券半字。右側殘存筆畫較少，今略而不録。

□□□□□□小子□□☒　七二五一
☒付庫吏殷連受　七二五二
☒吏黄諱史潘慮受　七二五三
入中鄉皃（皃）木船賈行錢三萬　☒　七二五四
☒　訾五十　七二五五
☒……嘉禾三年五月十一日書佐烝□具封　七二五六
☒□録事掾潘琬校　☒　七二五七
入都鄉調皮四枚　三枚杌（麂）皮　其一枚鹿皮　㐅嘉禾☒　七二五八
☒合二百卅九斛　☒　七二五九
☒皮一枚㐅嘉禾二年十二月廿□□☒　七二六〇
賣（？）繒大男（？）賈□□□☒　七二六一
☒關邸閣郭據付倉吏黄諱史□□□　七二六二
☒萬四千九百卌八……☒　七二六三
☒郭據付倉吏黄諱吏潘慮受　七二六四
☒㐅嘉禾二年十一月廿二日☒　七二六五
入東鄉吏黄楊備麂皮一枚㐅嘉☒　七二六六
☒家口食四人　☒　七二六七
☒□大□上言郡遣□詣□☒　七二六八
☒趙非□審□□民（？）與（？）及（？）事　嘉書☒　七二六九
入嘉禾二年□□限米十二□☒　七二七〇
☒正月十……☒　七二七一
入都鄉皮廿四枚　其十四☒　七二七二

☐年布二匹〼嘉禾三年三月廿□☐　七二七三
☐□旦□見米二千四百卅九☐　七二七四
☐錫（?）丘周鵲付庫吏殷☐　七二七五
☐二百一十二斛一十☐　七二七六
☐年吏帥客限米　☐　七二七七
☐□米三斛　☐　七二七八
☐四年十一月□日□□☐　七二七九
☐月廿三日石下丘男子□□☐　七二八〇
☐□□都尉□□☐　七二八一
☐□□嚴吳事□□☐　七二八二
☐□斛〼□☐　七二八三
☐□□年（?）☐　七二八四
☐據付倉吏黃諱☐　七二八五
☐年新吏限米　☐　七二八六
☐□□□□據☐　七二八七
☐……關邸閣郭據☐　七二八八

【注】此簡左側殘存左券留下的簡文右半字，今略而不録。

☐五百一十一斛七斗五升五合☐　七二八九
☐〼嘉禾二年正月廿四日□☐　七二九〇
民□□馮米（?）年卅　☐　七二九一
☐□□限米卅一斛　☐　七二九二
☐訾五十　七二九三
☐關邸閣郭據付倉吏☐　七二九四
☐備黃武五年盈米二斛五斗〼嘉禾二年正月十日石唐丘☐　七二九五
☐斛四斗郎吏五毅☐　七二九六
☐旱新吏限米☐　七二九七
☐……吏潘☐　七二九八
入模鄉鹿皮一枚鹿皮十二枚〼☐　七二九九
☐吏區業關邸閣郭☐　七三〇〇
☐諱史潘慮受　七三〇一
☐□☐　七三〇二
☐□□遺事☐　七三〇三
☐禾二年十二月十七日□☐　七三〇四
☐不得持還鄉典田☐　七三〇五
☐十五日下硰丘黃非（?）☐　七三〇六

【注】依文例，此簡另一面應有文字，現已不能辨識。

☐□米一斛〼嘉禾四年十一月十七日東溪丘☐　七三〇七
☐據付倉吏黃☐　七三〇八
☐　・右□☐　七三〇九
☐史（?）黃□☐　七三一〇
☐□付庫吏☐　七三一一
☐嘉禾二年六☐　七三一二
☐□□七十□☐　七三一三
☐嘉禾六☐　七三一四
☐十枚鹿皮
枚鹿皮　☐　七三一五
☐□口食六人☐　七三一六
☐連□☐　七三一七
☐□賈錢七百〼☐　七三一八
☐吏谷漢受　七三一九
☐據付倉吏☐　七三二〇
☐□□縣□☐　七三二一
☐禾二年十一月☐　七三二二
☐□關邸☐　七三二三
☐□錢八百☐　七三二四
☐元年□□錢米七斛〼嘉禾二年九月廿六☐　七三二五

☒嘉禾元年税米☒ 七三二六
☒□米三百□□☒ 七三二七
☒ ·其九斛四斗六升價人李綬（?）黄龍二年米 七三二八
·其二百五十二斛六斗五升司馬黄升黄龍三年限米 七三二九
·騎子小女分年十五筭一 七三三〇
☒年十月廿五日付·清所□酒（?）史李含黄馮 七三三一
☒□所領嘉禾元年税吴平斛米三斛八斗四升爲稟斛米四斛被督軍 七三三二
☒ ·其卌（?）九斛一斗私學黄□□□限米 七三三三
☒ ·其卌四斛一升船師梅朋傅忠建安廿六年折咸米 七三三四
出倉吏黄諱潘慮所領嘉禾元年税吴平斛米七十二斛九斗三升爲稟☒ 七三三五
·其廿斛監池司馬鄧邵嘉禾元年收捕□☒ 七三三六
☒嘉禾元年十月廿四日丙辰書給右選（?）曹尚書郎貴借嘉禾元
年十月奉（俸） 七三三七
·貢子女□年十二 ☒ 七三三八
人二斛其年十一月三日從（?）士陳定 七三三九
·其卌八斛七斗一升黄龍二年□☒ 七三四〇
廷被戊（?）賞書曰……吏父兄子弟以送死叛吏□人名☒ 七三四一
□……斛其年十一月二日□書（?）史□郎（?） 七三四二
□子男友年九歲盲左目 七三四三
妻大女晝年五十三筭一腫兩足 七三四四
其六十斛□鄉……黄龍□年限米 七三四五
☒ ·其一百廿五斛五斗五升……黄龍三年限米 七三四六
☒□吏鄭□ 七三四七
☒ □子男甲年十歲細小□□ 七三四八
其一百五十五斛五升郵卒黄龍三年限米 七三四九
·其廿五斛九斗九升黄龍元年税米 七三五〇
☒……七百五十五斛八斗九…… 七三五一
入黄龍三年盈溋米一千二百八十五斛七斗三升 七三五二
……二月二日□□ 七三五三
·其五十四斛五斗司馬黄升黄龍二年限米 七三五四
☒ 其五十四斛五斗司馬黄升黄龍二年限米 七三五五
同子男公乘末年十四 七三五六
☒嘉禾元年稟其一人七月二人□月用□訖十月卅日一人月三斛二
人月二斛嘉禾 七三五七
☒ 其十斛船師□□建安廿七年折咸米 七三五八
·妻大女熙（?）年廿二筭一刑左足 七三五九
分男弟杲年五歲 七三六〇

【注】「杲」，《説文·木部》：「明也。從日在木上。」

未畢九十一斛八斗六升五合 七三六一
其卅五斛嘉禾元年賊帥佃米☒ 七三六二
□妻大女姑年卅五筭一 七三六三
都尉嘉禾元年十月二日甲子書給都尉向卿所領□吏☒ 七三六四
凡口五事 訾五十 七三六五
□小妻大女□年卅五筭一 七三六六
☒……六斛七斗七升黄龍元年私學限米 七三六七
安陽里户人公乘朱倉年卌九筭一盲左目 七三六八
☒ 凡口五事 訾五十 七三六九
媿（?）男弟客年五歲 七三七〇正

【注】「媿」，同「愧」。

中 七三七〇背

【注】「中」字爲紅色筆蹟。

☒ 行男弟貴年三歲 七三七一
☒糧都尉嘉禾元年十一月二日甲子書給都尉周山所領吏士十六人
嘉禾元年十一月直 七三七二

☑……年卅日給千錢嘉禾二年十二月十日都鄉□掾 七三七三

騎妻大女思年六十四盲右目 七三七四

其卅斛州吏張晶億（？）擿（？）客黄武六年□米 七三七五

新弟□□年廿七一名善　以嘉禾二年四月廿三日被病物故 七三七六

【注】「一名善」，原爲小字，書於「七」字右下方。

•其二百廿四斛二斗七升黄龍二年米粢租米 七三七七

☑年十一月二日甲子書給都尉梁通所領吏士九人嘉禾元年十二月直起 七三七八

•□弟士伍典年五歲　☑ 七三七九

☑　其六十五斛八斗五升叛士黄龍三年限米 七三八〇

☑　•其二頃八十七畝一十一步民復（？）田☑ 七三八一

……書□□吏死叛飢□年紀人名簿☑ 七三八二

☑□卅二畝廿一步郡□田不行士田不收□ 七三八三

領山里户人公乘治□年廿一　☑ 七三八四

【注】「治」，《通志·氏族五》：「治氏，平聲。見何承天《纂要》。」

•□妻大女須（？）年廿五☑ 七三八五

•壘弟公乘丹年十九　☑ 七三八六

☑十八斛□斗九升三合 七三八七

•孫子士伍仨年七歲☑ 七三八八

☑　•其一百卅一斛八斗五升吏……　☑ 七三八九

右騎家口食三人　訾□□☑ 七三九〇

☑□書史周則　☑ 七三九一

•□弟小女□年五歲　☑ 七三九二

□子女肅年卅六　☑ 七三九三

虎子小女難年八歲☑ 七三九四

入錢畢民自送牒還縣不☑ 七三九五

【注】依文例，此簡另一面應有文字，現僅存墨痕不能辨識。

☑　其六十七斛六□黄龍二年限米　☑ 七三九六

濤里户人公雷宜年七十五刑左足　☑ 七三九七

濤（？）里户人公乘謝卧年六十　☑ 七三九八

【注】「公」下脱「乘」字。

☑　•其一百卅八斛三斗佃民付黄龍三年☑ 七三九九

☑……米十七斛二斗□升爲稟斛米廿八斛被督軍糧 七四〇〇

•出庫吏潘珝誑三月曰……☑ 七四〇一

□曾妻大女□翟年卅☑ 七四〇二

☑……嘉禾元年四月十二日…… 七四〇三正

☑持還鄉典田吏及帥 七四〇三背

都鄉男子……下品出錢四千四百侯☑ 七四〇四正

入錢畢民□送牒還縣不得持☑ 七四〇四背

☑大男劉顔故户下品出錢四千四百侯相☑ 七四〇五正

☑入錢畢民自送牒還縣不得持☑ 七四〇五背

☑□以嘉禾二年……二丈…… 七四〇六

☑録事掾潘琬校 七四〇七

☑……起王二月訖十二月卅日其正月三☑ 七四〇八

☑𡘋嘉禾二年二月卅日男子李☑ 七四〇九

☑依（？）都吏蔡□胄居止故居地上無人居止應□☑ 七四一〇

□□男子□□故户中品出錢☑ 七四一一正

入錢畢民自送牒還☑ 七四一一背

☑……典田掾蔡忠白 七四一二正

☑□鄉典田吏及帥 七四一二背

☑□弁付庫吏潘琦受 七四一三

☑……□鄉典田掾烝若白 七四一四

☑禾二年四月十九日樸（？）丘伍盡（？）鬬邸閣☑ 七四一五

•其一百卅三斛□☑ 七四一六

入南（？）鄉嘉禾二年□米二斛□□☑ 七四一七

盛母大女□□□☑　七四一八

□男弟公乘懸年☑　七四一九

☑斛二斗五升嘉禾元年□民租米　七四二〇

☑……嘉禾二年十一月十八日……　七四二一

☑不記五（？）□丞氾爲☑　七四二二

☑訾二十　七四二三

☑閣李嵩付臨湘倉吏黃諱潘慮受　七四二四

☑黃龍三年限米　七四二五

☑□薄（？）丘子弟丁（？）惦關邸閣郭據☑　七四二六

☑訾五十　七四二七

☑據……黃諱史潘慮受　七四二八

☑吳嘉禾元年十月卅日□☑　七四二九

□□子小女☑　七四三〇

入西鄉嘉禾二年税米三斗七升☑　七四三一

☑□米卅七斛　☑　七四三二

☑據付倉吏黃☑　七四三三

☑伍（？）伻丘烝端二年☑　七四三四

☑□三斛吳嘉禾二年□月☑　七四三五

☑□吳嘉禾元年十一□月☑　七四三六

入桑鄉所調皮一枚□☑　七四三七

☑合二千五百九六十☑　七四三八

☑□□□□十三□☑　七四三九

☑□黃龍二年□☑　七四四〇

☑□邸閣李□☑　七四四一

☑龍三年限米　七四四二

☑吳嘉禾二年二月十六日東☑　七四四三

☑□谷漢受　七四四四

☑……三州丘☑　七四四五

☑禾二年正月□☑　七四四六

入南鄉□☑　七四四七

☑　・其六十八斛八斗新吏黃龍元年限米　☑　七四四八

・妻大女因年□□　七四四九

☑　・其一百卌一斛新還民黃龍三年限米　七四五〇

・毒（？）子男□年六歲□□　七四五一

・其十斛一斗五升新吏黃龍二年限米　☑　七四五二

・其……合黃龍三年□米　☑　七四五三

☑　・□子男□年七歲　……　☑　七四五四

・其五十四斛五斗司馬黃升黃龍二年限米　七四五五

當（？）男弟秃年十一細小　☑　七四五六

其六斛九斗嘉禾元年□□□米　☑　七四五七

☑　・其廿六斛八斗八升黃龍元年税米　七四五八

☑　其二斛吏帥客黃□七年限米　七四五九

【注】「黃」下一字不清。按，東吳「黃龍」年號衹用了三年，而「黃武」年號用了七年，則此處闕文應是「武」字。

・其七斛佃吏黃龍元年限米　●　七四六〇

☑　子男敷年五歲　七四六一

☑今餘吳平斛米麦豆合一萬九百九十四斛一斗四升□合　七四六二

督軍糧都尉嘉禾元年十月廿二日甲辰書給武猛都尉所領吏士七十七人　七四六三

【注】「武猛」下有墨色痕蹟，不能辨識其性質。

其十六斛七斗監池司馬鄧邵黃龍三年池賈米　●　七四六四

・其卌八斛佃卒黃龍元年限米　七四六五

安陽里户人公乘高客年卅九□一　中　七四六六

【注】「中」字爲紅色筆蹟。

☑□□年廿（？）二□筭一刑左足　●　中　七四六七

【注】「中」字爲紅色筆蹟。

☑□雜米收擿米八斛八斗一升　七四六八

☐□領吳平斛米七千五百八十六斛……　七四六九

☐　·其一萬九百七十五斛二斗八升五合□□米　七四七〇

☐　·其一百廿五斛五斗五升郵卒黄龍三年限米　七四七一

☐　·其一十九斛一斗私學黄龍二年限米　●　七四七二

·其十四斛吏張廟備黄武六年桼租米　七四七三

☐□年麦租廿六斛七斗准米十三斛三斗五升　中　七四七四

·其一百六十二斛五斗吏帥客黄龍二年限米　☐　七四七五

·其五十九斛七斗五升郡掾□□□年屯田限米　七四七六

☐　·其十斛黄龍元年張□□還税米　七四七七

☐禾元（？）年稅米　☐　七四七八

☐七十九斛五斗二升凡出米二萬四千三百六斛五斗一升五合運☐　七四七九

㴱里户人公乘烝闞（？）年五十　筭（？）一（？）　七四八〇

姪子男本年五歲　●　七四八一

·狶祖父讀年五十一　筭一　七四八二

·其廿五斛四斗七升黄龍元年税米　☐　七四八三

·其一百卌一斛□還民黄龍二年限米　☐　七四八四

斗女弟嬈（？）年六歲　●　七四八五

☐□叵所領嘉禾元年税吳平斛米五斛七斗六升爲稟米六斛被督軍糧　七四八六

☐三年八月十三日付士□典（？）　●　七四八七

出倉吏黄諱潘慮所領黄龍三年税吳平斛米三斛九斗四升爲稟斛米
四斛□□　七四八八

☐□□黄龍元年屯田限米四斛　●　七四八九

·其二斛佃卒黄龍元年限米　七四九〇

☐所領黄龍三年税吳平斛米四斛八斗爲稟斛米五斛給縣卒　七四九一

三日付書史張默（？）　七四九二

入新還民黄龍三年限米廿八斛五斗　☐　七四九三

·其七人假人自代　七四九四

嘉禾元年十一月直其六十九人人二斛八人鼓史人一斛五斗□討奉
（俸）米四斛其□☐　七四九五

其一斛麦准米　七四九六

妻大女姑年廿七筭一決口病　●　七四九七

□□弟囧年六歲細□　☐　七四九八

嚢女弟姑年七歲　●　七四九九

☐　·其二斛九斗大豆　●　七五〇〇

其九百一十九斛四斗二升吏帥客黄龍三年限米　七五〇一

☐　·其卅九斛三斗五升吏帥客黄龍元年限米　七五〇二

☐　·其卅八斛七斗一升黄龍二年限米　●　七五〇三

入□□黄龍元年限米二斛　中　七五〇四

·其六百七十五斛一斗六升黄龍三年租米　七五〇五

·其一斛八斗八升白米　七五〇六

·妻大女思年卅一筭一　七五〇七

☐　·其九斛九斗七升黄龍……　七五〇八

·其二百卌斛六斗五升司馬黄升黄龍三年限米　七五〇九

初弟士伍杋年八歲　七五一〇

其十三斛叛士黄龍二年限米　☐　七五一一

𨟄寡嫂大女鼠年五十筭一　●　七五一二

·其七百六十斛五斗一升黄龍□年租米　七五一三

·其年十一月二日付書史周國　七五一四

☐　·其……郡掾徐□黄龍三年限米　七五一五

·右雜米七百卌九斛九斗三升縣……　七五一六

入新吏黄龍三年限米十四斛　☐　七五一七

出倉吏黄諱潘慮所領嘉禾二年税吳平斛米十三斛四斗四升爲稟斛
米十四斛被督軍　七五一八

☐　·其五十八斛郵卒黄龍三年限米　七五一九

元年八月直人月二斛嘉禾元年八月九日付周亥　●　七五二〇
·其二百五十二斛六斗五升司馬黄升黄☒　七五二一
☒右雜米六百七十一斛六斗七升□領……　七五二二
·其三百五十一斛九斗八升四合嘉禾元年☒　七五二三
☒　·其十斛叛士黄龍元年限米　七五二四
☒……月廿二日付□馮（？）　七五二五
☒右□家口食十一人　訾☒　七五二六
安陽里户人公乘李從年卅五筭一刑右足　七五二七
出倉吏黄諱潘慮所領黄龍三年税吴平斛米一百五斛一斗二升爲稟
斛米一百九斛　七五二八
☒　·其廿九斛五斗嘉禾元年火種租米　七五二九
皤妻大女□年□　☒　七五三〇
……☒　七五三一正
……民自送牒還縣不得☒　七五三一背
☒　凡口五事　訾五十　七五三二
☒嘉禾元年十月……年□月六日……　七五三三
☒　穆母大女益年六十□□□☒　七五三四
都鄉男……故户中品出錢……☒　七五三五正
入錢畢民自送牒還縣不得☒　七五三五背
領山里户人公乘謝堆年廿五給郡吏　☒　七五三六
·曲弟士伍碩年五歲　☒　七五三七
盛（？）弟公乘學年七歲　☒　七五三八
·右□家口食六人　☒　七五三九
☒妻大女□年卅二筭一聾兩耳　●　七五四〇
☒□日付書史周則　七五四一
細弟公乘記年十九□☒　七五四二
☒人二斛其年十一月二日付書史周則　☒　七五四三
·右鳴家口食四人　☒　七五四四

入私學黄龍三年限米卅九斛三斗五升　☒　七五四五
☒……中品出錢八千……☒　七五四六正
☒錢畢民自送牒□☒　七五四六背
都鄉男子……☒　七五四七正
入錢畢民自送牒還☒　七五四七背
·□子小女情年九歲　☒　七五四八
·葦弟士伍常年六歲☒　七五四九
☒月廿九日烝弁付庫☒　七五五〇
☒　開妻大女躭年卅一　☒　七五五一
☒　·客妻大女如年卅八　☒　七五五二
☒十五斛六斗五升☒　七五五三
☒慮受　七五五四
☒月十日□☒　七五五五
☒□子男□□☒　七五五六
☒□年十□☒　七五五七
☒□斛青畢☒　七五五八
入中鄉柘溪丘男子周祝（？）二年租菿錢☒　七五五九
東扶里户☒　七五六〇
☒嘉禾元年十二月□☒　七五六一
☒□春年廿三筭一☒　七五六二
☒　其一斛佃卒周吴☒　七五六三
☒十二月卅日錢合□□應☒　七五六四
☒嘉禾二年菿錢八百≡☒　七五六五
☒嘉禾二年□☒　七五六六
☒□□錢☒　七五六七
☒溲五京吴溠廖☒　七五六八
·虞（？）妻大女□年六十☒　七五六九
入東鄉謝（？）……釘錢七百≡☒　七五七〇

入䢵鄉二年口筭錢五百㠯☑　七五七一

☑吕弟毛年九歲　七五七二

……汝名起今年正月廿日　七五七三

☑□□□年卅三☑　七五七四

☑□付庫吏殷連受　七五七五

大女陳汝地僦錢月五百　☑　七五七六

入南鄉昭中丘大男雷陶嘉禾二年口筭☑　七五七七

•□月五□☑　七五七八

□里户人公乘謝讓年廿給縣□☑　七五七九

☑　其二□☑　七五八〇

☑筭□　□男弟采（？）年五歲　七五八一

☑□年十二　□女弟□年九歲　七五八二

☑過年地僦錢□□六千五百　☑　七五八三

☑□月廿日……　☑　七五八四

☑黃龍二年麦准米　七五八五

☑□□地僦錢□萬二千　☑　七五八六

•詡子女首年十四　☑　七五八七

☑　•帛妻大女涓年十八　☑　七五八八

地上無人居止錢無所收□☑　七五八九

☑　……地上無人居止應☑　七五九〇

•右首家口食七人　☑　七五九一

大女袁汝地僦錢月五百　☑　七五九二

•集凡中倉起嘉禾三年正月一日……黃龍元三年☑　七五九三

☑□運□州縣地□□月一萬五千五百☑　七五九四

•春妻大女奇年卌　☑　七五九五

•棠子士伍甿年三歲　☑　七五九六

☑……年五歲　☑　七五九七

□弟小女□年□歲☑　七五九八

•其七户□☑　七五九九

•右一人地僦錢月五百□□☑　七六〇〇

☑□今年正月一日訖十二月卅日爲錢六千應捐除名　七六〇一

☑□七月十五日被病……駕車（？）□嫁爲司馬丁□妻□　七六〇二

一日訖十二月卅日錢合六千☑　七六〇三

領山里户人潘倍年五十□　☑　七六〇四

【注】「倍」，《龍龕手鑑・人部》：「浄也。」音yān。

☑……租税雜限田百廿頃卅七畝二百☑　七六〇五

☑……所收責乞捐除起□年正月訖十二月卅日錢合一萬二　七六〇六

☑正月訖十二月卅日□數應捐除名簿　七六〇七

•……斛　☑　七六〇八

☑……嘉禾元年所受雜擿米　☑　七六〇九

責應捐除錢租名起今☑　七六一〇

☑右一人地僦錢月五百□過年九（？）月□被病□　七六一一

□……地僦錢月五百簿以過年□一月十被病物故妻汝單身□　七六一二

【注】「十」下似脱「日」字。

☑……地上無人居止錢無所收　七六一三

•其七斛四斗東部烝口倉吏孫陵備黃龍元年税米　七六一四

其一萬六千九百二斛一斗八升九合止姦米　七六一五

☑　起今年正月一日訖十二月卅日……　七六一六

□備船師傅忠□□建□□□□三斛　七六一七

☑　•其七百八十七斛七斗吏帥客黃龍三年限米　七六一八

☑　病屋壞敗他〈地〉上無人居止錢無所收責乞捐除汝起今　七六一九

【注】依文例，「汝」下應有「名」字。

•其一百卅五斛新還民黃龍三年限米　七六二〇

•其六十五斛八斗五升叛士黃龍三年限米　☑　七六二一

☑月五百　☑　七六二二

☒……地僦錢月六千五百歲合七萬八千　七六二三
☒錢月五百　七六二四
☒千應捐除錢名□　☒　七六二五
·……　訾一百　七六二六
都□大男周吳故户下品出錢四千四百□……☒　七六二七正
入錢畢民自送牒還縣不得持還鄉典田☒　七六二七背
·其五十五斛九斗五升叛士黃龍三年限米　七六二八
督軍糧都尉嘉禾元年八月八日辛丑書給……軍吏二人□□　七六二九
☒　訖十二月卅日錢合一萬二千……書玉（？）已列言　七六三〇

【注】「玉」，或釋爲「至」。

☒所領嘉禾元年税吳平斛米卌八斛爲稟斛米五十斛被督軍糧□☒　七六三一
·右二人地僦錢月……屋……壞敗地上無人居止　七六三二
☒張鄘備黃武六年桼租米□斛　七六三三
☒錢月五百　七六三四
☒□爲錢六□應捐除名　☒　七六三五
☒叩頭死罪　七六三六
☒升四合嘉禾元年桼租米　七六三七
☒　杲□盡年五十七刑盧（顱）頭☒　七六三八
……妾……☒　七六三九
☒……年卌五踵（腫）兩足　妻姑年卅☒　七六四〇
·右廣成鄉入皮卅六枚　☒　七六四一
□□言鄙吏黃□□☒　七六四二
☒　右……限米十一斛五□☒　七六四三
☒……田二　七六四四
□□敢（？）年卅五　☒　七六四五
入都鄉鋘賈錢二千☒　七六四六
☒□十四斤　☒　七六四七

上鄉領田畝錢三萬☒　七六四八
入廣成鄉□□丘男子黃□☒　七六四九
☒斛二斗……☒　七六五〇
領山里户人大女潘烏年五十　☒　七六五一
☒年田六　騎（？）男弟□☒　七六五二
曹還……言……
☒　……史……白　七六五三
入南鄉鋘錢□☒　七六五四
入西鄉嘉禾二年財用錢☒　七六五五
右一家合六人　☒　七六五六
☒黃龍六年……☒　七六五七
☒□妻督年卅　七六五八
☒　小妻利年□□　☒　七六五九
入平鄉鋘錢七百㐅嘉☒　七六六〇
右諸鄉入財☒　七六六一
☒……黃龍元年☒　七六六二
入□鄉嘉禾二年租菿錢一千九百㐅☒　七六六三
☒鄉謹列所領二年□☒　七六六四
☒□□□□☒　七六六五
·集凡諸鄉起十一月一日☒　七六六六
☒莨□□☒　七六六七
……地僦錢月五☒　七六六八
☒禾元年限米　七六六九
☒□限田米☒　七六七〇
入都鄉嘉禾二年□□□☒　七六七一
☒右都鄉入□□☒　七六七二
☒月三……☒　七六七三
☒三千六百☒　七六七四

七六七五 ☑吏嘉禾元年限☑

七六七六 　右中鄉☑

七六七七 　·其☑

七六七八 ☑……嘉☑

七六七九 ·右諸鄉入三年☑

七六八〇 中鄉沙渚丘大男□忽☑

七六八一 ☑……還民……☑

七六八二 三□□領□□☑

七六八三 ☑限米□斛□□　☑

七六八四 ☑□付倉吏黃諱☑

七六八五 入□□鋘錢二千一百☑

七六八六 ☑□諱潘慮受

七六八七 ☑下□丘男子☑

七六八八 吏黃諱史潘☑

七六八九 ☑□屬歲☑

七六九〇 ☑六斛二斗☑

七六九一 ☑記……☑

七六九二 ☑……年……☑

七六九三 ……上丘廖照二年☑

七六九四 ☑大女李汝地僦錢……☑

七六九五 入……司馬黃□□□☑

七六九六 ☑……吴□☑

七六九七 ☑禾二年□月廿九……☑

七六九八 入屯田司馬黃升黃☑

七六九九 ☑□興年五歲

七七〇〇 ☑□五歲　☑

七七〇一 ☑　·右□☑

七七〇二 ☑年七十腫左□☑

七七〇三 ☑如弟士伍郎年六歲☑

七七〇四 ☑僦錢月五百□☑

七七〇五 ☑一日□□☑

七七〇六 ☑□地就錢五百☑

七七〇七 ☑禾二年八月十□☑

七七〇八 入都鄉鋘錢☑

七七〇九 ☑□枚〼嘉禾☑

七七一〇 ☑送牒還縣☑

【注】依文例，此簡另一面應有文字，今已磨滅不可辨識。

七七一一 ·右嗶家口食四人☑

七七一二 ☑丘男子鄧馬二年☑

七七一三 ☑日男子劉☑

七七一四 ☑……☑

七七一五 ☑□百☑

七七一六 ☑……一丈二尺□☑

七七一七 　□兄□☑

七七一八 ☑丘……關邸閣☑

七七一九 ☑□廿斛☑

七七二〇 ☑十一月十八日☑

七七二一 ☑□扣□□☑

七七二二 入南（？）鄉廢□☑

七七二三 ☑□慮受

七七二四 ☑欒（？）□黃□□☑

七七二五 ☑民□☑

七七二六 ☑一千二百☑

七七二七 ☑□□禾元年□☑

七七二八 入□□嘉禾元年税米☑

七七二九 入中鄉郭渚丘大☑

☒□郭□□□☒　七七三〇
☒年十二月十日□☒　七七三一
☒錢一十☒　七七三二
☒掾蔡忠白　七七三三
☒□八斛七斗□☒　七七三四
☒□關邸☒　七七三五
☒□年五□☒　七七三六
☒□年□二☒　七七三七
☒□潘□關邸閣□☒　七七三八
☒民入過☒　七七三九
☒□九十一斛一斗七升☒　七七四〇
☒□米六十斛三☒　七七四一
☒□廿三户□☒　七七四二
☒廬受　七七四三
☒還鄉典田吏☒　七七四四
☒百八十四步☒　七七四五
☒年卅二□荆□☒　七七四六
□□烝汜年（？）☒　七七四七
☒□□年□☒　七七四八
☒□用□☒　七七四九
☒□自□☒　七七五〇
【注】據文例，此簡另一面應有文字，今已磨滅殆盡，不能辨識。
☒求（？）☒　七七五一
☒十　七七五二
☒□誂□☒　七七五三
都鄉□□□☒　七七五四正
入錢□☒　七七五四背
☒石□家口食☒　七七五五

☒連受　七七五六
☒嘉禾元年☒　七七五七
☒部□士吏□☒　七七五八
☒男由奴嘉禾二年□□☒　七七五九
☒據付倉吏☒　七七六〇
☒□丘男子□☒　七七六一
☒廬受　七七六二
☒□米十一斛叉☒　七七六三
☒年税米四斛☒　七七六四
☒四千七百☒　七七六五
☒還縣不得☒　七七六六
【注】據文例，此簡另一面應有文字，今已磨滅殆盡，不能辨識。
入□鄉□☒　七七六七
☒　・其……　☒　七七六八
・右□家口食六人　☒　七七六九
課負者已入雜米一萬四百卌四……☒　七七七〇
・州（？）小妻大女嗚年五十三　……☒　七七七一
民男子□□年五十……　☒　七七七二
・卯弟公乘玄年卅一　☒　七七七三
☒前稱得□見禾五十斛餘九斗……　☒　七七七四
□誤妻大女鋧（？）年卅六　☒　七七七五
・定□未畢四□斛九斗六升五合　☒　七七七六
……年卅……　……☒　七七七七
☒　……　……　七七七八
・遺弟士伍花（？）年□☒　七七七九
・□妻大女走年□☒　七七八〇
・雙妻大女定年十八　七七八一
☒田八斛六斗新吏黄龍三年限米　七七八二

☒□男區宮年八十七　妻毋☒　七七八三
☒黄馮二人限田收米□□☒　七七八四
都鄉男子□□故户下品出錢四千四百☒　七七八五正
入錢畢民自送牒還縣☒　七七八五背
都鄉男子張奴故户上品出錢……☒　七七八六正
入錢畢民自送牒還縣不得持還鄉典☒　七七八六背
都鄉男子潘通故户上品出錢二萬☒　七七八七正
入錢畢民自送牒還縣不……☒　七七八七背
☒丙辰書給右選曹尚書郎貴債（？）所將……　七七八八
☒妻□年卅五　☒　七七八九
大男彭得年七十　□男滌□□□☒　七七九〇
☒□都尉□□士妻子嘉禾元年租米　七七九一
☒……錢米六十八斛五斗　☒　七七九二
☒五斛□斗二升付倉吏黄☒　七七九三
·右動（？）家口食□人　☒　七七九四
☒嘉禾五年十二月六日模鄉典田掾烝若白　七七九五
☒□家口食三人　☒　七七九六
☒　其七斛九斗新吏烝勉□☒　七七九七
·右□家口食□□　☒　七七九八
未畢三萬八千……☒　七七九九
·右一家合二人　☒　七八〇〇
入西鄉租米三斛僦米畢𦊆□☒　七八〇一
☒旱死不收……　●　七八〇二
☒……　見　七八〇三
·右棠家口食四人　☒　七八〇四
☒……壬　□妻大女☒　七八〇五
□□昂（？）□細笙（？）……☒　七八〇六
入廣成鄉榜丘男子陳異二年布一匹𦊆嘉☒　七八〇七
出倉吏黄諱潘慮所領嘉禾☒　七八〇八
☒里户人公乘潘動年卅六荆☒　七八〇九
☒……關邸……☒　七八一〇
☒年四歲　七八一一
□訾五十　七八一二
☒□吏及帥☒　七八一三
☒右吏向□☒　七八一四

【注】依文例，此簡另一面應有文字，今僅存墨蹟，不可辨識。

☒其廿三斛民還☒　七八一五
☒□諸鄉□□□□☒　七八一六
☒□溲里户人公乘胡□☒　七八一七
☒□□肥□□　☒　七八一八
☒應捐除□名☒　七八一九
☒妻□年七十三☒　七八二〇
☒錢四千六百　☒　七八二一
☒升嘉禾元年税米　☒　七八二二
☒□𦊆嘉禾元☒　七八二三
☒□語反□☒　七八二四
☒關馬統付倉吏郭勳☒　七八二五
☒……□支度今年□☒　七八二六
☒畢𦊆嘉禾二年十一月□日□☒　七八二七
☒　唯□☒　七八二八
☒□吏烝肥　☒　七八二九
☒關李嵩付倉吏☒　七八三〇
☒□丘男子張利（？）二年財□☒　七八三一
☒□𦊆嘉禾元年□月□☒　七八三二
☒盖（？）妻□年卅六　☒　七八三三
☒關郭據付倉吏黄☒　七八三四

☒右一人單蜀（獨）窮老☒　七八三五
【注】「蜀」，讀爲「獨」。
☒品　☒　七八三六
入吏尹桓所☒　七八三七
☒□疆……☒　七八三八
☒五斛□斗五升☒　七八三九
☒㕛嘉禾元年□☒　七八四〇
☒嘉禾元年□一月二日□□☒　七八四一
☒慮受☒　七八四二
☒　右□☒　七八四三
☒吏谷漢受　七八四四
□言府……☒　七八四五
☒□黄龍□年□☒　七八四六
☒列受兵年月日造作□
十六日領部佃田曹掾烝□白　七八四七
☒男子□□□☒　七八四八
☒諱史潘慮☒　七八四九
☒□☒　七八五〇
☒□□□七☒　七八五一
☒民□錢□☒　七八五二
☒□銀（？）釘□☒　七八五三
☒米二斛三斗☒　七八五四
☒禾三年十☒　七八五五
☒□□付□□潘毛□☒　七八五六
☒　·右☒　七八五七
☒　·吴　七八五八
入西鄉嘉☒　七八五九
☒郭□☒　七八六〇
☒嘉禾元年□☒　七八六一
☒禾元年税米卅斛☒　七八六二
☒斛㕛嘉禾☒　七八六三
☒吏谷漢受☒　七八六四
☒馮□心……☒　七八六五
【注】「馮□心」或是「憑」字。
☒入……弟限米卌斛☒　七八六六
☒用錢……百☒　七八六七
☒音子公乘難年廿　☒　七八六八
☒□百□□二年主（？）口增☒　七八六九
☒汜匠□卌□☒　七八七〇
領山里户人公乘潘□☒　七八七一
☒年限米　七八七二
☒田畝錢布已入未畢☒　七八七三
☒黄諱潘慮　七八七四
☒□弟公乘□年□☒　七八七五
☒□千一百七十六枚☒　七八七六
☒昴（？）妻大女思年廿九☒　七八七七
【注】「昴」，或釋爲「峁」。
☒□七斛四斗□□㕛☒　七八七八
☒領吏士廿五人□☒　七八七九
☒年租米四斛四斗㕛☒　七八八〇
☒鄉嘉禾元年税米三☒　七八八一
廿一頃八十畝卅☒　七八八二
☒模鄉黄龍二年税米☒　七八八三
☒訾五☒　七八八四
☒二月十五日關邸閣☒　七八八五
☒斐妻大女銀年廿　☒　七八八六

⧄事一□⧄　七八八七

⧄　·其二百八十七斛⧄　七八八八

⧄　·首弟公乘□年□⧄　七八八九

⧄　筭　七八九〇

入桑鄉鋘錢⧄　七八九一

⧄……年卅五　⧄　七八九二

右民入□⧄　七八九三

⧄□□士伍倉（？）年□⧄　七八九四

⧄□龍三年租米　●　七八九五

⧄□民租米　七八九六

⧄里户人公乘朱廣（？）年⧄　七八九七

⧄吏帥客黄龍元年限米　●　七八九八

⧄□□謹列鄉領四年田畝錢已入⧄　七八九九

⧄五　仙子⧄　七九〇〇

⧄□吏吴平斛米……⧄　七九〇一

⧄　·其七十一斛八斗□⧄　七九〇二

⧄□　坐（？）子男奴年一歲　⧄　七九〇三

⧄臨湘侯相　□　嘉禾⧄　七九〇四

【注】「臨湘侯相」下有一草體簽署字。

⧄□□言送鄭□⧄　七九〇五

入桑鄉唐下丘男子盧買麂皮一枚𢒼⧄　七九〇六

⧄九日系丘信文關邸閣李嵩付倉⧄　七九〇七

⧄　成弟小男殷年五⧄　七九〇八

入□鄉嘉禾二年財用錢□⧄　七九〇九

⧄　訾五田⧄　七九一〇

⧄□𢒼嘉禾二年十一月十九日□溲丘李邪（？）關邸閣⧄　七九一一

⧄月二日甲子書給校尉后（？）倉所□⧄　七九一二

⧄□旱死不收□□⧄　七九一三

·□妻大女從（？）年廿　⧄　七九一四

⧄　·其廿畝火種田收⧄　七九一五

⧄租米八斛　●　七九一六

·其七十一畝一百廿步⧄　七九一七

十一畝二百卅四步　●　七九一八

⧄吏張朙周岑備黄武六年粢租米　七九一九

□姪子男洳（？）年廿七雀（截）左足⧄　七九二〇

寡□餘年七十六　⧄　七九二一

·右鳥家口食三人　⧄　七九二二

⧄嘉禾六年正月廿一日典田□□⧄　七九二三正

⧄典田吏及帥　⧄　七九二三背

⧄故户下品出錢四千四百侯相⧄　七九二四正

⧄畢民自送牒還縣不⧄　七九二四背

都鄉大男□佐故户下品出錢四千四百□⧄　七九二五正

入錢畢民自送牒還縣⧄　七九二五背

都鄉男子聶巾（？）故户上□⧄　七九二六正

入錢畢民自送牒還⧄　七九二六背

都鄉大男廬（盧）尾故户下品出錢⧄　七九二七正

入錢畢民自送⧄　七九二七背

⧄　昭弟小女□年三歲⧄　七九二八

堆寡嫂大女令年廿八⧄　七九二九

讓妻大女𡚱年廿三荆⧄　七九三〇

春子公乘斐年十□　⧄　七九三一

……以嘉禾四年十一月⧄　七九三二

龍弟公乘有年廿九給州⧄　七九三三

⧄……以嘉禾三年二月十二⧄　七九三四

□□父喜年七十一老鈍苦□⧄　七九三五

⧄十日枯于丘大男烝石關邸閣董基付三州倉吏……　七九三六

☒　其一斛四斗新吏劉□還……☒　七九三七

☒　□弟士伍陳……　☒　七九三八

☒　□□侄子□年廿四一名揚　☒　七九三九

【注】「一名揚」，原爲小字，書於「四」字右下方。

☒弟限米四斛青畢𡬶嘉禾二年十一月十日石文丘大男潘□亨關邸☒　七九四〇

·□子男紀年廿二□□□在武昌　•　七九四一

領山里户人公乘謝溺年卅二　七九四二

·興妻大女婢年卅　☒　七九四三

·棠母大女如年七十五　七九四四

·垂子小女佳年六歲　☒　七九四五

領山里户人公乘潘毛年卅二腹心病　☒　七九四六

·右季家口食四人　訾☒　七九四七

領山里户人公乘潘卬年卅一踵（腫）左足　七九四八

·興（？）子小女難年八歲　☒　七九四九

·鄧（？）小妻大女糜年廿八□☒　七九五〇

隱（？）弟士伍盖年六歲　七九五一

·垂妻大女還（？）年□□　☒　七九五二

札弟小男黨（？）年三歲　□兄質年卅□□　七九五三

·難弟小女億年四歲　•　七九五四

·堆（？）姪公乘材（？）年十八　☒　七九五五

☒限米廿三斛　•　七九五六

縣鄉謹列嘉禾四年人名年紀爲簿　☒　七九五七

☒禾二年十一月十八日鵠丘魯脩關邸閣董基付倉吏☒　七九五八

·溺妻大女婢年廿九　☒　七九五九

☒　□妻□年廿七　☒　七九六〇

☒□□年十一月四日喬丘朱稚關邸閣董基付倉吏鄭黑受　七九六一

·毛妻大女足年卅　☒　七九六二

☒百卅八斛六斗□□𡬶嘉禾□☒　七九六三

☒□□向年七十五　妻思年七十七　☒　七九六四

☒　□弟士伍盈年六歲　☒　七九六五

☒右一家合十三人　☒　七九六六

右文（？）家口食八人　訾五☒　七九六七

☒樂關邸閣郭據付倉掾黄諱史潘☒　七九六八

☒生妻大女連年廿八　□☒　七九六九

☒　右民還貸……☒　七九七〇

入小武陵鄉黄龍三年税米二斛☒　七九七一

☒□出錢八□□☒　七九七二正

☒□□□民自☒　七九七二背

☒𡬶嘉禾六年九月廿一日□□☒　七九七三

記□□□☒　七九七四

領山里户人公乘潘象年卅七荆右手　☒　七九七五

☒　□子男筍年☒　七九七六

☒□董基付三州倉吏鄭黑受　七九七七

☒□□六户□□黄□☒　七九七八

☒……斛米廿六斛被督軍糧　七九七九

☒□斗船師張盖石平建安……☒　七九八〇

☒士田收租米五斛二斗一升六合☒　七九八一

☒黨（？）兄宗年五歲　☒　七九八二

☒丘大男彭開關邸閣李嵩☒　七九八三

☒佃卒向宜（？）火種田收米廿斛　☒　七九八四

☒一家合四人　☒　七九八五

都鄉男子□□□户下品出錢☒　七九八六正

入錢畢民自送☒　七九八六背

☒嘉禾六年正月十二日典田掾□□□　七九八七正

☒持還鄉典田吏及帥　七九八七背

☒……米三百□斛　七九八八

領山里户人公乘吴春年六十□☒　七九八九

☒□關邸閣李嵩付倉☒　七九九〇

☒□□□□前言到廣成鄉稱（？）見示給☒　七九九一

☒弟□年十一　七九九二

☒湘侯相　□□☒　七九九三

☒男弟羽年六歲　七九九四

☒典田掾□□□　七九九五正

☒□及帥　七九九五背

☒□□□嘉禾□年□☒　七九九六正

☒鄉典田吏及帥☒　七九九六背

☒收米十斛　☒　七九九七

☒首子女金年十五☒　七九九八

・右一家合七人　☒　七九九九

☒嘉禾六年正月十二日典田掾☒　八〇〇〇正

☒鄉典田吏及帥　☒　八〇〇〇背

☒日典田掾蔡□□　八〇〇一正

☒典田吏及帥　八〇〇一背

☒……蔡忠白　八〇〇二正

☒鄉典田吏及帥　八〇〇二背

☒禾六年正月十二日典田掾☒　八〇〇三正

☒典田吏及帥　☒　八〇〇三背

□鄉……故户下☒　八〇〇四正

入錢畢民□☒　八〇〇四背

都鄉男子王庫（？）故户下品出☒　八〇〇五正

【注】「庫」字左旁或有殘缺。《集韵・僊韵》：「廛，亦作庫。」《説文・廣部》：「廛，一畝半，一家之居。」段玉裁注改「一畝半」爲「二畝半」。

入錢畢民自☒　八〇〇五背

☒嘉禾六年正月十二日典田掾蔡忠白　八〇〇六正

☒鄉典田吏及帥　八〇〇六背

□鄉男子……☒　八〇〇七正

入錢畢民送牒還縣不☒　八〇〇七背

【注】據文例，「民」下脱「自」字。

☒……記☒　八〇〇八

☒……四斛二斗八升三合謹（？）☒　八〇〇九

□子女昭（？）☒　八〇一〇

☒鼠（？）妻盖（？）年廿二　八〇一一

右□家合四人　☒　八〇一二

入廣成鄉所調鹿皮☒　八〇一三

☒……關邸閣董基付庫☒　八〇一四

☒　妻□年廿三　八〇一五

☒盖□弟土（？）年十一　八〇一六

【注】「土」，或釋「士」。

☒□六人　☒　八〇一七

入廣成鄉杋（麂）皮二枚☰☒　八〇一八

☒馬黄升黄龍☒　八〇一九

☒□斛米七十五斛被督　八〇二〇

☒悉所收責捐除汝名起□☒　八〇二一

☒二匹當以爲伍佰作☒　八〇二二

☒據倉吏黄諱史□☒　八〇二三

☒日湖田丘謝士關☒　八〇二四

☒□不得持還鄉典☒　八〇二五

【注】依文例，此簡另一面應有文字，今已磨滅殆盡，不可辨識。

☒□□府謝□☒　八〇二六

☒□畢☰嘉禾二年五月卅日□□☒　八〇二七

☒右賈家☒　八〇二八

☒□萬（？）□□□□☒　八〇二九
☒□□□□　八〇三〇
☒嵩付倉吏黃☒　八〇三一
☒　見□☒　八〇三二
☒關邸閣□□☒　八〇三三
☒八斗五升☒　八〇三四
入西鄉嘉禾元年稅米☒　八〇三五
☒□□箅錢☒　八〇三六
☒鄉嘉禾元年□月□日☒　八〇三七
☒王□言□☒　八〇三八
☒□鄉典田掾烝若白　八〇三九
☒二日典田掾蔡忠白☒　八〇四〇
☒倉弟公乘☒　八〇四一
☒據付倉☒　八〇四二
☒據付倉吏黃諱☒　八〇四三
☒□郵吏區□□☒　八〇四四
☒妻姑年卅五　☒　八〇四五
☒□子男象年☒　八〇四六
☒月二日□丘□☒　八〇四七
☒關邸閣郭據☒　八〇四八
☒市□租□☒　八〇四九
☒升□倉吏☒　八〇五〇
☒閣郭據☒　八〇五一
☒□所調鹿皮☒　八〇五二
☒除汝名起今年正月一日☒　八〇五三
☒禾元年☒　八〇五四
☒□□□☒　八〇五五
☒□地僦☒　八〇五六
入西鄉嘉☒　八〇五七
☒殿連受　八〇五八
☒□□□□□一☒　八〇五九
首里户人公乘雷豪年廿（？）五☒　八〇六〇
☒嘉禾五年十二月十日劉里丘□□□□　八〇六一
☒關邸閣郭據付倉吏☒　八〇六二
☒吳悝陳□番☒　八〇六三
☒皮四枚〓嘉☒　八〇六四
☒□丘潘持關邸閣☒　八〇六五
☒錢一萬□☒　八〇六六
☒男子張盎（？）故☒　八〇六七正
☒入錢☒　八〇六七背
☒□米六□☒　八〇六八
☒〓嘉禾☒　八〇六九
☒禾元年十月廿☒　八〇七〇
☒〓嘉☒　八〇七一
☒年正月☒　八〇七二
☒〓嘉☒　八〇七三
☒元年☒　八〇七四
☒□領☒　八〇七五
☒□□□□☒　八〇七六
☒□丘廖□關☒　八〇七七
☒十　八〇七八
☒譴潘慮☒　八〇七九
☒二億□☒　八〇八〇
☒□□□□☒　八〇八一
☒年八月九日□□☒　八〇八二
入東鄉□□☒　八〇八三

☑□嘉☑　八〇八四
入東鄉☑　八〇八五
☑□年十五☑　八〇八六
☑□□廿□□☑　八〇八七
☑庫吏□☑　八〇八八
☑□番（？）□☑　八〇八九
☑見　八〇九〇
☑□十四☑　八〇九一
☑筭☑　八〇九二
☑□□申□亍□攵☑　八〇九三
☑□□☑　八〇九四
☑吏☑　八〇九五
☑見　八〇九六
☑妥嘉□☑　八〇九七
☑一日訖卅日□☑　八〇九八
☑三□五□☑　八〇九九
☑□年六歲　八一〇〇
☑黃龍☑　八一〇一
☑□唐□關☑　八一〇二
☑日□□☑　八一〇三
☑嘉禾二年☑　八一〇四
☑□□郭☑　八一〇五
草言□☑　八一〇六
☑□故戶中☑　八一〇七正
☑□百□☑　八一〇七背
☑關邸閣□☑　八一〇八
☑□四□☑　八一〇九
☑□□□東□☑　八一一〇

☑鄭黑受　八一一一
☑五斗五升胄☑　八一一二
☑□□□□☑　九一一三
☑威鄉口筭錢☑　八一一四
☑四勺合□☑　八一一五
☑餘三千三□☑　八一一六
☑□□一人□☑　八一一七
☑二年十一月廿☑　八一一八
☑・諸妻大☑　八一一九
☑丘男子困☑　八一二〇
☑□月十□☑　八一二一
☑□錢□☑　八一二二
☑　・其☑　八一二三
☑□入新☑　八一二四
☑□□男☑　八一二五
☑斗妥嘉禾☑　八一二六
☑付三□☑　八一二七
☑八百□三錢☑　八一二八
☑石一家合□人☑　八一二九
☑……戶☑　八一三〇
入小武陵鄉火（？）□☑　八一三一
入□鄉嘉禾□☑　八一三二
☑□□十□☑　八一三三
☑□□□□□☑　八一三四
☑黃諱史潘☑　八一三五
☑正月十日移□☑　八一三六
☑男牛勤（？）關邸☑　八一三七

【注】右側留有左右券破莂時因分剖不均而殘存的右券簡文筆畫。

☒□鄧☒　八一三八
☒□□□革（？）☒　八一三九
□邵□□☒　八一四〇
☒□□司馬□☒　八一四一
☒・其一百□☒　八一四二
☒禾元年十二月廿一日☒　八一四三
☒其二百卌☒　八一四四
☒入小武陵☒　八一四五
☒□六□☒　八一四六
☒□中　☒　八一四七
【注】「中」字爲紅色筆蹟。
☒年九歲　☒　八一四八
☒□女弟始（？）年☒　八一四九
☒三年□月廿四日☒　八一五〇
☒□嘉禾元年☒　八一五一
☒□付倉吏☒　八一五二
☒□四千□☒　八一五三
☒五年領□□□□☒　八一五四
☒墨受　八一五五
☒老一人□□☒　八一五六
☒臨湘侯相　□☒　八一五七
☒□還米□斛□□☒　八一五八
☒月廿五日上俗丘朱當（？）☒　八一五九
軍吏黄春年☒　八一六〇
入平鄉新吏限米☒　八一六一
☒□□□細小☒　八一六二
☒・右南鄉☒　八一六三
☒付三州倉吏□漢☒　八一六四
☒十五畝（？）□☒　八一六五
入都鄉嘉☒　八一六六
☒吏潘珛☒　八一六七
首里户人公乘謝忠年卌　☒　八一六八
☒……縣詭責☒　八一六九
・右黄龍□☒　八一七〇
☒　六月廿日□□☒　八一七一
☒□□米　八一七二
領山里户人公乘鄧得年卌　☒　八一七三
・右一家□☒　八一七四
□□□書□☒　八一七五
☒□九十四斛□升□黄龍□☒　八一七六
☒□□□關邸閣李☒　八一七七
☒□□入畢□□□☒　八一七八
入平鄉租米六斛☒　八一七九
☒諱史番慮☒　八一八〇
☒臨湘侯相☒　八一八一
☒□□□十二日☒　八一八二
☒六十五　☒　八一八三
☒……户下品出錢☒　八一八四正
☒入錢畢民自送☒　八一八四背
□鄉男□□悲故☒　八一八五正
入錢畢☒　八一八五背
☒□鄉□□□☒　八一八六正
☒入錢☒　八一八六背
☒錢四千四☒　八一八七正
☒送牒還縣☒　八一八七背
☒□□□盲□目　☒　八一八八

〼禾二年限米十五斛〓嘉禾〼　八一八九
〼年十五　文（？）母象（？）年六十　〼　八一九〇
〼□臨湘侯相〼　八一九一
〼　・筭一　八一九二
入錢畢民自〼　八一九三
〼□男□郭年廿給縣□〼　八一九四
【注】此簡另一面應有文字，今已磨滅殆盡僅存墨蹟，不能辨識。
〼𠯑妻大女香年卌　〼　八一九五
〼　其九斛四斗六升價今八千〼　八一九六
〼□給郡吏　□〼　八一九七
〼嘉禾二年布二匹□□〓嘉禾二年八月廿五日□〼　八一九八
〼嘉禾二年布三丈九尺〓嘉禾……〼　八一九九
〼丘男子苗雄關邸閣董□〼　八二〇〇
〼付倉吏張曼〼　八二〇一
〼斛〓嘉禾六年二月十三日傳（？）丘鄭牛關主記梅〼　八二〇二
・其一千一百五十九斛六斗二升□〼　八二〇三
・吏陳雅（？）□□□□□雅（？）嘉禾二年五月□〼　八二〇四
掾黄諱史番慮　〼　八二〇五
黄諱史潘慮　〼　八二〇六
出民還黄龍三年私學吴平斛米二斛僦畢〓嘉禾二〼　八二〇七
出黄龍元年佃卒旱□吴平斛〼　八二〇八
〼溪丘劉金關主記梅綜〼　八二〇九
出嘉禾元年吏帥客限米□〼　八二一〇
〼百五十八斛四斗　八二一一
〼五年田畝布賈准米一斛二斗五升〓嘉禾〼　八二一二
〼〓嘉禾六年二月廿二日蕢丘鄭廟關〼　八二一三
入八月雜錢米七百八十三斛四斗八升七合六勺　〼　八二一四
出民還黄龍元年叛士吴平斛米四斛被縣嘉〼　八二一五

・其卅八斛一斗九升〼　八二一六
其□一斛六斗九升黄龍三年□
其□斛民還黄龍三年叛士限□　〼　八二一七
入樂鄉嘉禾五年税米十五斛五斗〓嘉禾六年正月十五日〼　八二一八
・其八百……
其五十斛五斗民還黄龍元年　〼　八二一九
・其四百九（？）十三斛三升黄龍□□〼　八二二〇
・其□六斛八斗黄龍元年佃卒限
其十五斛民還黄龍元年□　〼　八二二一
・其二百九十一斛六斗四升黄龍□〼　八二二二
□□書給使持節樂（？）陽（？）侯兵曹王攀所領□□〼　八二二三
大男張業（？）運□□□倉業（？）以其〼　八二二四
其四百八十二斛八斗九升嘉〼　八二二五
〼嘉禾……嘉禾元年私學限米三斛　〼　八二二六
・准廪斛米一千八百□斛□斗五合被督軍糧都〼　八二二七
・其六十斛民還黄龍二年税米　〼　八二二八
民還黄武七年税吴平斛米十三斛被縣嘉禾二年〼　八二二九
・其三斛三升黄龍三年新□〼　八二三〇
出黄龍三年税吴平斛米□百卅斛一斗九升……〼　八二三一
元運詣州中倉□□五年五月廿九日□〼　八二三二
・其卅（？）七斛三斗黄龍元年□□□〼　八二三三
・其五百斛三斗六升黄龍四年〼　八二三四
・其四百卌二斛三斗□升□□〼　八二三五
□　其□斛八斗九升□米　〼　八二三六
〼□□雷汇黄龍三年鹽賈米三百斛被縣嘉禾二年〼　八二三七
〼鄉嘉禾五年税米卅三斛四斗僦畢〓嘉禾五年十二月九日劉里丘
劉苲關丞〼　八二三八
入嘉禾元年郵卒限米□斛二斗五升　〼　八二三九

•其三斛四斗黃龍三年租米☑　八二四〇

•其卅八斛一斗九升郡吏區□黃☑　八二四一

□□　……斛四斗三升□☑　八二四二

入東鄉嘉禾五年稅米六斛𦈡嘉禾六年二月十八日倉丘謝生關主記梅綜付☑　八二四三

入東鄉嘉禾五年稅米六十二斛𦈡嘉禾五年十二月廿三日夢（？）丘大男□政關丞皁紀付掾孫儀受　八二四四

☑東鄉嘉禾五年稅米十斛六斗𦈡嘉禾六年二月十日辜丘鄭各關主記梅綜付掾孫儀受　八二四五

入東鄉嘉禾五年稅米五斛一斗𦈡嘉禾五年十二月廿八日抶丘何禮關丞皁紀付掾孫儀受　八二四六

入東鄉嘉禾五年稅米卌斛盈就畢𦈡嘉禾五年十二月九日劉里丘劉伯關丞皁紀付掾孫儀受　八二四七

□百四人應食□□百廿四人起今年閏月卅☑　八二四八

☑鄉嘉禾五年稅米五斛三斗𦈡嘉禾六年正月十五日領山丘謝倉關丞皁紀付掾☑　八二四九

☑嘉禾五年田畝錢准〈准〉米十斛二斗𦈡嘉禾六年正月廿二日吳丘烝胡關主記梅……受　八二五〇

☑□年口筭錢二千　☑　八二五一

……限米嘉禾六年七月廿九日□□朱陳（？）☑　八二五二

☑嘉禾五年稅米四斛三斗𦈡嘉禾六年二月下象丘盧師（？）關主記梅綜付掾孫儀受　八二五三

•右五月出雜吳平斛米□萬五千四百廿五斛一斗二合三勺☑　八二五四

入東鄉嘉禾五年田畝錢准〈准〉米十一斛𦈡嘉禾六年正月十七日楮丘黃漢關主記梅綜付掾孫儀受　八二五五

☑□□謹以所領户出錢上中下品人名爲簿　八二五六

模鄉郡吏陳埤（？）故户上品出錢一萬二千臨湘侯相　見　嘉禾五年十二月十八日模鄉典田掾烝若白　八二五七

☑□□□租　見　嘉禾五年十二月十八日模鄉典田掾烝若白　八二五八

模鄉郡吏何奇故户上品出錢一萬二千臨湘侯相　見　嘉禾五年十二月十八日模鄉典田掾烝若白　八二五九

模鄉大男胡車故户上品出錢一萬二千臨湘侯相　見　嘉禾五年十二月十八日模鄉典田掾烝若白　八二六〇

入東鄉嘉禾五年稅米五十四斛六斗𦈡嘉禾五年十二月廿四日石下丘大☑　八二六一

入東鄉嘉禾五年稅米十五斛七斗𦈡嘉禾六年二月八日資（？）丘謝倉關☑　八二六二

☑禾五年稅米十六斛僦畢𦈡嘉禾五年十二月五日領☑　八二六三

入東鄉嘉禾五年稅米十一斛𦈡嘉禾……關丞皁□☑　八二六四

入東鄉嘉禾五年稅米十二斛𦈡嘉禾六年二月廿一日芧丘謝蘇關主記梅綜付掾孫儀受　八二六五

【注】「芧」，《說文·艸部》：「艸也。從艸，予聲。可以爲繩。」即三稜草。音zhù。

入東鄉嘉□□年稅米二斛七斗𦈡嘉禾六年正月……受　八二六六

☑□年稅米四斛一斗𦈡嘉禾六年正月三日夫丘男子謝□□☑　八二六七

入□鄉嘉禾□年稅米□□斛𦈡嘉禾……☑　八二六八

入嘉禾元年新吏限米五十二斛四斗五升　☑　八二六九

•其二斛五斗黃龍三年私學限米☑　八二七〇

•其五百五十五斛九斗五升□☑　八二七一

☑田畝布賈准米十八斛胥〈盈〉冑畢𦈡嘉禾五年十一月廿七日資丘男子謝賢☑　八二七二

•其一斛五斗黃武七年稅米　☑　八二七三

集凡承餘新入雜吳平斛米九千六百五十五斛九斗六升☑　八二七四

•其八十九斛六斗三升五合黃龍三年☑　八二七五

•其廿斛黃武五年佃卒限米☑　八二七六

今餘吳平斛米三□三百六十三斛□斗七升☑　八二七七

☐年十一月□日□□丘潘寛關邸閣董基☐　八二七八
☐斛𫨻嘉禾六年二月一日湛丘吏龍潛（？）☐　八二七九

【注】此簡破莂時分剖不均，右側殘存右券之左半字，今略而不録。

☐□年田畝錢准〈准〉入米二斛七斗𫨻嘉禾六年二月五日園丘五
毋關邸☐　八二八〇
☐□□十九斛六斗𫨻嘉禾五年十二月十七日下象丘男子吴關（？）
☐　八二八一
□張□□□□☐　八二八二
☐　□盡丘大男﨤蔡□記州中倉……☐　八二八三
☐……綜付掾孫儀受　八二八四
入東鄉嘉禾五年田畝錢准米三斛八斗𫨻嘉禾六年正月廿一日☐　八二八五
☐卌六　☐　八二八六
·其五十四斛三斗六升黃龍☐　八二八七
☐鄉嘉禾五年田畝布賈米二斛五斗𫨻嘉禾五年☐　八二八八
入桑鄉嘉禾五年田畝錢准入米九斗𫨻嘉禾六年二月三☐　八二八九
□十（？）斛五斗黃☐　八二九〇
☐五斗𫨻嘉禾六年正月十一日盧（？）丘縣吏□☐　八二九一
☐二月□三日何丘大男谷幼（？）關主記梅□☐　八二九二
☐中……☐　八二九三
☐盈僦畢𫨻嘉禾五年十一月廿七日夢（？）丘黃□☐　八二九四
☐十二萬二千四百七十九錢　☐　八二九五
☐下品出錢四千四百臨湘侯相　見　☐　八二九六
入桑鄉嘉禾五年私學限米廿斛𫨻嘉☐　八二九七
☐嘉禾六年二月十八日區丘黃□關主記☐　八二九八
☐嘉禾六年二月十八日柚丘謝有☐　八二九九
☐盧（盧）贛關邸閣董基付倉☐　八三〇〇
☐弟限米十一斛𫨻嘉禾六年☐　八三〇一
☐基付倉吏郭☐　八三〇二
☐綜付掾孫☐　八三〇三
☐嘉禾六年正月□日□☐　八三〇四
☐年十二月□三日□□□☐　八三〇五
☐七斛二斗𫨻嘉禾☐　八三〇六
入東鄉嘉禾二年稅米一斛二斗𫨻☐　八三〇七
☐下品　☐　八三〇八
入東鄉五年貸☐　八三〇九
☐黑受　八三一〇
☐嘉禾六年二月□☐　八三一一
入嘉禾☐　八三一二
☐丞皐☐　八三一三
☐□廖護關邸閣☐　八三一四
☐儀受　八三一五
☐□掾孫儀受　八三一六
☐□惕□☐　八三一七
☐□五☐　八三一八
☐連受　八三一九
入廣成鄉嘉禾二年☐　八三二〇
入桑鄉□□☐　八三二一
☐□年十一月☐　八三二二
☐□□董基☐　八三二三
☐丘州吏五□關☐　八三二四
☐□一萬七☐　八三二五
入東鄉嘉禾五☐　八三二六
☐禾五年十二月□☐　八三二七
☐□李鋤（？）關主記梅綜☐　八三二八
☐□故户中□☐　八三二九

☑賈准入米一斛一斗〓嘉禾☑ 八三三〇

☑記梅綜付掾孫☑ 八三三一

☑關主記梅綜付□☑ 八三三二

入桑鄉嘉禾五年八億錢准〈准〉入米四斛五斗□〓嘉禾六年正月☑ 八三三三

☑弟當年十四 ☑ 八三三四

☑月十四日辜丘吏□☑ 八三三五

☑倉吏鄭黑受 八三三六

☑月廿八日東平丘☑ 八三三七

☑□卯諱關主記梅綜付掾孫☑ 八三三八

☑記梅綜付掾孫儀受 八三三九

☑千二百九十 八三四〇

入平鄉嘉禾五年八億錢准入米十一斛三斗☑ 八三四一

入東鄉嘉禾五年八億錢准入米☑ 八三四二

☑〓嘉禾二年十一月十八日松田丘何惕關邸閣董基☑ 八三四三

☑鄭黑受 八三四四

☑四千二百五十 ☑ 八三四五

入東鄉嘉禾五年田畝錢准〈准〉米一斛六斗〓嘉禾六年正月廿二日☑ 八三四六

鳥子公乘□年十八 ☑ 八三四七

☑禾五年稅米一斛六斗〓嘉禾六年正月十日露丘丁觀關丞皐☑ 八三四八

……禾五年……十八斛四斗三升九合合吳平斛☑ 八三四九

掾黃諱史潘□ ☑ 八三五〇

☑ ·右領錢七萬☑ 八三五一

☑佃卒限米五十斛 ☑ 八三五二

·嘉禾元年私學限米□十六斛 ☑ 八三五三

☑廿七斛僦畢〓嘉禾五年十二月五日因丘男子廬（盧）紀關丞皐
紀付□☑ 八三五四

☑……九十斛……嘉禾……☑ 八三五五

☑日租下丘盧客關丞皐紀付掾□☑ 八三五六

入東鄉嘉禾五年八億錢准入米九斛六斗〓嘉禾☑ 八三五七

詣州中倉□以□見年九（？）月十七日關邸閣☑ 八三五八

諱史潘慮 ☑ 八三五九

陳雅運詣州中……嘉禾二年六月廿五☑ 八三六〇

出定（？）直（？）僦吳平斛米□二斛與郡吏……☑ 八三六一

入嘉禾二年貸食黃龍□年吏帥客限米三斛 ☑ 八三六二

入桑鄉嘉禾五年八億錢賈准米七斛〓嘉禾六年☑ 八三六三

□黃龍三年稅吳平斛米□□五十六斛四斗七升被□□☑ 八三六四

□□百七斛二斗黃龍二年稅米☑ 八三六五

☑黃龍三年貸食黃武五年稅米二斛八斗 ☑ 八三六六

·其三斛一斗三升黃龍三年新吏限米☑ 八三六七

☑武七年稅吳平斛米卅斛五斗被縣嘉禾二年五月九日□□☑ 八三六八

·……千三百……唯□☑ 八三六九

☑嘉禾六年二月廿二日東溲丘謝蘇關主記梅綜 ☑ 八三七〇

☑□米四斛〓嘉禾六年正月十二日賀（？）丘谷原關丞皐紀付掾
孫儀受 八三七一

☑米七斛〓嘉禾六年二月廿五日園丘鄭營（？）關主記梅綜☑ 八三七二

☑斛〓嘉禾六年正月廿七日扶里新成丘□紀關主記梅綜付掾孫☑ 八三七三

☑……二入合廿□萬六千 ☑ 八三七四

☑年稅米十斛〓嘉禾五年十二月十一日東平丘鄧養關丞皐紀付掾
孫☑ 八三七五

☑斗〓嘉禾□年正月十六日東平丘郡吏監訓關丞皐紀付掾孫儀受 八三七六

☒〓嘉禾六年二月二日敷丘縣吏谷漢關主記梅綜付掾孫☒ 八三七七

模鄉縣吏蔡忠故户上品出錢一萬二千臨湘侯相 □ 嘉禾五

年十二月十八日模鄉典田掾烝若白 八三七八

☒〓嘉禾六年正月九日□丘男子潘庚關丞皐紀付掾孫儀受 八三七九

……黃武五年……☒ 八三八〇

☒□四六佃吏限米五斛〓嘉禾五年十二月廿八日周陵丘蔥捐關☒ 八三八一

入東鄉五年税米六十四斛九斗四（？）升僦畢〓嘉禾五年十一月

廿七日伻丘□□關丞☒ 八三八二

☒五十斛八斗五升〓嘉禾五年十二月廿九日逢（？）丘盧盖（？）

關丞皐紀付掾孫儀受 八三八三

入東鄉嘉禾五年税米廿一斛〓嘉禾五年十二月十日劉里☒ 八三八四

入樂（？）鄉嘉禾五年税米五斛七斗五升〓嘉禾六年正月十日横

溲丘謝張關丞☒ 八三八五

入□鄉嘉禾五年税米八斛二斗〓嘉禾六年正月廿六日湛丘郡吏黃

坏（？）關主記梅綜付掾☒ 八三八六

☒鄉嘉禾五年子弟限米一斛二斗〓嘉禾五年十二月廿五日栗丘☒ 八三八七

☒十三斛〓嘉禾六年二月二日租下丘縣吏黃囷關主記梅綜付掾孫☒ 八三八八

☒□出錢卌三萬七千六百五十八錢 ☒ 八三八九

☒嘉禾五年佃卒限米六斛〓嘉禾六年正月卅日濡丘朱綬關主記梅

綜付☒ 八三九〇

☒四斗〓嘉禾六年二月廿二日幸（？）丘鄭南關主記梅綜☒ 八三九一

☒米卌四斛僦畢〓嘉禾五年十二月廿一日區丘男子婁水關丞皐☒ 八三九二

☒□李谷 ● 八三九三

・其四斛黃龍元年鹽☒ 八三九四

・其一斛四斗郎吏三年☒ 八三九五

其十四斛六斗黃龍元年税米

□□民還黃龍元年□ ☒ 八三九六

☒嘉禾元年吏帥客限吴平斛米三百七十三斛九斗八升被☒ 八三九七

☒田二月廿日湛丘縣吏趙欽關丞皐紀付掾孫儀受 八三九八

……斗嘉禾二年☒ 八三九九

其卅八斛一斗九升□吏區☒ 八四〇〇

☒𠆯關丞皐紀付掾孫儀受 八四〇一

☒税米十四斛一斗〓嘉禾六年正月廿日蕢丘鄭孫關主記☒ 八四〇二

☒嘉禾五年和米十六斛二斗〓嘉禾六年正月□日劉里丘……☒ 八四〇三

☒禾五年税米三斛七斗七升〓嘉禾五年十二月十四日柚丘黃然關

丞□☒ 八四〇四

☒米卌一斛□斗〓嘉禾五年十二月廿八日□□丘□狶（？）關丞

皐紀☒ 八四〇五

☒鄉嘉禾五年私學限米四斛七斗〓嘉禾五年十二月十四日柚丘鄭

逝（？）關丞皐紀付倉吏孫☒ 八四〇六

☒鄉嘉禾五年吏客限米廿八斛四斗〓嘉禾……☒ 八四〇七

☒五年十二月廿四日吴丘男子黃偵關丞皐☒ 八四〇八

掾黃諱史番慮 ☒ 八四〇九

☒度丘五訓關主記梅……儀受 八四一〇

☒東（？）田丘男子鄭勞關主記梅綜付掾孫儀受 八四一一

□餘吴平斛米五千三百五十斛三升二合九勺 ☒ 八四一二

☒嘉禾二年掬租錢 八四一三

☒鄉嘉禾□年□米三斛〓嘉禾□年十二月☒ 八四一四

・其一百斛五斗八升□☒ 八四一五

☒年正月廿六日夫與丘李狗關主記梅綜☒ 八四一六

其四千一百七十三斛九☒ 八四一七

☒佃吏限米一斛五斗〓嘉禾六年二月十二日吏□☒ 八四一八

其四斛二斗……〼　八四一九
〼關丞皋紀付掾孫□〼　八四二〇
〼　·其一百卅六斛八斗九升〼　八四二一
右丞〈承〉餘市租錢二萬一百□　〼　八四二二
入桑鄉嘉禾五年八億錢准入米六斛〼　八四二三
〼三日園（?）丘吕帛關丞皋紀□〼　八四二四
〼□鄉嘉禾五年佃卒限米一斛僦畢〓嘉禾五年十二月廿八日〼　八四二五
入東鄉嘉禾三年税米四斛九斗〓嘉禾六年正月十二日𬗦（?）丘男子鄭南關〼　八四二六
〼鄉嘉禾五年税米八十二斛〓嘉禾五年十二月□一日□□〼　八四二七
〼□吴□關丞皋紀付掾孫儀受　八四二八
〼……七十五錢　〼　八四二九
〼日園丘唐平主記梅綜付掾孫儀受　八四三〇

【注】依文例，「主」上脱「關」字。

〼□月十二日由溲丘潘李關主記梅綜付掾〼　八四三一
入桑鄉五年私學限米十□〼　八四三二
〼關主記梅綜付掾孫〼　八四三三
〼　其五十五斛二斗黄武〼　八四三四
〼年税米十一斛〓嘉禾五年〼　八四三五
〼紀付掾孫儀受　八四三六
〼□鄧外關主記梅綜付掾〼　八四三七
〼□六年正月十一日區丘武（?）卓關丞〼　八四三八
〼嘉禾五年八億錢准入米八斛六斗〓嘉〼　八四三九
〼　□〼　八四四〇
〼□□□□錢〼　八四四一
〼丘黄赤關丞皋〼　八四四二
入桑鄉嘉禾□〼　八四四三
〼百卅六錢三年□〼　八四四四
〼丞皋紀付掾〼　八四四五
入平鄉嘉禾五年佃卒限米五〼　八四四六
入平鄉嘉禾五年八億錢准入米十〼　八四四七
〼紀付掾孫〼　八四四八
·右二人□〼　八四四九
〼下（?）丘烝□〼　八四五〇
〼付掾孫〼　八四五一
〼□記梅綜付〼　八四五二
〼日斥（?）丘鄧□〼　八四五三
入北鄉嘉禾五年八億〼　八四五四
〼年十一月□日三□〼　八四五五
〼□米　八四五六
〼廿七日度丘□〼　八四五七
〼蒭錢〼　八四五八
〼吏鄭黑受　八四五九
〼鄉税米五斛□〼　八四六〇
〼儀受　八四六一
〼□關丞□〼　八四六二
〼四斛冑畢〓嘉〼　八四六三
入樂鄉嘉禾五年〼　八四六四
〼□三州倉〼　八四六五
〼□紀付掾孫〼　八四六六
入桑鄉嘉禾〼　八四六七
〼邸閣董基〼　八四六八
〼□□鄉嘉□□〼　八四六九
〼嘉禾六年二月十□〼　八四七〇
〼冑畢〓嘉禾□〼　八四七一

☐孫儀受　八四七二
☐□邵□□□☐　八四七三
☐品□都鄉☐　八四七四
☐□□□丘□☐　八四七五
☐□五斛⿱三乂嘉禾☐　八四七六
☐丘烝斗關丞皐☐　八四七七
☐月十六日洽丘□☐　八四七八
☐□二（?）□☐　八四七九
☐掾孫儀受　八四八〇
☐四斗□□☐　八四八一
☐□限米五斛☐　八四八二
☐董基付倉吏☐　八四八三
☐倉吏鄭黑受☐　八四八四
入東鄉嘉禾五☐　八四八五
入桑鄉嘉禾☐　八四八六
☐鄉嘉禾五☐　八四八七
入小樂（?）鄉嘉禾五年□☐　八四八八
☐□三年士蒭錢□□☐　八四八九
☐壬二月十日□□丘□□□□☐　八四九〇
☐盡（?）李從　八四九一
☐□□□記□☐　八四九二
☐烝（?）□□☐　八四九三
入□鄉嘉禾五年佃吏□□□☐　八四九四
入東鄉嘉禾五年八億錢□□☐　八四九五
☐□六年正月廿六日泊丘鄭□☐　八四九六
☐斛五斗⿱三乂嘉禾六年二☐　八四九七
☐□□□□□☐　八四九八
☐……斛□斗⿱三乂嘉禾六☐　八四九九
☐米十斛二☐　八五〇〇
☐□□□□☐　八五〇一
☐七斗⿱三乂嘉禾六年正月□□日□☐　八五〇二
☐□年正月廿六日□☐　八五〇三
☐紀□□☐　八五〇四
☐□皐紀付掾孫☐　八五〇五
☐掾孫儀受　八五〇六
☐嘉禾□年十一月十日彈溲丘楊（?）伯關　☐　八五〇七
☐日區丘謝溥關主記梅☐　八五〇八
☐孫儀受　八五〇九
☐□畢⿱三乂嘉禾五年十一☐　八五一〇
☐□☐　八五一一
☐□主記梅☐　八五一二
☐長營（?）□□□☐　八五一三
☐□石欣關丞皐☐　八五一四
☐五年八億錢賈准入米☐　八五一五
☐錢合四萬給督軍糧☐　八五一六
入□鄉嘉禾五年八億錢☐　八五一七
☐劉里丘錢（?）若關主記梅☐　八五一八
☐百五十六錢☐　八五一九
☐紀□□☐　八五二〇
☐紀付掾孫儀受　八五二一
☐□元丘謝克（?）關☐　八五二二
☐□米田斛五斗七升嘉禾☐　八五二三
☐……五年田畝錢☐　八五二四
☐嘉禾五年十二月七日栗丘□□□☐　八五二五
☐月八日夫與丘□☐　八五二六
☐□嘉禾二年稅米□☐　八五二七

☑□關主記梅綜付☑　八五二八
☑日東丘吏烝堂關丞☑　八五二九
☑錢廿七萬四千一百☑　八五三〇
☑□鄉嘉禾五年田畝錢□☑　八五三一
☑潘□付三州倉吏谷漢☑　八五三二
☑紀付掾孫儀受　八五三三
☑掾孫儀受　八五三四
入平鄉嘉禾五年田□☑　八五三五
☑嘉禾五年十二月☑　八五三六
☑斛五斗〼嘉禾六年二月十六日園☑　八五三七
☑□米□斛〼□☑　八五三八
·右廣成鄉☑　八五三九
☑□斛〼嘉禾六年正月廿七☑　八五四〇
入樂鄉嘉禾五年稅米一斛☑　八五四一
☑□□斛〼嘉禾六年正月……☑　八五四二
☑付掾孫儀受　八五四三
☑□記（？）□☑　八五四四
☑日下俗丘鄭黑□☑　八五四五
☑□賈淮米九斗〼嘉☑　八五四六
☑日彈溲丘烝可（？）關☑　八五四七
☑□嘉禾四年□月廿四日關邸☑　八五四八
☑□斛五斗〼嘉禾五年十二月廿四日☑　八五四九
☑記梅綜付掾孫☑　八五五〇
☑阜紀付掾孫□☑　八五五一
☑妻大女□年廿三□　☑　八五五二
入桑鄉嘉禾五年八億錢准入米☑　八五五三
·其□☑　八五五四
☑□篙（？）付三州倉吏谷漢受　八五五五
☑……庫吏□連受　八五五六
☑……准入米二百一十斛三斗☑　八五五七
入□鄉復民租（？）錢四□□☑　八五五八
☑　其卅二斛☑　八五五九
入桑鄉嘉禾五年八億錢准入米□☑　八五六〇
☑　□二百七斛五斗八升二合三☑　八五六一
☑米六斛〼嘉禾六年五月廿九日東平丘男子☑　八五六二
☑□□十斛□斗　八五六三
☑東鄉嘉禾五年八億錢准入米九斛☑　八五六四
入東鄉嘉禾五年稅米八十七斛〼嘉禾五年十二☑　八五六五
入□鄉嘉禾五年子弟限米二斛〼嘉禾六年☑　八五六六
入東鄉嘉禾五年子弟限米十斛九斗〼嘉☑　八五六七
☑稅米五十四斛六斗〼嘉禾六年☑　八五六八
☑丘鄭若關丞阜ノ紀付掾孫儀受　八五六九
【注】「阜」下一斜筆，或與簽署核校有關，詳待考。
入桑鄉嘉禾五年八億錢准入米九斛五斗〼☑　八五七〇
☑□□米三斛四斗九升……☑　八五七一
☑嘉禾五年佃吏限米十八斛〼嘉禾六年☑　八五七二
☑……〼嘉禾□☑　八五七三
·右嘉禾二年十月新吏限米七千八百卅四斛八斗☑　八五七四
☑嘉禾五年稅米九□〼嘉禾六年正月……☑　八五七五
入東鄉嘉禾五年稅米十二斛〼嘉禾六年二月☑　八五七六
☑　中　八五七七
☑〼嘉禾……☑　八五七八
丑書付大男謝□運詣□□倉頡以其……☑　八五七九
出擿吳平斛米二百一十二斛八斗三升四合二勺□米□☑　八五八〇
☑□月廿日劉里丘男子殷起關主記梅綜付掾孫☑　八五八一
書付大男李宮運詣州中倉宮（？）以其年五月☑　八五八二

☑鄉嘉禾五年稅米一斛〻嘉禾六年正月十一日上☑　八五八三
·其卌斛嘉禾元年□☑　八五八四
·其十一斛黃龍□年□□☑　八五八五
☑梅綜付掾孫義受　八五八六
☑五年畝錢准米四斛三斗〻嘉禾六年二月十三日□☑　八五八七
☑嘉禾五年稅米十七斛〻嘉禾六年正月廿一日新成丘……記梅　八五八八
·其一千六十六斛二斗六升☑　八五八九
入□鄉嘉禾五年郡吏陳頂□客限米□斛〻嘉禾六年正月十八日新成丘男子五當閤主記梅綜付掾孫儀　八五九〇

【注】「閤主」，他簡作「關主」。

入平鄉嘉禾五年帥客鄧儘（？）限米廿斛就畢〻嘉禾五年十一月卅日杷（？）丘吳馬關丞皐紀付掾孫儀受　八五九一
☑米一斛〻嘉禾六年正月卅日黃丘鄭孫關主記梅綜付掾孫☑　八五九二
☑三百斛八斗□升　八五九三
·其卌七斛九斗☑　八五九四
☑苛水（？）丘民鄭葟（？）關主記梅綜付掾孫儀受　八五九五
☑一千四百二年桑鄉……☑　八五九六
其七斛六斗二升嘉禾三年☑　八五九七
其卅斛……☑　八五九八
☑〻嘉禾六年正月廿七日大田丘烝宗關主記梅綜付掾孫☑　八五九九
……縣□鄉□軻☑　八六〇〇
運詣州中倉□以其年五月五日關邸閣李□☑　八六〇一
☑　其八百六十九斛七升嘉禾☑　八六〇二
☑□臨湘侯相　見　嘉禾五年十二月十八日模鄉典田掾烝若白　八六〇三
☑〻嘉禾六年二月一日上利丘烝光（？）關主記梅綜付掾孫☑　八六〇四
☑〻嘉禾六年正月廿六日石下丘謝佃關主記梅綜付掾孫☑　八六〇五
☑右廣成鄉入子弟限米三百九十一斛八斗☑　八六〇六
☑〻嘉禾六年正月十八日淯丘李允關主記梅綜付掾孫☑　八六〇七
☑斛胄畢〻嘉禾二年十一月十八日☑　八六〇八
☑關主記梅綜付掾孫儀受　八六〇九
☑□錢准入米一斛〻嘉禾六年☑　八六一〇
入桑鄉嘉禾五年私學限米廿六斛☑　八六一一
☑謝達關邸閣董基□☑　八六一二
今餘錢五萬☑　八六一三
☑綜付掾孫儀受　八六一四
入桑鄉嘉禾五年八億錢☑　八六一五
☑月廿六日[illegible]丘縣吏五訓關主☑　八六一六
入廣成鄉嘉禾五年子弟限米十八斛〻嘉☑　八六一七
☑……關主記梅綜付掾孫儀受　八六一八
☑主記梅綜付掾孫儀受　八六一九
☑綜付掾孫☑　八六二〇
☑□米□□斛〻嘉禾六年正月☑　八六二一
☑〻嘉禾五年□月……☑　八六二二
☑　見　嘉禾五年十二月十八日模☑　八六二三
入平鄉嘉禾五年八億錢……〻☑　八六二四
□關邸閣郭據付掾黃諱史潘☑　八六二五
入東鄉五年稅米卌七斛七斗☑　八六二六
入平鄉嘉禾五年吏客限米二斛☑　八六二七
☑□年田畝布賈准入米六斗〻嘉禾六年二月六日露丘殷□☑　八六二八
☑□丘縣吏烝贊關主記梅綜付掾孫儀受　八六二九
☑嘉禾五年田畝布賈准入米七斛三斗〻嘉禾六年□☑　八六三〇
☑主記梅綜付掾孫儀受　八六三一
入平鄉嘉禾五年八億錢☑　八六三二

〼〼嘉禾五年十二月廿日□〼 八六三三
〼□臨湘侯相 〼 八六三四
〼嘉禾二年十一月十一日上俗丘男子朱〼 八六三五
〼領下丘烝賨（？）關主記梅□〼 八六三六

【注】「賨」，《玉篇・貝部》：「美也」；《廣韻・真韻》：「美好也。」音bīn。或説字當釋爲「賓」。

〼〼嘉禾六年正月廿日窟丘男子〼 八六三七
〼三萬二百元年市租錢〼 八六三八
〼□□嘉禾二年正月廿一日……〼 八六三九
〼吏谷漢受 八六四〇
〼四千三百五錢 〼 八六四一
〼露（？）丘州吏張敬付〼 八六四二
〼□米……二斛五斗〼 八六四三
〼廿□日濬丘黄□關丞皐〼 八六四四
〼□鄉私學限米□〼 八六四五
〼百六十五斛四斗五升五年税米 八六四六
入東鄉嘉禾五年子弟限米五斛〼 八六四七
〼□關邸閣董基〼 八六四八
〼……三……税米……〼 八六四九
出嘉禾二年……〼 八六五〇
〼米卌四斛二斗冑〼 八六五一
〼錢四千四百侯□〼 八六五二
〼丘男子黄□……〼 八六五三
〼嘉禾三年十二月廿一日□□〼 八六五四
〼□月廿三日上利（？）丘□〼 八六五五
〼□〼嘉禾五年十二月廿□〼 八六五六
〼〼嘉禾六年正月廿六日□〼 八六五七
〼□斛九斗四升□〼 八六五八
入桑鄉嘉禾五年□〼 八六五九
〼……還〼 八六六〇
〼〼嘉禾五年八億錢准入米二斛〼 八六六一
〼年十一月十八日俗丘五騰關□〼 八六六二
〼新入口筭錢七百〼 八六六三
〼〼嘉禾六年二月十二日吏〼 八六六四
凡口七事□〼 八六六五
〼二日新成丘男子烝張關〼 八六六六
〼禾五年私學限米〼 八六六七
〼日阿丘殷藕（？）〼 八六六八
〼年二月十五日倂□〼 八六六九
〼七日大田丘烝宗〼 八六七〇
〼□二斛九斗〼嘉禾〼 八六七一
模鄉大男任□故户中品出錢〼 八六七二
〼日區丘廬（盧）中關〼 八六七三
〼□日□丘武卓關〼 八六七四
〼□關丞皐〼 八六七五
〼斛八斗〼嘉禾六年正月〼 八六七六
〼嘉禾六年月廿一日吴〼 八六七七

【注】「月」上脱數字。

〼禾二年税米四斛……〼 八六七八
〼主記梅綜〼 八六七九
〼□付掾孫〼 八六八〇
入東鄉嘉禾五年〼 八六八一
〼中 八六八二

【注】「中」字爲紅色筆蹟。

〼米廿斛〼 八六八三
〼布准入米三斛〼 八六八四

☒畝布賈准入米□☒　八六八五
☒十三斛一斗〓嘉禾六☒　八六八六
☒米五斛〓嘉禾六年二☒　八六八七
☒禾六年正☒　八六八八
☒二斛〓嘉☒　八六八九
☒九斛一斗□□〓☒　八六九〇
☒付掾孫☒　八六九一
☒□府君（？）☒　八六九二
☒嘉禾五年勛佃吏□☒　八六九三
☒□月廿六日□□☒　八六九四
☒六年正月□☒　八六九五
☒□〓嘉禾六年正月☒　八六九六
☒關主記☒　八六九七
☒關主記梅☒　八六九八
☒孫儀受　八六九九
☒〓嘉禾六年正☒　八七〇〇
☒嘉禾六年二月□☒　八七〇一
☒六年正月八日☒　八七〇二
☒掾孫☒　八七〇三
☒嘉禾四☒　八七〇四
☒升〓嘉禾六年☒　八七〇五
☒倉吏鄭黑受　八七〇六
☒年正月十一日石□☒　八七〇七
☒□□黄龍三年☒　八七〇八
☒二年十一月廿五日☒　八七〇九
☒米七斛胄畢〓嘉禾☒　八七一〇
☒□嘉禾二年☒　八七一一
☒□儀受☒　八七一二
入田鄉稅☒　八七一三
☒儀受　八七一四
☒□嘉禾元年十一月☒　八七一五
☒紀付掾☒　八七一六
入平鄉嘉禾二☒　八七一七
☒鄉嘉禾五年稅米☒　八七一八
☒里户人公乘□☒　八七一九
入平鄉嘉☒　八七二〇
☒綜付掾孫☒　八七二一
入東鄉嘉禾☒　八七二二
☒□羊關丞郿☒　八七二三
☒斛嘉禾☒　八七二四
☒記梅綜☒　八七二五
☒綜付掾☒　八七二六
☒董基☒　八七二七
☒嘉禾五年田☒　八七二八
☒□□付掾孫☒　八七二九
☒□嘉禾五年☒　八七三〇
☒書掾☒　八七三一
☒□〓嘉禾六年☒　八七三二
入平鄉嘉禾二年稅☒　八七三三
入□鄉嘉☒　八七三四
☒嘉禾五年田畝布賈□☒　八七三五
☒斛七斗〓嘉☒　八七三六
☒米十九斛二斗〓☒　八七三七
☒儀受　八七三八
☒月廿日肥□☒　八七三九
入東鄉嘉禾五☒　八七四〇

入桑鄉嘉禾□☒　八七四一
☒四斛七升五□□☒　八七四二
入東鄉□□☒　八七四三
入桑鄉嘉☒　八七四四
☒二斛一斗吳☒　八七四五
☒十斛七斗吳嘉☒　八七四六
☒吏客限米□□☒　八七四七
☒廿九日倉丘男子□☒　八七四八
☒付三州□☒　八七四九
☒五斗吳嘉☒　八七五〇
☒□黑受　八七五一
☒□年田畝布賈☒　八七五二
入□鄉嘉禾五☒　八七五三
☒區丘黃☒　八七五四
入東鄉嘉禾五☒　八七五五
☒錢八千☒　八七五六
☒·右入稅□☒　八七五七
☒□關丞皁☒　八七五八
☒其廿二斛五斗黃龍☒　八七五九
□□鄉大男唐皁（？）故户☒　八七六〇
☒米入三州倉☒　八七六一
入廣成鄉嘉☒　八七六二
☒綜關丞皁☒　八七六三

【注】此簡右側有因左右券破莂不均而殘存的左券文字殘畫。

☒吳嘉禾三年十☒　八七六四
☒五月一日☒　八七六五
☒□閣董基☒　八七六六
入東鄉嘉禾□☒　八七六七
入東鄉嘉禾☒　八七六八
☒□日上俗丘文若（？）☒　八七六九
☒六錢　☒　八七七〇
☒十二月十一日☒　八七七一
☒年稅米☒　八七七二
☒□□□☒　八七七三
☒三年莂錢☒　八七七四
☒紀付掾孫☒　八七七五
☒禾五年□☒　八七七六
☒□東田丘□☒　八七七七
☒□□年十二月廿三日柚丘☒　八七七八
☒□紀☒　八七七九
☒九日何丘□☒　八七八〇
☒付三州倉吏□☒　八七八一
☒□吳嘉☒　八七八二
☒入米五斛盈僦☒　八七八三
☒付掾☒　八七八四
☒綜付□☒　八七八五
☒儀受　八七八六
入平鄉嘉禾五☒　八七八七
☒稅米六斛胄畢☒　八七八八
☒□己□□☒　八七八九
☒四千四百臨湘☒　八七九〇正
☒□還縣□☒　八七九〇背
☒渡丘譚（？）□付三州□☒　八七九一
☒□陽關邸☒　八七九二
☒嘉禾五年佃卒限米六斛☒　八七九三
☒鷹關丞皁☒　八七九四

⧄≡×嘉禾六年二月二日⧄　八七九五

⧄倉吏鄭黑受　八七九六

⧄□□二年十一月廿五日遲⧄　八七九七

【注】「遲」，或釋爲「日進」二字。

⧄□≡×嘉禾六年正⧄　八七九八

⧄正月廿六日區丘□□關⧄　八七九九

⧄□□□卒□⧄　八八〇〇

⧄年正月八日下象丘潘⧄　八八〇一

⧄年二月五日□⧄　八八〇二

⧄六斛八斗胄畢⧄　八八〇三

⧄□百□⧄　八八〇四

⧄孫儀受□　八八〇五

⧄禾六年正月廿六日□⧄　八八〇六

⧄禾六年二月廿三日東田丘男子⧄　八八〇七

⧄關主記梅⧄　八八〇八

入樂鄉嘉禾□年⧄　八八〇九

⧄儀受　八八一〇

入平鄉嘉禾五年⧄　八八一一

⧄丞阜⧄　八八一二

⧄嘉禾二年十一月廿□日　八八一三

⧄萬四千五百⧄　八八一四

⧄□□限米三斛⧄　八八一五

⧄其卌斛□□⧄　八八一六

⧄年二月四日賀丘□⧄　八八一七

入廣成鄉嘉⧄　八八一八

⧄掾孫儀受　八八一九

⧄嘉禾五年私學⧄　八八二〇

⧄□□□⧄　八八二一

入桑鄉嘉禾□年佃吏……⧄　八八二二

⧄□稅米四斛⧄　八八二三

⧄□斛五斗≡×嘉禾六年正月廿一日專丘⧄　八八二四

□□鄉嘉禾五年稅米⧄　八八二五

⧄□嘉禾□年□⧄　八八二六

⧄□中⧄　八八二七

【注】「中」字爲紅色筆蹟。

⧄九斗　⧄　八八二八

⧄紀付掾孫儀受　八八二九

⧄……三州倉吏⧄　八八三〇

⧄董基付倉吏□⧄　八八三一

⧄□米一百六十九斛□⧄　八八三二

入東鄉嘉禾□□⧄　八八三三

⧄廿二斛≡×嘉禾六⧄　八八三四

⧄□付三州倉吏□⧄　八八三五

⧄付大男蔡理運⧄　八八三六

其□斛□⧄　八八三七

⧄日遲丘□□□⧄　八八三八

【注】「遲」，或釋爲「日進」二字。

⧄二月十一日伻丘鄧□□⧄　八八三九

⧄右小武陵鄉⧄　八八四〇

⧄嘉禾五年十二月廿二日石下⧄　八八四一

⧄年正月廿七日下□⧄　八八四二

⧄嘉禾五年十二月十三日楮⧄　八八四三

⧄□董基付倉吏鄭⧄　八八四四

⧄吏郭□□⧄　八八四五

⧄付掾孫儀受　八八四六

出嘉禾二年□米□⧄　八八四七

☒嘉禾六年正月廿五日湛丘□☒　八八四八
☒紀付掾孫儀受　八八四九
☒□賈准入米十三☒　八八五〇
☒付掾孫儀受　八八五一
☒臯紀付掾孫儀受　八八五二
☒關丞臯紀☒　八八五三
☒下伻丘鄧員關主記梅☒　八八五四

【注】「員」，或釋爲「湏」。「湏」，音yǔn。《廣韻·軫韻》：「湏，濜湏，波相次也。」

☒嘉禾六年正月廿六日何☒　八八五五
·其四斛嘉禾□☒　八八五六
☒二月一日辜丘鄭孫……☒　八八五七
入中鄉嘉禾五年叛士限米二斛□□☒　八八五八
☒五年田畝布賈准米四斗〓嘉☒　八八五九
☒合　☒　八八六〇
☒□丘劉夷關丞臯☒　八八六一
☒下象丘潘囊關丞臯紀☒　八八六二
☒子雷逴關主記梅綜付掾☒　八八六三
入北鄉……☒　八八六四
入廣成鄉嘉禾五年子弟限米五斛〓嘉☒　八八六五
☒□男巨（?）年十二☒　八八六六
十一月十九日關邸閣☒　八八六七
☒……關主記梅☒　八八六八
☒·右承餘新入約租錢廿（?）萬四千☒　八八六九
☒五十斛四斗四升一合□□☒　八八七〇
·其三千六百卅三斛五☒　八八七一
☒綜付掾孫儀受　八八七二
☒□丘謝詡關丞臯紀付掾孫儀受　八八七三

☒□臺丘潘漢（?）付三州倉吏谷漢☒　八八七四
☒……〓嘉禾元年正月十六日柚丘謝（?）兆（?）關□□☒　八八七五
☒……〓嘉禾□年……丘記□關主□□綜付□□儀□　八八七六
入南鄉皮四枚〓嘉禾元年十二月十二日□丘大男周遲（?）付庫吏殷連受　八八七七
入平鄉皮三枚〓嘉□年十一月十日□□□番航（?）付……　八八七八

【注】「嘉」下似脱「禾」字。

入桑鄉口筭鹿皮卌二枚〓嘉禾二年正月七日鄉吏劉平付庫吏殷連受　八八七九
入臨湘小武陵鄉黃龍三年稅米四斛八斗〓嘉禾元年十月廿五日　八八八〇
□□州吏唐□關邸閣郭據付倉吏黃諱史番慮受　
入中鄉羊皮三枚〓嘉禾元二年二月六日東夫丘大男李敬付庫吏殷連受　八八八一
入模鄉三年稅米……〓……年九月十八日□丘蔡黃關邸閣郭據付倉吏☒　八八八二
入桑鄉嘉禾元年鹿皮五枚〓嘉禾二年二月廿二日勸農掾劉平付庫殷連受　八八八三

【注】「庫」下脱「吏」字。

入桑鄉皮一枚〓嘉禾二年正月十八日□吏劉□付庫吏殷連☒　八八八四
入都鄉黃龍二年稅米五斛〓嘉禾元年十一月十一日枚奇丘五郎（?）關邸閣郭據付倉吏黃諱潘慮受　八八八五
入小武陵鄉三年稅米四斛二斗〓……慮受　八八八六
入桑鄉皮五枚〓嘉禾二年二月十五日夫與丘男子黃茖庫吏殷連受　八八八七

【注】「茖」，《說文·艸部》：「艸也。」《爾雅·釋草》：「茖，山葱。」音gé。依文例，「庫吏」上脱「付」字。

入都鄉皮二枚〓嘉禾二年八月廿六日吴唐丘歲伍供便付庫吏殷連受　八八八八

·右言府草刺廿五□□□　八八八九

·右廣成鄉入所貸□綬（?）米一斛三斗　▾　八八九〇

☑年税米六斛㕣嘉禾二年正月廿六日陵枯丘大男唐佴關邸閣郭據
付倉吏黄諱潘慮受　八八九一

……面……事　　五月六日兵曹史黄□白　八八九二

【注】此簡右側一行字已在分剖時殘損，僅存部分殘字。

右中（?）鄉入税米□□斛□□　▾　八八九三

入模鄉嘉禾元年鹿皮□枚㕣嘉禾元年十一月廿六日漸（?）丘潘
根付庫吏殷☑　八八九四

入中鄉嘉禾元年口筭四枚㕣嘉禾二年正月八日五唐男子周便付庫
吏殷連受　八八九五

【注】此簡上段「口筭」下文字有脱誤，下段「五唐」下脱「丘」字。

草言府隱核市賈頃□以（?）有賣買繒織（?）者言□人□知明
已□□□□
除□□□□所（?）　　嘉禾三年正月六日金曹……白　八八九六

【注】「繒織者」右側有「已□□□□」等字，似爲竹簡本文的批注文字或補充文字。

入廣成鄉鹿皮二枚㕣嘉禾二年八月九日桐唐丘大男……　八八九七

·右模鄉入三年貧民貸食米一斛　□　八八九八

·集凡起八月一日訖卅日所一入皮一百八十五枚　其五十九枚鹿皮
其一百廿六枚麂皮　八八九九

☑㕣嘉禾元年十一月九日羊丘男子鄧將關邸閣郭據付倉吏黄諱番
慮受　▾　八九〇〇

侍曹言實核士□卿(?)馳(?)鄉□巡匿士未就□□無入□詣廷遣書
……三年五月十二日……☑　八九〇一

入廣成鄉調鹿皮一鹿皮四合五枚㕣嘉禾二年八月十一日掾黄客
（?）付庫吏殷連受　八九〇二

☑□㕣嘉禾元年十二月十六日張□丘番（?）卿關邸閣郭據付倉
吏黄諱潘慮受　八九〇三

☑斛□□㕣嘉禾二年六月四日吏謝萇關邸閣李嵩付倉吏黄諱潘慮受　八九〇四

·右中倉起閏月一日訖卅日受雜米十一斛三斗　▾　八九〇五

入西鄉新還民入黄龍三年限米六斛㕣嘉禾元年十二月□日郭溲丘
□□關邸閣□☑　八九〇六

☑升㕣嘉禾□年十一月五日秋奇丘司馬黄升（?）關邸閣郭據付
倉吏……☑　八九〇七

入廣成鄉鹿皮一枚㕣嘉禾□年□月四日樂（?）□丘大男謝□付
庫吏殷☑　八九〇八

入模鄉鹿皮四枚㕣嘉禾二年三月廿五日掾鉏霸付庫吏殷連受　八九〇九

☑　·右西鄉新還民限米六斛　▾　八九一〇

右都鄉入皮卌枚　中　八九一一

入都鄉鹿皮一枚㕣嘉禾二年八月十七日石城丘男子潘通付庫吏殷
連受　八九一二

入桑鄉羊皮二枚㕣嘉禾二年二月十七日鄉吏劉卒（?）付庫□□
連受　八九一三

·右桑鄉入皮卅三枚　八九一四

·右南鄉入二年税米卅二斛四斗八升……　▾　八九一五

☑□米……㕣嘉禾……丘……關邸閣□□付倉……☑　八九一六

入都鄉嘉禾二年皮二枚㕣嘉禾二年八月廿五日厭下丘鄭叔（?）
付庫吏殷連受　八九一七

☑税米十二斛㕣嘉禾二年二月廿九日曼溲丘大男文誼關邸閣郭據
付倉吏黄諱潘慮受　八九一八

右小武陵鄉……　八九一九

・右樂鄉入二年稅米廿卌四斛七斗六升　八九二〇

・右樂鄉入叛士限米四斛　八九二一

☑州倉殷（？）溺黃龍三年稅米二斛〓嘉禾元年十一月九日吏唐
義關邸閣郭據付倉吏黃諱☑　八九二二

・右西鄉入皮卅一枚　其十枚鹿皮
其廿一枚麂皮　中　八九二三

入桑鄉嘉禾元年麂五枚〓嘉禾元年□月□日唐下丘大男李鼠（？）
付庫吏殷☑　八九二四

【注】依文例，「麂」下應脱「皮」字。

入都鄉皮五枚〓嘉禾二年正月七日石城丘大男李助付庫殷連受　八九二五

【注】依文例，「庫」下脱「吏」字。

入模鄉雜皮五枚〓嘉禾二年三月十六日石唐丘男子文慶（？）付
庫吏殷連受　八九二六

入都鄉嘉禾元年皮六枚　麂皮三
鹿皮三　枚〓嘉禾二年正月七日戀中丘男☑　八九二七

入模鄉鹿皮六枚〓嘉禾二年三月廿日掾鉏霸付庫吏殷連受　八九二八

入中鄉鹿皮廿枚〓嘉禾元二年月六日東夫丘大男李敬付庫☑　八九二九

革□諸鄉條列州吏父兄子弟□質人名爲簿事
五月十二日□質……　八九三〇

・右吏黃楊入所備皮四枚　其二枚鹿皮
其二枚麂皮☑　八九三一

☑斛〓嘉禾二年十一月十四日淩丘大男……閣郭據付倉吏黃諱潘
□□　八九三二

☑皮一枚〓嘉禾二年十月廿九日烝弁付庫吏殷連受　八九三三

・右平鄉入皮十六枚　八九三四

☑□年貸食三年稅米三斗〓嘉禾元年十二月廿三日大男勇（？）
緅關邸郭據☑　八九三五

☑　・其四人真身已送及隨本（？）主在宮　●　八九三六

・……月廿（？）八（？）日書佐張樂言　八九三七

☑弟限米八斛　□□　●　八九三八

☑　……
嘉禾□年五月十日書佐……　八九三九

入□鄉嘉禾二年鹿皮二枚〓嘉禾二年□月廿□日□溲……付☑　八九四〇

☑……盧受　八九四一

☑關邸閣郭據付倉吏黃諱潘盧受　八九四二

☑付倉吏黃諱潘盧受☑　八九四三

☑邸閣李嵩付倉吏黃諱☑　八九四四

☑閣郭據付倉吏黃諱潘盧受　八九四五

【注】此簡因左右券破莂時分剖不均，致使右側殘存有右券的左半字，今略而不録。

☑庫吏殷連受　八九四六

□□□子□人四斛□□人合十斛一斗事
已　□　五月九日□□□□白　八九四七

【注】「十斛」之「斛」字左側有「已」字，「已」字與「五月」等字之間另有一字，似爲「見」字之殘。「已」字意義待考。

正月卅（？）日田（？）曹史……言　八九四八

☑四斛〓嘉禾元年十二月十五日息里吏謝平關邸閣郭據付倉吏黃
諱史潘☑　八九四九

・右模鄉入皮四枚　……　八九五〇

☑□都鄉入三年稅米四斛　●　八九五一

☑〓嘉禾三年三月廿六日上□丘大男烝興關邸閣郭據付倉吏黃諱
史番盧受　八九五二

其八百八十九斛嘉禾二年佃帥☑　八九五三

☑□□皮二枚〓嘉禾□年……　☑　八九五四

・右諸鄉入……斛六斗□□　☑　八九五五

右郡士入所貸元年税米卅一斛　八九五六

入平鄉鹿皮二鹿皮二枚合四枚〼嘉禾元年十一月十三日男子何盛
付庫吏殷連受　八九五七

☑嘉禾三年二月□日……關邸閣郭據付倉吏黄諱潘慮受　八九五八

☑年限米卅斛〼嘉禾元年十月廿九日□□丘男子鄧□關邸閣郭據
付倉吏黄諱潘慮受　八九五九

☑……付倉吏黄☑　八九六〇

入嘉禾元年屯田民限米廿二斛六斗　中　☑　八九六一

☑廣成鄉鹿皮一枚〼嘉禾元年十二月十二日逢唐丘男子郭申付☑　八九六二

☑□關邸閣郭據付倉吏黄諱史潘慮受　八九六三

☑月十四日息里郡吏光欽關邸閣郭據付倉吏黄諱史潘慮　八九六四

☑訾□☑　八九六五

☑十一月廿五日脩（？）心謝蔣（？）付庫吏殷連受　八九六六

【注】依文例，「脩心」下似脱「丘」字。

☑鄉入三年税米廿四斛　●　八九六七

☑□皮二枚　其一枚鹿皮
一枚□麂皮〼嘉禾二年八月卅日……☑　八九六八

保（？）質曹□旬（？）□劉陽□□吏張谿子□車（？）孫□□☑　八九六九

☑關邸閣郭據付倉吏黄諱史潘慮受　八九七〇

入廣成鄉調鹿皮四枚〼嘉禾元年十二月☑　八九七一

入南鄉皮三枚〼嘉禾元年十二月十二日租□☑　八九七二

☑□二斛六□〼嘉禾……日樂鄉窟丘□□☑　八九七三

☑　□作……爲（？）事
嘉禾三年五月十二日書佐烝□白　八九七四

☑□庫吏潘珛受　八九七五

☑者……叛　八九七六

☑真身送宫八人細小七人假（？）下户民以自代謹條列☑　八九七七

☑□鄉私學限米十三斛☑　八九七八

☑二年口筭杌（麂）皮十三枚〼嘉禾二年☑　八九七九

☑□關邸閣郭據付……諱史潘慮受　八九八〇

☑□□〼嘉禾二年正月□□☑　八九八一

☑斛□田周（？）鵲（？）主　●　八九八二

入平鄉常恪丘孟困二年□☑　八九八三

☑　・其四斗☑　八九八四

☑米八斛五斗〼嘉禾三年□☑　八九八五

入東鄉税米十二斛四斗五升胄☑　八九八六

☑黄諱潘慮　八九八七

☑年四月廿五日李情關邸閣李☑　八九八八

☑□□關邸閣李□☑　八九八九

☑倉吏谷漢潘慮白　八九九〇

入東鄉税米六斛七斗六升□☑　八九九一

☑□米　八九九二

入平鄉□□□□☑　八九九三

☑六枚〼嘉☑　八九九四

☑二斛〼嘉禾三☑　八九九五

☑斛〼嘉禾二年□月☑　八九九六

☑付倉吏黄諱☑　八九九七

☑米六斛〼☑　八九九八

入廣成鄉子弟限米九☑　八九九九

☑黄諱潘慮受　九〇〇〇

入中鄉黄龍元年税米☑　九〇〇一

☑□□淮□☑　九〇〇二

☑胄畢〼嘉禾三☑　九〇〇三

入小武陵鄉□▨　九〇〇四
▨三年五月一日泉水丘大男▨　九〇〇五
▨嵩付倉吏▨　九〇〇六
▨□□□▨　九〇〇七
▨訾五十　九〇〇八
入中鄉黃龍□▨　九〇〇九
▨庫吏殷▨　九〇一〇
▨□日□溲丘▨　九〇一一
▨貸食二年▨　九〇一二
入廣成□▨　九〇一三
▨□庫□▨　九〇一四
▨丘男子▨　九〇一五
入平鄉嘉▨　九〇一六
▨□尉黃龍四年正月十日己巳書付▨　九〇一七
▨卌一斛　▨　九〇一八
▨　·其二百八十▨　九〇一九
▨□備米　九〇二〇
▨□訾五□▨　九〇二一
▨連受　九〇二二
▨中　九〇二三
▨私學烝碩一夫取禾一斛　▨　九〇二四
▨嘉禾元年布一匹三丈▨　九〇二五
▨紀付掾孫儀受　九〇二六
▨□平鄉内□丘民潘躭謝□▨　九〇二七
▨調鹿皮一枚三丈▨　九〇二八
入中鄉鹿皮□□▨　九〇二九
▨元（？）年正月十二日典田掾蔡忠□　九〇三〇
入桑鄉子弟限米□▨　九〇三一
▨□▨　九〇三二
▨浛（？）丘民五人取禾五▨　九〇三三
□米□斛□▨　九〇三四
▨陳黯關邸閣郭據付□□黃諱潘慮受　九〇三五
▨·右夫里領貧民十八人貸食官禾合十八斛□□▨　九〇三六
▨　居在東平丘　九〇三七
▨　居在東平丘　九〇三八
▨掾孫儀受　九〇三九
▨□鄉新吏□　九〇四〇
·豆母大女□▨　九〇四一
▨居在▨　九〇四二
▨□斛五斗監池司馬□▨　九〇四三
▨東陽里户人公乘秦来年卅三□▨　九〇四四
▨領黃龍三年▨　九〇四五
▨□枚鹿皮
四枚鹿皮三丈嘉禾二年二▨　九〇四六
▨七人一斛二斗五□□□嘉禾▨　九〇四七
▨訖十二月□▨　九〇四八
▨付倉掾黃▨　九〇四九
▨三丈嘉禾元年正月十□日▨　九〇五〇
▨□升黃□黃龍（？）▨　九〇五一
出倉吏黃諱潘慮所▨　九〇五二
▨□年十二月十五日上俗丘烝▨　九〇五三
▨訾□□▨　九〇五四
▨居在▨　九〇五五
大男烝囷一夫貸一斛　▨　九〇五六
▨□子女須（？）年三歲　九〇五七
·右化（？）家口食四人　▨　九〇五八

⧄□稟斛米廿六斛□⧄　九〇五九
⧄斛三斗胄畢𠄡⧄　九〇六〇
⧄付庫吏殷連受　九〇六一
⧄税吴平斛米卅四斛□斗六升□⧄　九〇六二
右……民嘉禾⧄　九〇六三
⧄□張盖折咸米六斛　●　⧄　九〇六四
大男李息一夫貸（?）一斛　●　⧄　九〇六五
⧄□倉吏番慮領　九〇六六
⧄十四日楊溲丘李□⧄　九〇六七
•其卅斛三斗四升諸將……禾准米　⧄　九〇六八
⧄□佃一夫貸一斛　居在⧄　九〇六九
入民還司馬丁烈黄武七年禾准米一斛　已□　九〇七〇
•其五十四斛五升……黄龍二年限米　九〇七一
入西鄉黄龍三年税米十五斛𠄡嘉禾元年十二月十六日億丘楊材關
邸閣郭據付倉吏黄諱史⧄　九〇七二
•其……　九〇七三
大男謝逢（?）一夫貸禾一斛　□　⧄　九〇七四
•其四百九十九斛六斗五□司馬黄升黄龍三年屯田限米　九〇七五
□賣□妻大女牙年五十筭一　●　九〇七六
•其二百七斛監池司馬鄧邵黄龍二年限米　九〇七七
⧄月所受雜米擿米二斛□斗九升　⧄　九〇七八
嘉禾元年四月全殘□□其一人全直（?）四斛六十人淩人□
斛十人皷（鼓）史人五斗嘉禾元　九〇七九
人李綏米與吴昌（?）郡吏唐謝□頡（?）米二百卅斛劉陽倉吏
這壽（?）□□米　九〇八〇
⧄　其卅四斛五斗黄龍元年□□限米　九〇八一
今餘吴平斛米麦豆二萬三千五百六十二斛七斗七升六合　九〇八二

【注】「二萬」之間編繩下有兩點墨蹟，疑是書者所寫「萬」字頂頭兩點，後因編繩妨礙書寫而移至下方重寫「萬」字。

出倉吏黄諱番慮所領嘉禾元年税吴平斛米一百卅斛爲稟斛米一百
□□斛□　九〇八三
子男囊年十三聾兩耳　九〇八四
凡口四事　訾五十　九〇八五
•其一百五十斛三斗新吏黄龍□年限米　九〇八六
□言……記……
……年五月十日□□烝……　九〇八七
⧄烝育（?）布一匹三丈□尺𠄡嘉禾元年九月十三日付庫吏殷連受⧄　九〇八八
⧄□□一夫貸（?）一斛　居在□□丘　九〇八九
•其十斛卒何墻備員食黄武七年米　九〇九〇
大男潘旻一夫貸禾七斗　居在⧄　九〇九一

附録一　竹簡揭剥位置示意圖

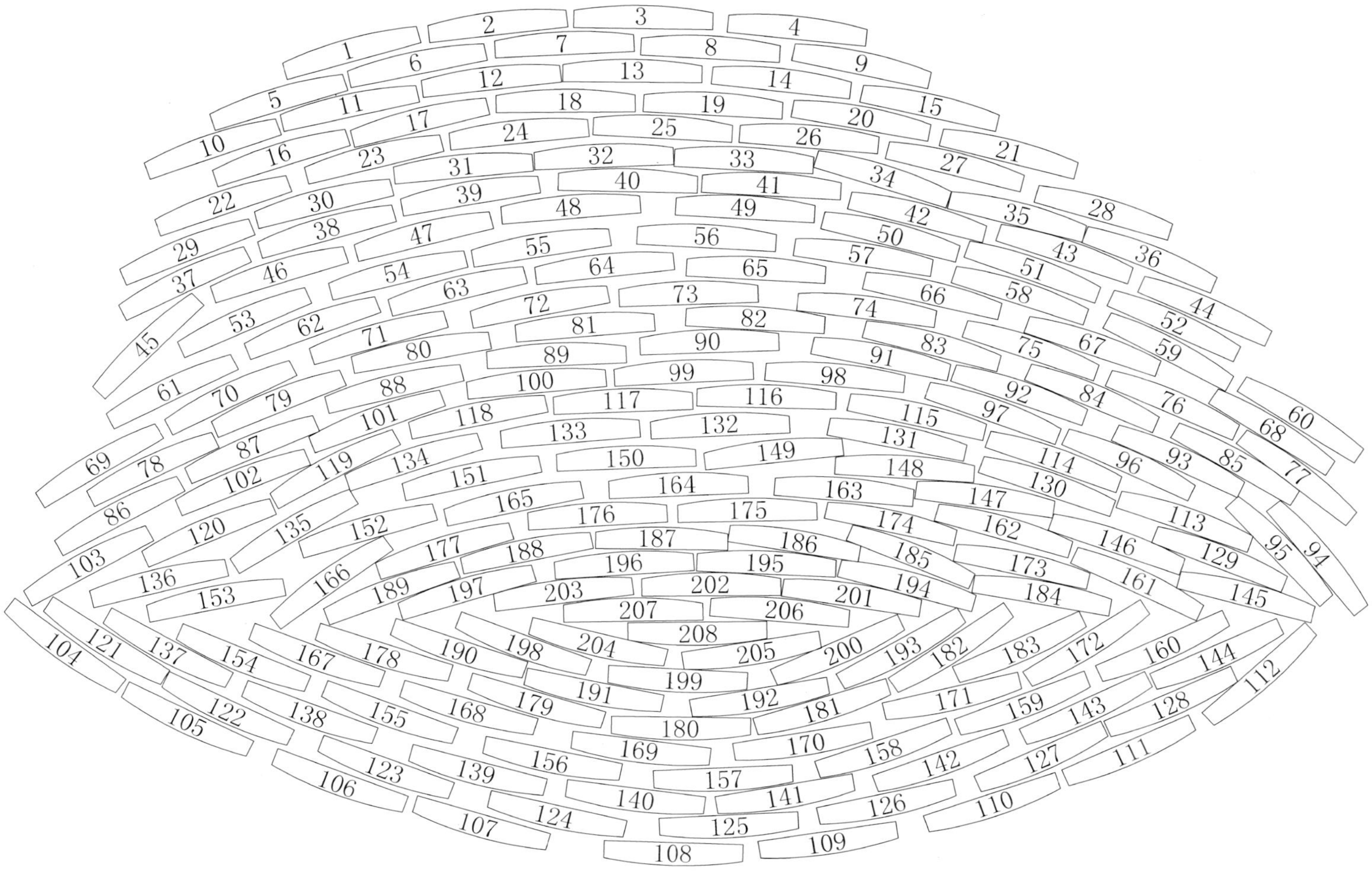

説明

一、本圖爲竹簡清理揭剥時的原狀態側視位置示意圖。

二、本圖竹簡共計二〇八枚。在揭剥過程中1～94號是自上而下，從左向右分層揭剥，分層標注的。95～208號則是根據其保存的現狀，觀察到有可能爲一較完整的簡册。雖然該簡册經過長期的擠壓而變形，但通過由裏而外細緻地分辨，尋找出可以視爲有聯係的叠壓面、轉折面。在此基礎上，採用由外而裏，從右至左環繞式的方法逐層揭剥，並按揭剥的順序依次編號。

需要説明的是，用這種方法揭剥並依序編號簡册，是我們試圖復原竹簡原有内容的一種方法與嘗試；同時也是向讀者展示我們清理此類簡册時審慎的態度與工作的過程。儘管如此，這其中仍難免存在觀察與操作上的失誤。本示意圖僅供研究者參考。

三、本示意圖應與對應表相互參看。本圖編號共計二〇八號，有字簡爲一三九枚，無字簡爲六九枚。凡對照表中未標明對應編號者，均爲無字簡。無字簡編號排列如下：

1、2、10、11、18、23、25、26、27、29、30、31、36、37、40、41、49、50、52、53、54、65、76、77、79、80、81、82、83、86、94、104、105、106、109、116、117、121、122、127、128、129、130、131、136、137、138、140、141、142、143、150、151、158、160、168、169、172、175、176、178、185、186、194、195、198、199、200、201。

竹簡整理編號與揭剥位置示意圖編號對應表

整理號	示意圖編號	整理號	示意圖編號	整理號	示意圖編號
一六六一	3	一六八八	44	一七一五	84
一六六二	4	一六八九	45	一七一六	85
一六六三	5	一六九〇	46	一七一七	87
一六六四	6	一六九一	47	一七一八	88
一六六五	7	一六九二	48	一七一九	89
一六六六	8	一六九三	51	一七二〇	90
一六六七	9	一六九四	55	一七二一	91
一六六八	12	一六九五	56	一七二二	92
一六六九	13	一六九六	57	一七二三	93
一六七〇	14	一六九七	58	一七二四	95
一六七一	15	一六九八	59	一七二五	96
一六七二	16	一六九九	60	一七二六	97
一六七三	17	一七〇〇	61	一七二七	98
一六七四	19	一七〇一	62	一七二八	99
一六七五	20	一七〇二	63	一七二九	100
一六七六	21	一七〇三	64	一七三〇	101
一六七七	22	一七〇四	66	一七三一	102
一六七八	24	一七〇五	67	一七三二	103
一六七九	28	一七〇六	68	一七三三	108
一六八〇	32	一七〇七	69	一七三四	107
一六八一	33	一七〇八	70	一七三五	110
一六八二	34	一七〇九	71	一七三六	111
一六八三	35	一七一〇	72	一七三七	112
一六八四	38	一七一一	73	一七三八	113
一六八五	39	一七一二	74	一七三九	114
一六八六	42	一七一三	75	一七四〇	115
一六八七	43	一七一四	78	一七四一	118
一七四二	119	一七六九	164	一七九六	205
一七四三	120	一七七〇	165	一七九七	206
一七四四	123	一七七一	166	一七九八	207
一七四五	124	一七七二	167	一七九九	208
一七四六	125	一七七三	170		
一七四七	126	一七七四	171		
一七四八	132	一七七五	173		
一七四九	133	一七七六	174		
一七五〇	134	一七七七	177		
一七五一	135	一七七八	179		
一七五二	139	一七七九	180		
一七五三	144	一七八〇	181		
一七五四	145	一七八一	182		
一七五五	146	一七八二	183		
一七五六	147	一七八三	184		
一七五七	148	一七八四	187		
一七五八	149	一七八五	188		
一七五九	152	一七八六	189		
一七六〇	153	一七八七	190		
一七六一	154	一七八八	191		
一七六二	155	一七八九	192		
一七六三	156	一七九〇	193		
一七六四	157	一七九一	196		
一七六五	159	一七九二	197		
一七六六	161	一七九三	202		
一七六七	162	一七九四	203		
一七六八	163	一七九五	204		

文字説明與圖表製作：宋少華

附録二　索　引

一　人名索引

一、本索引收録《長沙走馬樓三國吴簡・竹簡〔貳〕》所見之能够辨識的人名，包括有姓字人名和無姓字人名。有姓字的人名，按姓字的漢語拼音順序編次；無姓字（或姓字無法辨識）的人名，按所見名字的漢語拼音順序編次。冷僻疑難之字讀音，請參看釋文注釋標音。因竹簡殘斷等原因，不能明確判定爲姓名者，不收録。

二、爲排版方便，原釋文未敢遽定之字而在釋文下加的（？）號及簡文原已殘泐據殘筆或文例補出的字外加的□號一律取消。另人名如「董□」、「□基」中的「□」號也都取消，取消「□」號後的姓名分别入「有姓字人名索引」和「無姓字人名索引」。但是，因竹簡斷損造成姓名字殘缺者，用☒號表示殘缺之字。

三、姓名用字使用通假字，本索引將其列入被通假字位置並加括號注明，如「番慮」入「潘慮」列，作「潘（番）慮」。

四、爲便於讀者使用，本索引所列人名下，亦列出其相關鄉、里、丘等地名。其所屬地名中僅存「鄉」、「里」、「丘」等字而鄉名、里名、丘名文字殘壞不能辨識者，不列出。

五、姓名使用俗體字、異體字，不能以今之通行字迻録者照原形摹録，難以看清的字以及有部份殘缺而不能辨識的字，以□號或部分▯號表示，附於音序編次之後。

有姓字人名索引

A

安田 四三六一

B

白直 都郷 五六七七
閉 三九〇九

C

蔡邡 楬丘 一五六八
蔡誉 栗里 五八八五
蔡困 四〇七八
蔡圼 都郷 二二〇八
蔡超 都郷 五三三一
蔡成 中郷 一五七六
蔡碭 郭渚丘 二七二〇
蔡德 楮下丘 三八六九
蔡典 一八八七
蔡邸 五六〇九
蔡短 四五五
蔡黃 模郷 八八八二
蔡庵 三〇九
蔡及 上薄丘 五三六八
蔡經 三三七一
蔡郡 □貴里 二六一五
蔡客 三二七一、四
蔡恪 廣成郷 六九四九
蔡庫 一八七七
蔡理 八八三六

蔡梁 二四〇四
蔡鷹 六四六一
蔡磐 五三一三正
蔡喬 一九〇三
蔡區 一八二二
蔡若 一七八一
蔡慎 五四八七
蔡收 九三七
蔡炭 一六七三
蔡棠 四五八
蔡威 一九五六
蔡賢 都郷 七一〇六
蔡雅 七二一五
蔡眼 四九九六
蔡楊 一一四三
蔡雍 頃下丘 二六七〇
蔡聿 一六九二
蔡張 二〇一一
蔡指 都郷 四三五八
蔡忠 模郷 四三四三

蔡菹 四四三一正
蔡困 四四三三正
蔡圼 三八九三
蔡邴 四五七六正
蔡□甫 廣成郷 弦丘 曼渡丘 三八〇 四〇三

陳茞 一九二二 六九五三
陳高 六〇二三 榴丘 六一六七
陳覆 三八九三 三八三九
陳漢 二七九八 富貴里 二二六七
陳買 平郷 四五五六正 二七七二
陳頎 七五七六正 林下丘 三八二
陳若 四五七一 三三六七正 四五七六
陳軼 四五一六 二二〇八 二一五
陳秋 四三三一 富貴里 四五五六
陳汝 三九六五 二〇一五
陳識 都郷 二二〇八 林下丘 四三一一
陳通 三八〇 六八四一
陳文 西郷 七四五 唐下丘 五五六八
陳黠 中郷 三八七 桐唐丘 五〇三五
陳雅 四四六一 八二〇四
陳異 廣成郷 五七三三 楬丘 七八〇七
陳因 二九一〇正 東陽里 八一三七
陳殷 模郷 七一九九 富貴里 八二一二
陳綜 三三二〇正 臨渡丘 七九〇四
陳□頁 六八九一正 八五九〇
陳諦 八〇〇一正 東陽里 三三二五
陳和 六八〇 唐中丘 一三二七
陳 五一三六 二二六七

曹升 模郷 九〇三〇 秋奇丘 七一九九
倉難 模郷 八三〇三 員田丘 五三一六
常宜 模郷 四二〇一正 員東丘 四二一〇
常終 四二一七正 吉陽里 一一〇二
陳坤 模郷 四二一九正 員田丘 四二二〇
陳賜 都郷 四二二〇正 唐中丘 六八八
陳定 四三〇九正 宜陽里 三三二二七 二三六九
陳度 四三三四正 莫伴丘 東扶丘 三三五〇 六五〇三 六〇一六

一　人名索引（黄）

上欄（自右至左）

編號（上）	姓名	鄉	丘	編號（下）
八八八〇	黄杷		夫興丘	五九四四
八八八五	黄潘		區丘	三五二四
八八九一	黄配		下息丘	二七〇七
八九〇〇	黄情		下息丘	二四二九
八九〇三	黄殼（殻）			三九三八
八九〇四	黄困		租下丘	八三八八
八九一八	黄然		南强丘	八四〇四
八九二二	黄如	西鄉	柚丘	三六四
八九三二	黄汝		吉陽里	四五一五
八九三三	黄升			四一七九
八九四五	黄始	都鄉	秋奇丘	九〇六七
八九六三	黄士		高平	三一五八
八九六七	黄署	都鄉	下彈渡丘	三八五
八九八七	黄鼠	廣成鄉		九〇五二
八九八八	黄碩	中鄉		五二
九〇〇〇	黄松	中鄉	林渡丘	五九五三
八〇二三	黄堂	都鄉	員東丘	四七三五
八〇二三	黄客	廣成鄉	億丘	
八〇四三	黄樂			一九四五
八一三五	黄林			六六〇七
八二〇五	黄龍			六九一八
八二〇六	黄母			三四〇
八三五〇	黄鳥			二〇二七
八四〇九	黄鵃			一七二〇
八六二五	黄弩	桑鄉	區丘	五五四八

下欄（自右至左）

姓名	鄉	丘	編號
黄糖			五四八
黄特		利下丘	七〇五七
黄微		夫與丘	五三三七
黄尾			五四六四
黄喜			二八四六
黄文		阿丘	五三三五
黄愷	桑鄉		六六二五
黄欣			六五四
黄勳		首里	三一六
黄陽		遲丘	六八九九
黄琰		曼渡丘	五五四九
黄楊	東鄉	桐梁丘	二七二三
黄顏	中鄉	曼渡丘	三九四四
黄養		曼渡丘	五〇一四
黄誼		曼渡丘	五九五八
黄殷		區丘	六六一
黄議		曼渡丘	五五五五
黄銀			五九〇二
黄原			五〇〇五
黄員		緒丘	一八一五
黄澤			一一四八
黄張			五六〇
黄昭	中鄉	帛水丘	六八八
黄偵		吳丘	四六二
黄忠			三八七
黄周			五九一五

黃

姓名	郷	丘/里	頁碼
黃□狼	南郷		一〇二九
黃醫			一六五九
黃汀			一九八五
黃璘	都郷		六七五四正
黃櫓（楫）			七一八九
黃	中郷	緒丘	一一三 二〇四 二五八 二七〇 二八四
黃		湛龍丘	四五二 四五四 五〇六 五〇九 五七二 六〇六
黃		員東丘	七二七 七六七 八二〇 八五八 八九八 九六六
黃		逢唐丘	一二八九 一三〇一 一三一六 一三二五 一三三一
黃		松下丘	一四六〇 二三一九 二六九六 三四二六 三四六四 三五四四
黃	都郷

惠 / J / 姬 / 吉 / 賈 / 買 / 監 / 蔣 / 景

姓名	郷	丘/里	頁碼
惠巴	都郷		三六四三
姬度		前丘	三九七一 三九七六
吉志			四〇五五 四一三六 四一七六
賈茂		□渡丘	四七六七 五〇九三
賈潘		區丘	五一七六 五二一〇
買			五三六三 五五四〇 五五八四
監賢		□喬里	五六六四 五七一二 五九〇一
監訓			六〇八九 六二四三 六二四五
蔣倉		唐中丘	六三一五 六五二二正
景椎			六六一四 六六八九 六七六五 六七六七
廣成郷	區丘 皂丘 區丘 夢丘		六八五六 六九五九 七〇〇四 七〇〇九 七〇一七 七〇二八 七〇七九 七一二三 七一四三 七三〇八
東平丘	敷丘		五四八八 五八九五 五一二三 八三七六

K / L

姓名	郷	丘/里	頁碼
巨仲	平郷	盡丘	七三一〇 六二三五
君丞			七四三三 七二二〇
蓋議			七六四二
孔齋		陽里	七六四九 三三二七（K）
郎貴			七六九五（L）
樂		首里	七八三四
賴階		□陽里	七九三 八〇三一
雷豪			八二九八
雷怒	南郷	昭中丘	八六六〇 二四四四
雷陶			八八九二 七五六七
雷溫		高里	八七五四 一〇六
雷陽		□高里	八六五三 二八七九
雷楊		東袂丘	八二九四 五〇一二
雷宜		滿里	八〇四九 一〇九〇
雷迎	中郷	帛丘	六七五〇正 三六二七
雷虞			一六七五 七三二七
雷汨			五五四 五九七〇
雷逞			三八〇五 八二三七
雷	南郷		三七八 八八六三
李攸	南郷	訊□丘	一六三 六六四五
李班	平郷	息里	二〇八五 七一〇七
李帛		伻丘	四一一 五五三七
李赤		敫中丘	六九三六 五四九七
李鋤		□中丘	一〇九五 九八三八
李春		安陽里	八三七六 七五二七
李從			五四八八 八四九一

第一欄

人名	鄉	丘（里）	簡號
			五八三
			七一七
			七四八
			七七三
利職	都鄉	東扶里	七九○
	都鄉	橫溪丘	
		薄丘	
		□貴里	
		楊溲丘	七○五九正
利高	都鄉	山田丘	六四一二
利識	南鄉	東山丘	五九三二
利馬			三八三三

第二欄

人名	鄉	丘（里）	簡號
廉信	都鄉	東陽里	
梁通		胡荳丘	
梁令			
梁信			
廖長			
廖何			
廖護	平鄉	僕丘	
廖俊	平鄉		
廖明	中鄉	林溲丘	
廖嗣		梨下丘	
廖俗		龍上丘	
廖肬	西鄉	高里	
廖興		枞丘	
廖玉		富貴里	
廖郵		高里	
廖元		新唐丘	
廖照		桑丘	
廖瞻		上丘	
廖諸		叢□丘	
廖渚		胡荳丘	
廖主			
廖		下丘	
林廖	西鄉	下丘
林禿	東鄉	上俗丘	
劉伯		上里丘	
劉金		☑溪丘	八二○九
劉廬	廣成鄉	上伍丘	五三三四

第三欄

人名	鄉	丘（里）	簡號
劉平	桑鄉	劉里丘	八八七九
劉伏	桑鄉		八八三三
劉文	都鄉	劉里丘	六七八九正
劉騰		園丘	
劉喜		□樊丘	
劉焉		進渚丘	
劉顏			
劉夷			
劉豔		戀中丘	
劉元	都鄉		
劉銀		戀中丘	
劉儀			
劉宜			
劉牟	桑鄉	劉里丘	
劉卒	桑鄉	劉里丘	
劉			
劉	中鄉	三□丘	
龍滔	桑鄉		
裴馬		區丘	
裴詘		上財丘
裴若		進渚丘	
裴水		下平丘	
裴尾		區丘	
裴憙	桑鄉	度里	五三○八
裴茵	南鄉	石下丘	五六二八

第四欄

人名	鄉	丘（里）	簡號
裴詐		桐下丘	四一七
盧得			三六九二
盧蓋		逢丘	八三八三
盧開			二三四八
盧客			四七四
盧買		租下丘	
盧張		唐下丘	
盧主	西鄉	石下丘	
盧師		下象丘	
盧禽	桑鄉	租下丘	
盧金		億丘	
盧曲	西鄉		
盧贛			
盧宸		億丘	
盧文	都鄉		
盧尾	都鄉	租下丘	
盧猜	南鄉	牙田丘	
盧鄧		區丘	
盧戰	小武陵鄉	石下丘
盧中		安陽里	
盧伍		松田丘	
魯斗	桑鄉	松田丘	
魯礼		松田丘	
魯高	西鄉	高平里	
魯皮	中鄉	鶚丘	
魯奇	西鄉	鶚丘	四一二五

人名	郷	丘・里	簡號
魯泉		高平里	三二一〇
魯仁		上容丘	二七四
魯上			六〇三九
魯脩		鵠丘	三一〇七
魯飭		因丘	七九五八
魯			二五七一
盧		租下丘	三四七
盧觀	都郷		四二七九
盧和	都郷		五七五六
盧飭	都郷	因丘	三一六一
吕明		高平里	五一三三
吕俗		□成里 東溪丘	五一三八
吕次		東溪丘
吕僮	都郷	廉丘 廣成郷	
吕帛	都郷	禾丘	
吕石	都郷	禾丘	
吕潼	都郷	園丘	
羅蔡	都郷		
羅民	都郷		
羅政	都郷	上□丘

中段名（丘・郷・簡號付）

人名	郷	丘・里	簡號
馬扣		安陽里	四七九八／四六〇／七〇四七／七五二五
毛獨	樂郷	窋丘	六三二一
毛白		窋丘	三三九一
毛貴		窋丘	五五六三
毛麥			六四〇
毛五		大田丘	二七一三
毛相	西郷	温丘	六九二
毛張		□成里	
毛		東溪丘	
梅朋		廣成郷	
梅敬			
梅碭			
梅薲		湛上丘	
梅誌		大成里
梅專			
梅綜			

M

人名	郷	丘・里	簡號
馬從	西郷	龍穴丘	七八二五
馬米	都郷	安陽里	六六八七
馬謙	都郷	東陽里	四六四三正
馬嵩	都郷	安陽里	六七六四正
馬統	西郷	龍穴丘	五三五八

梅

人名	郷	丘・里	簡號
孟困	平郷		
孟識		常悋丘	
孟如		東田丘	
孟		□俗丘	
米倉		東溪丘	
米茛		安陽里	
米		龍穴丘	
苗讓	小武陵郷	龍穴丘	
苗世	西郷	龍穴丘	
苗雄		龍穴丘	
苗照		富貴里	
苗	西郷	龍穴丘	
鳴平		西郷	
莫顯	模郷	集丘	
莫

N

人名	郷	丘・里	簡號
兒木	中郷	廣成郷	七二五四
兒巾	廣成郷		六八九六正
轟巾	都郷	龍穴丘	二三四〇
轟舉	中郷	龍穴丘	二八五八
轟陽	都郷	監沱丘	二八七三

孫悁
孫

T

簡號	人名	鄉	丘／里
八六〇四	唐俳	南鄉	陵枯丘
八六〇五			□枯丘
八六〇七	唐平	南鄉	語中丘
八六二〇	唐啓	南鄉	園丘
八六八〇	唐姜	平里	
八六九一	唐扇	都鄉	彈渡里
八七二九	唐若	都鄉	東扶里
八七二一	唐卿	都鄉	
八七〇三	唐善		奇丘
八七一五	唐田		弦丘
八八七三	唐升		
八八七二	唐陶		
八八五一	唐仙		上俗丘
八八五四	唐想	西鄉	龍穴丘
八八四九	唐蕭	廣成鄉	
八八四六	唐謝		
八八二九	唐兄		彈渡丘
八八一九	唐懸		
八八〇五	唐延	都鄉	坪上丘
八六九九	唐宜		長坑丘
	唐義		
	唐玉		
	唐聿		
	唐元	中鄉	
	唐晊		
	唐		
八三七三	唐莨	南鄉	
八三三八	唐卓		
八三三三	唐遷		
八三〇三	唐紆		三州丘
四〇二八	唐冒		東陽里
三八二九	譚		春平里
六一	潭澤		□渡丘
九〇二六			
九〇三九			
八五八六			

簡號	人名	鄉	丘／里
八六九九	唐南		
八八〇五	唐客		
八八一九	唐金		
八八二九	唐虎		
八八四六	唐姑		新田丘
八八四九	唐宮	中鄉	唐丘
八八五一	唐弓		柘唐丘
八八五四	唐茗		高平里
八八七二	唐杲		領山里
八八七三	唐碓		複渡丘
九〇二六	唐堆		桐唐丘
九〇三九	唐斗	都鄉	唐丘
八五八六	唐丁		
八三八八	唐春	南鄉	

W

人名	鄉	丘／里	簡號
田事		陵丘	五四七六
童丑		陵丘	
田事		陵丘	九三〇
王	都鄉	大成里	
王庫	都鄉	橫溪丘	
王得（得）		大成里	
王敷			
王勉			
王史		陵松丘	
王憲			
王業			
王擧			
尾仲		田丘	
衛皮		淦丘	
衛育		□利丘	
文啓		慮丘	
文婢		白石丘	
文帛		唐中丘	
文弼		梨下丘	
文常	中鄉	下薄丘	
文鄧		大成里	
文耳		廉丘	
文公		白石丘	
文解	小武陵鄉	石唐丘	
文慶	模鄉	上俗丘	
文若		息里　營浦丘	
文雙		大成里	
文騰			
文誼		曼渡丘	
田	小武陵鄉		
唐	南鄉	新唐丘	
	模鄉	無丘	
	南鄉	東溪丘	
		帛水丘

姓名	鄉	丘／里	編號
文政		戀中丘	七五二
		富貴里	一五八
		富貴里	二四三
吳閃（閉）			五五〇〇
吳庫			五五五八
吳寶		夢丘	一五五〇
吳帛		禾丘	二五五八
吳倉	桑鄉	東平丘	五四八六
吳岑	廣成鄉	上薄丘	五三七六
吳春	樂鄉	領山里	五三六九
吳宦		柚丘	二四二二
吳官		浤丘	三四五八
吳觀（觀）	樂鄉	憂丘	五三〇七
吳胡			五三六八
吳將	小武陵鄉	春玉里	三三二〇
吳觀		富貴里	一五五
吳茎	都鄉	因扩丘	五三三五
吳溇	都鄉	因扩丘	五三一八
吳客	小武陵鄉	上於丘	一六四一
吳親		上於丘	三八六八
吳悝			八〇六三
吳利		新成丘	八五九〇
吳馮			七一三六
吳達			四〇〇六
吳淳			七九八九

第二栏（中，吳氏・五氏等）

姓名	鄉	丘／里	編號
吳廖		平安丘	六一六
吳馬	平鄉	杷丘	八五九一
吳玫		平鄉	六〇五一
吳任		上薄丘	六四一六
吳司			一八〇四
吳署		斬鈴丘	四一七三
吳唐		薄丘	五六六七
吳棠	上薄丘	平支丘	五三四三
吳威	廣成鄉	合丘	五三二四
吳訓	都鄉	合丘	五七一二
吳晞		弦丘	四〇九
吳賛			五八六八
吳卓		楞丘	四〇九
吳姚			五九四九
吳溇			七五六六
吳崎		富貴里	八〇六三
吳遠			三六一八正
吳	平鄉		三一

第三栏（中下，五氏等）

姓名	鄉	丘／里	編號
五豐	中鄉	小赤丘	一四八
五貴	中鄉	小赤丘	五三一七
五胲		下俗丘	五四一八
五閦		頃丘	三四〇三
五胡		下俗丘	五六九六
五桓			五六三四
五京		小赤丘	一五七八
五郡		秋奇丘	七五六八
五客		枚奇丘	八八八五
五郎		小赤丘	五七〇八
五陵	桑鄉		一六九
五同			四〇九
五惕	西鄉		一八五四
五騰			五三〇五
五仙			七九〇〇
五信			五七一五
五訓			八四一〇
五毅		桃倚丘	七二四九
五原		錫丘	二六八
五組		園丘	八二八〇
五旨	都鄉		五六六八
五	都鄉	渚下丘	五六六八

謝德	都鄉	橫漢丘	五四一一
謝佃		石下丘	八六〇五
謝碓		領山丘	八四一〇
謝逢	西鄉	龍穴丘	七二四九
謝福	西鄉	龍穴丘	二六八
謝鮫		慮丘	三六二
謝和		露丘	四九七九
謝黑		上和丘	五五七一
謝鳴		和丘	三九五四
謝蒋		上和丘	八九六六
謝齋		它丘	三八〇〇
謝驚	樂鄉	領山里	六七一九
謝狗			一九六八
謝君		□厭丘	六八三八

Z

一　人名索引

人名	鄉	丘／里	簡號
濯存			六〇一
張俹			四五八三
張益			八〇六七正
張霸			一五五
張褒			一八二五
張春			三九七二
張才			一二八
張承			六七〇五正
張盖	都鄉	戀中丘	六七〇六正
張復		唐丘	四七四二
張奉			四六九
張樊			五三四二
張高	都鄉		三五一
張狗			三八六六
張圭			六二四二
張吉	平鄉	石下丘	三八六六
張近			七〇一二正
張晶			七三七五
張敬		露丘	八六四二
張客			二四四八
張樂			七〇五一
張樂			八九三七
張利		新唐丘	七八三一
張羅			五七一九
張曼			八二〇一

人名	鄉	丘／里	簡號
張萌		僕丘	四二二一
張廟			七四七三
張齊	都鄉	新唐丘	五八一二
張奴	都鄉	乘丘	三九七一
張年		樂下丘	一一九
張默			七〇八
張腾		唐中丘	四六〇
張壽			一〇〇
張三			六九一二
張興		平陽	二九八四
張物		平陽里	五九八〇
張違			二六七七
張怭			八二二四
張朏			二六三三
張業		唐丘	四〇一五
張噫		廬丘	三〇四
張幽		逢唐丘	五四六七
張逾	廣成鄉	湛龍丘	四五六四
張織			四五〇九
張仲	都鄉		二二三二正
張卒		新丘	八八五
張	西鄉	上俗丘	六七三
趙泚			四〇一
趙典			九三

人名	鄉	丘／里	簡號
趙何		湛丘	二七四一
趙欽			八三九八
趙仁	大成里		三九一七
趙文			七二三五
趙譚			三三六五
趙究	奇丘		二三〇八
趙盐			五七六六
趙照		高遷里	九〇八〇
趙壽			五八一二
趙縑		湛丘	一〇〇
趙龍			六九一二
趙湛			二九八四
趙整		□城丘	五九八〇
趙弁	東陽里		二六七七

人名	鄉	丘／里	簡號
弖賓		領下丘	八六三六
弖帛		嫣丘	八四五〇
弖岑		露丘	五五六〇
弖成	平鄉	常遷里	四四一七
弖稠			四七五〇
弖誠			四七三二
弖丑	平鄉		四五八二
弖純		拵丘	四七六九
弖顛		平陽里	四七六三
弖斗			四七七七
弖端	廣成鄉	桐山丘	四七八三
弖兒	西鄉	伍阡丘	四八四〇
弖敦		東陽里	四九二二
弖賦		高樓丘	四九三三
弖光			四九七八
弖胡		上利丘	四九八三
弖鳶		吳丘	五〇五一

鄭皮 上辜丘 四五四七
鄭平 中鄉 □上丘 三三六
中鄉 湛上丘 四一八
湛上丘 八六三
湛上丘 五五四六
鄭若 四九三七
八五六九
鄭山 小武陵鄉 湖田丘 三八一七
鄭愼 四〇〇七
鄭升 □下丘 二八〇
□下丘 七一〇
鄭逝 柚丘 八四〇六
鄭叔 都鄉 厭下丘 八九一七
鄭孫 蕢丘 八四〇二
蕢丘 八五九二
辜丘 八八五七
鄭心 湛龍丘 五三二六
鄭脩 四三二
三八五一
三八七一
鄭勳 樂鄉 夫丘 五三二〇
鄭易 七一三九
鄭營 園丘 八三七二
鄭祐 首里 六六二六
鄭資 桐唐丘 五三七一
鄭□昜 六八九八
鄭 一二八二
一四九二
三七九一
四七一〇
五一三九
六〇三五
七三四七
七九〇五
泊丘 八四九六

八七二三
八八四四
都鄉 二九一一正
支明 三九一八
支孝 五〇四二
治 領山里 七三八四
周吳 七〇六七
七五六三
周秡 五唐里 二四七四
周吳 都 七六二七正
周巴 息里 六八一二
周葆 廣成鄉 五五五四
周便 中鄉 五唐 八八九五
周倉 洹里 六九
周岑 七九一九
周車 一六八六
周遲 桐山丘 四二二四
南鄉 八八七七
周從 一五四〇
周達 五〇一三
栗中丘 六九〇八
周當 三五四七
周德 四〇〇六
周亥 七五二〇
周計 一二三八
周姦 四一五〇
周角 都鄉 進渚丘 七七八
周客 都鄉 五八三
栗丘 四七五九
周明 一八一一
周弩 五唐里 二四九七
周妾 安陽里 四六七四
周鵲 二八九〇
大成里 三一一四
錫丘 七二七五

八九八二
周仁 東扶丘 五五三五
周山 七三七二
周生卑 一四二三
周十 逢唐丘 三三九
周使 三三二二
周碩 都鄉 七一二七正
周惕 東田丘 九三四
周托 一七八五
周誤 領山里 六七五六
周夏 郴丘 三九二二
周彥 中鄉 下桯丘 三七一
周陽 彈溲丘 五九七三
周元 下桯丘 四七二
周則 六七七九
七三九一
七五一四
七五四一
七五四三
周戰 五九二八
周秩 下桯丘 二八二
周祝 中鄉 柘溪丘 七五五九
周尊 五唐里 七一
周 龍穴丘 二〇九
都鄉 栗中丘 二七三
南鄉 三七六
栗中丘 六七一
一四〇九
一七八二
二一五一
頃丘 三九六一
平鄉 寇丘 四五三八
温丘 四九一八
下□丘 五九七八
六四九七

寇丘 七一三三
朱貟 樂鄉 伕丘 五四六〇
朱倉 安陽里 七三六八
朱萇 一七七三
朱陳 八二五二
朱達 石渚丘 八六五
朱當 上俗丘 五五七四
上俗丘 八一五九
朱碭 二六二九
朱閭 高平里 三〇五一
朱典 中鄉 緒中丘 四〇五三
緒中丘 五四八四
緒中丘 五七四三
六〇四六
朱酆 七〇四一
朱鄠 五九七一
朱鵠 里 四六三七
朱廣 里 七八九七
朱合 東陽里 四一七七
朱弘 旱丘 五〇八二
朱將 平支丘 六一七七
朱敬 都鄉 磐石丘 五三四七
朱蘭 一九一七
朱潘 西鄉 上俗丘 五三七四
朱遷 緒中丘 五三二七
朱謙 一七二三
朱遺 大成里 五二七
朱若 西鄉 復皁丘 六九九
朱石 三九二一
朱綬 濔丘 八三九〇
朱孫 六六一八
朱惟 二六九〇
朱物 東扶里 五二三
朱賢 一七六八
朱駒 五一一四

附：

朱正　　　　　　　　五九八一

朱政　橘石丘　　六〇九三
　　　弘洮　　　三一四
　　　訑㤅　　　四七七九
　　　珂　　　　六六二九

朱稚　　　　　　六五八五

朱宗　　　　　　七一三六

朱稚　喬丘　　　七九六一
　　　却蔡　　　八二八三

朱績　上欲丘　　六〇〇三
　　　翁春　　　五五二
　　　伯慈　　　四五〇〇

朱（中鄉）番里　六九〇六
　　　叩諱　　　八三三八
　　　　　　　　三七四八
　　　盡丘
　　　楊溲丘

旱丘　　　　　　五三六〇
平支丘　　　　　五八三三
　　　富椎
旱丘　　　　　　六〇四八
石頭丘　　　　　六〇九六
　　　困尚　都鄉
　　　横溪丘　　三四九七正
　　　　　　　　五三七八
　　　　　　　　六五五八

上俗丘　　　　　八一二〇
　　　　　　　　八六三五

宗葚　大成里　　七七四
宗鮫　　　　　　三三四
宗妾　　　　　　三三六七
宗讓　　　　　　三六二七
宗物　後□丘　　四二一三
宗物（西鄉）安陽里　六二五五
宗孝　牙田丘　　四七九二
宗　　　　　　　一四七三

記□　里中丘　　五二九二
張□　　　　　　五四四三
阳□　南鄉　　　五五六二
樟□　　　　　　五七二四
殳□　　　　　　六〇二二
阳□　　　　　　六四五二
翁角　楊溲丘
紅妾　旱丘　　　一〇八五
熨巡　新造里　　二七一七
　　　　　　　　三二一

無姓字人名索引

H

J

T

W

Y

附：

二　地名索引

一、本索引收録《長沙走馬樓三國吴簡·竹簡〔貳〕》所見之地名，分爲鄉、里、丘及其它地名四個部分，鄉里丘名後列出了與之有連關係的地名和人名。索引將鄉與里、里與丘、鄉與丘等有連帶關係的地名排列編次作爲附録置於最後。若地名僅存「鄉」、「里」、「丘」等字，而鄉名、里名、丘名文字殘壞、不能辨識者，索引中不收録。索引按漢語拼音字母順序編次。冷僻疑難文字讀音，請參看釋文注釋標音。不能明確應爲地名者，不收録。

二、爲方便排版，原釋文未敢遽定之字而在釋文下加的（？）號及簡文原已殘泐據殘筆或文例補出的字外加的□號，一律取消。

三、爲便於讀者使用，本索引所列地名下，亦列出其相關人名。

四、地名使用俗體字、異體字，不能以今之通行字迻録者照原形摹録，難以看清的以及有部份殘缺而不能辨識的字，以□號或部份□號表示，附於音序編次之後。

鄉

B

北鄉 一三八一 八四五四 八八六四

D

東鄉
伻丘 八三八二
倉丘 謝生 八二四三
楮丘 黃漢 八二五五
東平丘 光訓 五四二一
扶丘 何禮 八二四六
辜丘 鄭各 八二四五
劉里丘 劉伯 八二四七
劉里 八三八四
夢丘 □政 八二四四
菌丘 鄭南 八四二六
石下丘 八二六一
下和丘 烝孰 四一八四
資丘 謝倉 八二六二
芋丘 謝蘇 八二六五
李客 四五六九
黃楊 七二六六
六〇三 七四七 九五七 一〇六二 一二二五 一二四三 一二七七 一四七六 二一七九 二二四三 二七四二 三六八一 三七一三 四〇一八 四四〇四 四六九五 四七〇七 四七四〇 四八二二 四八六七 四九四〇 五一三二 五二七三 六〇五〇 六一〇一 六二二七 六四三五 六四五五 六四八六 六五一〇 六六六三 八〇八三 八〇八五 八二六四 八二六六 八二八五 八三〇七 八三〇九 八三二六 八三四二 八三四六 八三五七 八四八五 八四九五 八五六四 八五六五 八五六七 八五七六 八六二六 八六四七 八六八一 八七二二 八七〇四 八七四三 八七五五 八七六七 八七六八 八八三三 八八九六 八九八六 八九九一

都鄉
敖中丘 李赤 五四九七
白石丘 谷黑 三五九
澤山丘 義柱 二七二九
東陽丘 馬從 五三五八
葩□丘 □黃 二八一
高渡丘 胡 三三〇
垓田丘 四七六〇
何渡丘 達□ 五四七五
橫漢丘 謝德 五三一四
橫漢丘 李□ 五三一四
橫溪丘 王勉 五六一七
懷渡丘 潘令 二七六
監沱丘 聶陽 五四七八
進渚丘 周角 七七八
樂坑丘 白直 五六七七
禾丘 張三 一一九
禾丘 呂僮 五五四〇
禾丘 呂僮 六一〇四
李渡丘 潘□ 二七〇五
李渡丘 逢慶 二七〇五
栗中丘 周□ 二七三
栗中丘 鄧□ 二七三
廉丘 呂□ 五五六四
戀中丘 八九二七
劉里丘 劉元 三八三
鄧□ 三七五
林下丘 陳識 六八九
莫伻丘 陳賜 二七二五
坪上丘 唐延 四一六
磐石丘 朱敬 五三四七
磐石丘 四三四九
上□丘 呂□ 六九七
上於丘 吳親 五五四七
石下丘 張高 三五一
石成丘 李助 五五四四
石城丘 潘通 八九一二
石城丘 李助 八九二五
唐中丘 烝惕 三八六
坉中丘 潘州 二七二六
坉中丘 樊建 二七二六
吳唐丘 供便 八八八八
新唐丘 戴□ 五三四〇
緒下丘 五大 七〇三
厭下丘 鄭叔 八九一七
員東丘 彭萌 一二八九
員東丘 黃 一二八九
員東丘 黃堂 四七三五
員東丘 龔鶉 五六一四
因疒丘 吳滢 五三一八
因疒丘 黃漢 五三一八
柤渚丘 李正 六二四〇
渚下丘 五□ 五六八

里

丘

A　**B**　**C**　**D**

丘	鄉	人名	簡號
阿丘	桑鄉	黃愷	五三三五
敖中丘	都鄉	殷藕	八六六八
		李赤	五四九七
白石丘	都鄉	谷黑	三五九
小武陵鄉	小武陵鄉	文解	三六八
		文弱	三九三一
		謝仁	五五三三
		謝宗	五五八五
伻丘	東鄉	鄧連	八三九
北溲丘	廣成鄉	鄧遲	五五三七
	南鄉	李帛	五五五一
伴中丘	東鄉	鄧僕	四七八七
必戀丘	都鄉	徐糶	二七三一
		鄧□	八八三九
		潘大	二九一
澤山丘	都鄉	義柱	二七二九
賓丘	中鄉	雷迎	三六一九 / 四六六二
帛丘	中鄉	黃昭	三五〇
帛水丘	中鄉	區竹	二九四
		唐□	五四三

丘	鄉	人名	簡號
泊丘			三九六六
薄丘	東鄉	鄭□	八四九六
		鄧□	五〇〇一
倉丘	中鄉	丁忘	七四二五
長世丘		杜倚	五三五六
長坑丘	平鄉	李	六四八〇
常恪丘	平鄉	吳棠	五七九七
常略丘	平鄉	謝生	八二四三
常□丘	都鄉	謝義	八七四八
	東鄉	唐柱	五八七一
乘丘	模鄉	孟困	五三五一
斥丘		丕困	六四五八
赤丘		丕困	八四五三
楮下丘		張三	一一九
楮丘		鄧□	八二二五
傅丘		黃漢	六一八八
叢□丘		樊春	四二二三
		蔡德	八八四三
		鄭牛	八二〇二
		廖諸	六〇四七

丘	鄉	人名	簡號
大田丘	桑鄉		
大□丘	廣成鄉	毛相	五七一二
彈溲丘	廣成鄉	毖宗	八五九九
彈溲□	西鄉	毖宗	五四五九
	西鄉	潘覬	五三一二
		唐兄	五三一二
		蔡若	六〇一〇
		鄧緯	五四八七
		楊伯	五八五八
		翟□	五八五八
		毖可	四九四九
		毖□	五九七三
	廣成鄉	周陽	三四一四
佃溲丘	西鄉	彈□	
	中鄉	彈溲
孟困	五八七一		
唐玉	二六九		
李開	七一三		
鄧將	五四六三		
鄧將	三六六		
潘季	三七九

丘	鄉	人名	簡號
東夫丘	中鄉		
東扶丘	中鄉	李敬	八九二九
東扶丘	中鄉	李敬	八八八一
東扶丘	中鄉	周仁	六〇一六
東扶丘	中鄉	周仁	一四七八
東扶丘	中鄉	雷楊	五〇一二
東扶丘	西鄉	鄧將	七七七
東扶丘	中鄉	陳□	六一六八
東扶丘	中鄉	鄧將	一一六八
東扶丘	廣成鄉	鄧□	五四一四
東平丘	東鄉	李開	五四六五
東溲丘	鄧將	五四六三
	東田丘	潘季	五五二四
	東山丘	周陽	五九二九
	東丘	毖可	五九七三
	模鄉	桑鄉	翟□ 四九四七

人名	簡號
董	六二五三 / 五九二〇 / 六一三八
光訓	五四二一 / 四七六二
鄧禹	五三七〇
區□	五三六七
吳倉	五三六六
殷柱	八三三六
監訓	二九七三
鄧養	四七八〇
毖堂	八五二九
區邲	五九五六
李載	八三七〇
利識	五九五六
謝蘇	八三五六
孟識	二七二八
鄭勞	八七七七
周愓	九三三四
番帛	八八一七
谷懸	一〇二七
郭□	五六八四
毛□	五七九三
唐□	五五八四
米萇	二六九二
李敬	八九二九
李敬	八八八一
周仁	六〇一六

唐紓（孫）五三八九

人名/地名	簡號	丘	鄉
林禿	四五八一		
唐仙	五八八三		
文若	八七六九		
謝佟	八六○五		
燚	九○五三	石下	
謝登	四七三四	石渚丘	
朱當	五五七四	石□	
朱當	八六三五	石城丘	西鄉
朔下丘		松田丘	
殊渡丘		松下丘	桑鄉
石□		俗丘	
松下丘		吳親	四六九七
朱宗	六○○三	高郡	四八九一
劉盧	五三三四
劉盧	五三三四	上俗□	廣成鄉
朱忽		上伍丘	西鄉
□忽		上唫丘	桑鄉
廖瞻 六四		上於丘	廣成鄉
劉 五三一一		上欲丘	西鄉
許奴 三六三一		上□丘	都鄉

（頂部丘名）
三□丘 中鄉 ／ 桑丘 中鄉 ／ 沙渚丘 南鄉 ／ 上薄丘 廣成鄉 ／ 上幸丘 廣成鄉 ／ 山田丘 廣成鄉 ／ 上和丘 中鄉 ／ 上夫丘 桑鄉 ／ 上財丘 中鄉 ／ 上利丘 ／ 上丘 廣成鄉 ／ 上容丘 西鄉 ／ 上俗丘 西鄉 ／ 西鄉

人名/地名	簡號	丘	鄉
水載	五五三九	亭下丘	平鄉
謝佟	八六○五	唐□丘	桑鄉
文若	四七二九	唐□丘	
鄭車	七二八九	唐□丘	
鄧醇	三九六○		
唐士	三八○五		
黃肝	一九六		
吉志	三八○五		
文帛	五九二二		
張鷔	三三四		
黃肝	五七一六		
李占	六二四一		
谷水	三九五九		
李馮	五三三六		
燚	五○七六		
殷展	五九五四
李翔	九○五三		
潘坑	五六九二		
魯斗	三六三三		
魯禮	三五四二		
何慯	三七五六		
五騰	三五四四		
黃陽	二七二五		
區馬	四九七五		
李馮	六○七六		
朱達	八六三五		
許□	三七五六		
吕	八五七		
燚興	八九六六		
松下丘			
它丘			
唐下丘	桑鄉		
李助	八七四九		
李助	八九二五		
李通	六七七五		
潘通	三六五		
謝記			
文慶	八九二六
由改	六七四九		
殷良	五五三四		
盧買	七九○六		
李鼠	八九二四		
謝狗	三八○○		
朱有	六一九六	潘□ 七九四○	
鄭牛	三九四三		
朱□	六一九六		
文慶	七二九五		
謝記			
潘□淳	八二六一		
張高	五六二二八		
裴寙	六二六二九		
盧戰	四五四九

（中部丘名）
桑鄉 / 桑鄉 / 桑鄉 / 西鄉 / 桑鄉 / 中鄉 / 中鄉 / 中鄉 / 平鄉 / 模鄉 / 石文丘 石頭丘 石城丘 石唐丘 石淳丘 石下丘

人名/地名	簡號	丘	鄉
燚慯	三八六	唐中丘 都鄉	
吳	八○二	唐鄉丘	
誦曹	一二二二	温丘 西鄉	
盧買	六五○一	圸中丘 都鄉	
李卿	六四七三	桐下丘 都鄉	
潘買	四五九五	桐山丘 廣成鄉	
潘船	五○五○	桐唐丘 南鄉	
陳文	七一九七	桐梁丘 中鄉	
陳文	二四	桐丘 平鄉	
由改	五七一三		
殷文	五三五四		
陳文	五五四一
盧良	七九○六		
李買	八九二四		
謝狗	三八○○		
盧戰	四五四九		
盧戰	六二二八		
張高	五六二二		
裴寙	六二六二九		
盧戰	四五四九		
周□	四九一		
毛張	六九八		
胡	七○九		
潘洲	二七二六		
樊建	五六○四		
裴詐	四一七		
鄭資	五三七一		
唐萇	七○三九		
陳文	五五六八		
周遲	八八九七		
燚端	六二二五		
黃陽	二七二三

（底部丘名）
唐中丘 都鄉 / 唐鄉丘 都鄉 / 温丘 西鄉 / 圸中丘 都鄉 / 桐下丘 都鄉 / 桐山丘 廣成鄉 / 桐唐丘 南鄉 / 桐梁丘 中鄉 / 桐丘 平鄉

朱潘 五三七四 / 張□ 七一九八 / 林廖 三六七 / 鄧遲 五七二五 / 魯荷 二一二 / 胡荷 二七四 / 胡信 二六一○ / 燚光 八六○四 / 燚□ 四五五○ / 燚 六三四○

（右下）
鄧得 三四一 / 蔡及 五三四三 / 吳慯 五五七六 / 吳岑 五三六三 / 吳租 二七二八 / 妻馬 五六九九 / 吳任 六四一五 / 吳□ 七一五九 / 李租 二七一五 / 李齎 三九四六 / 謝鳴 五五七一 / 謝韜 五六二六 / 謝遠 四七七一

T

W

地名	鄉／里	簡號
億□		三四〇六
因丘	都鄉	八三五四
因厂丘	都鄉	五三一八
唅丘	都鄉	五三一八
烝益	小武陵鄉	六九三四
營浦丘	息里	五四〇一
由溇丘		二六九九
憂丘		五四七一
柚丘	樂鄉	三九二三
於上丘	平鄉	二九四四
語丘	南鄉	五七〇四
語中丘	南鄉	四六〇五
芋丘	模鄉	五三〇七
元丘	南鄉	八四〇四
員東丘	都鄉	五二九五

地名	簡號		地名	簡號
廬紅			謝兆	八八七五
黃漢	五三一八		烝開	三九一六
吳溗	五三一八		鄭逝	五九五七
吳溗	五四七一		戴族	八七七八
潘□	二六九九		番牒	六〇八〇
□如	五四七一		番牒	五八七四
吳將	六九三四		胡馮	六九八四
吳宮	八四〇四		彭平	五五〇〇
吳觀	二九四四		唐平	五五〇〇
文雙	五七〇四		逢樵	七〇六二
潘李	四六〇五		胡車	八五三二
潘音	五三〇七		謝克	五六一四
黃然	八二九九		襲鵑	一二八九
謝	五二九五		黃	
謝有	八二九九		黃堂	四七三五

第二段

地名	鄉	簡號
彭萌	都鄉	一二八九
常終	昭鄉	四二〇
倉難		五三一六
劉文		四一八九
呂帛	模鄉	四二二四
唐平		八四三〇
鄭營	州丘	八五三三
五肩		六二一一
李正	諸下丘 都鄉	六二四〇
潘坑		五六一六
烝		六一六七
黃皓		八九七二
吳署	專丘 平鄉	四一七三
許何	桑鄉	五三六一
番度	東鄉	五〇六
黃□		六六三
張幽	租下丘	五三〇六
鄭心		五九六八
黃坏		八三六六
龍潛		八二七九
趙欽	桑鄉	八三九八
梅碭		四一八
鄭平		四七七六
鄭平		五五四六
番卿		八九〇三

第三段

地名	鄉	簡號
雷陶	南鄉	七五七七
昭中丘	南鄉	五三五三
昭丘	南鄉	—
唐弓	中鄉	六九〇八
周祝	中鄉	七五五九
柘溪丘	中鄉	五三一三
真坪丘		六四二六
蔡磐	中鄉	三八七〇
終上丘	模鄉	五九〇八
州丘	廣成鄉	五三六一
潘鳩		六二一一
烝鷹		八三七二
誦忿		八四三〇
葱捐		八四二四
谷漢		八二八〇
胡諸		—
諸下丘	都鄉	—
渚下丘	東鄉	—
烝文	西鄉	—
謝蘇	平鄉	—
謝岑	東鄉	—
五□	都鄉	—
烝	桑鄉	—
謝倉		—
謝賢	東鄉	—
謝宜	桑鄉	—
谷箸	桑鄉	—
谷宜	桑鄉	—
李亥	桑鄉	—
盧禽		—
盧曲		—
黃困		—
黃客		—
盧□	廬	—

（地名頭字Ｚ・園□ の区切りを含む）

附：

第四段

地名	鄉	簡號
何禮	東鄉	八二四六
扶丘	東鄉	—
李允	平鄉	八六〇四
黃□		八六四七
朱綏		八三九〇
烝成		四四〇一
濡丘	平鄉	—
烝倚丘	都鄉	—
烝奇丘	西鄉	—
枕奇丘	都鄉	—
柱奇丘		—
襄傳丘	南鄉	—
楔丘	樂鄉	—
葩□丘	都鄉	—
記□丘	南鄉	—
鼈黽丘	廣成鄉	—
俠丘	樂鄉	—
俠丘	廣成鄉	—
油丘	平鄉	—
□丘		—
濡丘		—
□丘		—
陳丘		—

人名	簡號
廖俗	六六八八
廖興	七二四九
五原	五五一一
區巴	六七六八
曹郎	八九六八
黃升	六六〇八
區升	八九〇七
潘□	四一八六
五郎	五六八五
區□	五五〇一
區□	五六二二
雷	六六四五
□黃	二八一
朱致	五四〇六五
潘賨	五四六六
謝慶	五三四一
吳特	五九五八
黃特	五三三七
五訓	八六一六
信岑	八三九〇
朱綏	五〇八五

其他地名

附録：本卷所見有明確對應的鄉、里、丘

鄉與里對應

平鄉　息里　二七〇九
平鄉　息里　七一〇七
南鄉　宜陽里　三九三九

里與丘對應

息里　營浦丘　二九四四
息里　貴丘　四八二三
息里　胡萇丘　六九五〇
扶里　新成丘　八三七三

鄉與丘對應

都鄉

敖中丘　五四九七
白石丘　三五九
渾山丘　二七二九
乘丘　一一九
東陽丘　五三五八
垓田丘　四七六〇
高渡丘　三三〇
何渡丘　五四七五
横溪丘　五六一七
横漢丘　五三一四
懷渡丘　二七六
進渚丘　七七八
樂坑丘　五六七七
李渡丘　二七〇五
栗中丘　二七三
廉丘　五五六四
戀中丘　八九二七
劉里丘　三七五
劉里丘　三八三
林下丘　六八九
莫伻丘　二七二五
磐石丘　四三四九
坪上丘　四一六
上於丘　五五四七
上□丘　六九七
石成丘　五五四四
石城丘　八九一二
石城丘　八九二五
石下丘　三五一
唐中丘　三八六
坉中丘　二七二六
吳唐丘　八八八八
新唐丘　五三四〇
緒下丘　七〇三
厭下丘　八九一七
因疒丘　五三一八
因疒丘　五三一八
員東丘　一二八九
員東丘　四七三五
員東丘　五六一四
相渚丘　六二四〇
渚下丘　五六八
⿰口火⿰口奇丘　五五〇一
苝□丘　二八一
杦奇丘　八八八五
杦倚丘　五五一〇
杦倚丘　五五四〇
禾丘五五四〇
禾丘六一〇四
□渡丘　五五四五
□下丘　四七八

東鄉

伻丘　八三八二
蕢丘　八四二六
倉丘　八二四三
楮丘　八二五五
東平丘　五四二一
扶丘　八二四六
辜丘　八二四五
劉里丘　八二四七
劉里⧄　八三八四
夢丘　八二四四
石下丘　八二六一
下和丘　四一八四
資丘　八二六二
芓丘　八二六五

西鄉

彈渡丘　六〇一〇
東扶丘　三六六
復皐丘　六九九
高樓丘　三七七
高樓丘　七〇五
郭渡丘　八九〇六
鵠丘　七八九
鵠丘　四一二五
龍丘　一〇七六
龍穴丘　一六四
龍穴丘　二七〇
龍穴丘　三七四
龍穴丘　五七五
龍穴丘　六八七
龍穴丘　六九一
龍穴丘　五三四五
慮丘　七〇四
南强丘　三六四
南强⧄　六五一三
上唫丘　四八九一
上俗丘　三六七
上俗丘　五三七四
上俗丘　九一九八
松田丘　三六三
唐下丘　二四
温丘　六九二
温丘　七〇九
錫丘　三八一
下俗丘　二七一四
下俗丘　五三〇五
億丘　二七三〇
億丘　九〇七三
湛龍丘　五六三一
⿰氵□⿰氵□丘　五六二二
杦丘　六八八

南鄉

伻丘　五五三七
断紑丘　二七一九
山田丘　六四一二
石下丘　五六二八
桐唐丘　五五六八
桐唐丘　七〇三九
新唐丘　六一〇二
牙田丘　五三一五
牙田丘　五五〇九
牙田丘　四七〇四
語丘　五六二七
語中丘　五五〇〇
昭丘　五三五三
昭中丘　七五七七
租　八九七二
⿰訁□□丘　六六四五
□象丘　四二
□渡丘　五五五二

中鄉

帛丘　三六二
帛水丘　三五〇
帛水丘　四六二
長世丘　五六三四
東扶　七一三
東扶丘　五四一四
東扶丘　五四六三
東扶丘　五四六五
東夫丘　八八八一
東夫丘　八九二九
郭渚丘　二七二〇
郭渚丘　七七二九
旱丘　六〇四八
鵠丘　四一九
龍穴丘　五四七三
梨下丘　六九三
梨下丘　七〇〇
梨下丘　五四六九
曼渡丘　五五四九
平眺丘　五五五三
頃丘　三六九
蕢丘　四一九八

小武陵鄉

桑鄉

平鄉

模鄉

樂鄉

廣成鄉

三　紀年索引

一、本索引所收録《長沙走馬樓三國吴簡・竹簡〔貳〕》所見之紀年，分爲有確切年號的紀年和無確切年號的紀年兩個部分。

二、有確切年號的紀年，以年號先後爲序編次。一年之中，以月份先後爲序編次，閏月置於十二月之後。無確切月份者，置於該年之末。年號清楚而無確切年份者，置於該年號之末。

三、無確切年號的紀年，其中有一些可根據上下簡文推定其年號，本索引均不作推定。

建安廿六年
六三六
四一六五
六八八二
七二一九
七三三四

建安廿七年
六九六〇
七三五八

「建安」年號無確切年份
一四二二
七九八〇

黃武元年
六九六二

黃武四年
一五七

黃武五年
七一七
三八八二
三九三二
四一三七
七二九五
八二七六
八三六六
八三八〇

黃武六年

八月
四四三

無確切月份
一六七
四三〇
四四三
六五五
八〇四
八八五
一四二三
一四四八
七三七五
七四七三
七六三三
七九一九

黃武七年
三九九四
七四五九
八二二九
八二七三
九〇七〇
九〇九〇

「黃武」年號無確切年份
四三九三
六六八〇
八四三四

黃龍元年

十一月
四四七

無確切月份
二五
四七
一五二
一五四
一五六
一六二
一九三
二一〇
二二六
二六七
三〇八
三一六
三一七
四二八
四三二
四四七
四五四
四五九
四六九
四七九
四八五
四九〇
四九六
五〇五
五三一
五四八
六〇五
六三二
六三七
六四八
六六八
六七五
六九六
七三二
七八三
八四六
九一八
九二二
九五一
一〇〇九
一〇三三
一〇八四
一〇八九
一一一一
一一一七
一一二一
一一二四
一一三三
一一五〇
一二〇三
一三五七
一三六五
一三八三
一四一四
一四三四
一四四〇
一四四四
一四四六
一五〇六
一五三四
三四五七
三四七四
三五〇五
三五二七
三五四五
三五六〇
三八二一
三八二六
三八二七
三八二九
三八三三
三八四一
三八四四
三八五八
三八七一
三八九四
三九〇一
三九一〇
三九一四
三九一五
三九二五
四〇一六
四〇二二
四〇四八
四一一一
六二七七
六七〇三
六七八二
六八二九
七一九四
七三五〇
七三六七
七四四八
七四五八
七四六〇
七四六五
七四七七
七四八三
七四八九
七四九〇
七五〇二
七五〇四
七五二四
七五九三
七六一四
七六六二
七八九八
八二〇八
八二一五
八二一九
八二二一
八二二一
八二三三
八三九四
八三九六
九〇〇一
九〇八一

黃龍二年
六七
七九
九一
一三一
一五五
一六五
一九九
二〇八
二三七
二四二
二五五
三〇二

黃龍三年

四月

無確切月份

七三八〇
七三九九
七四二六
七四四二
七四五〇
七四五三
七四六四
七四七一
七四八八
七四九一
七四九三
七五〇一
七五〇五
七五〇九
七五一五
七五一七
七五一九
七五二八
七五四五
七五九三
七六一一
七六一八
七六二〇
七六二一
七六二八
七七八二
七八九五
八二〇七
八二一七
八二一七
八二三〇
八二三一
八二三七
八二四〇
八二七〇
八二七五
八三六四
八三六六
八三六七
八七〇八
八八八〇
八九〇六
八九二二
九〇四五
九〇七二
九〇七五

黃龍四年

正月
九〇一七

無確切月份
五八一
六六八七
八二三四

黃龍六年
七六五七

「黃龍」年號無確切年份
九八
一四三
一七一
一七三
二〇一
二二五
四四〇
四四一
四五六
五〇七
五三〇
五三四
五四六
五六七
五七九
六〇二
六三二
六四二
六五九
七三六
七九六
八四五
九一九
一〇七三
一〇八三
一〇九三
一一〇六
一一二三
一一二八
一一六九
一一九四
一三八〇
一四一〇
一四四一
一四五〇
一五一六
三六〇五
三七八九
四〇六二
四三七二
六四六三
六七三二
六九八八
七二二七
七三四五
七五〇八
七五一三
七八四六
八〇一九
八一〇一
八一七〇
八一七六
八二二〇
八二二二
八二八七
八三六二
八三九六
八五八五
八七五九
九〇〇九
九〇五一
九〇八六

「黃□」年號無確切年份
九二四
一三七六
三八三九
三九二八
五二八九
六八二〇
七三三三
七五二一
七六九八
七七二四
七九七八
八二九〇

嘉禾元年

正月
一一〇
二七二六
二七三一
三九三三
四五九六
七〇一五
七一二六正
八八七五
九〇五〇

二月
一二五
二六九
二七二
二七三
二七六
三三〇
三三九
三九二一
四八一〇
八八八一

三月
二七
一〇三
二一一
四〇六九

四月
五七
六七三
八四二
四五二三
七四〇三正
九〇七九

五月
六二一
一一二二
六九七二

六月
一六〇
六九〇四

七月
二五七
四八八六

八月
二二五
二九三
三一一
四八五
五四八
七〇五二
七五二〇
七六二九

九月
四〇九一
四一二五
四一三二

六八三七
七一一六
八○二七
八二○四
八三六八

六月

三八一九
四○六八
四五三五
四五三八
四五七八
四八四一
五一六九
五六一七
六六九八
七二四三
七三一二
八三六○
八九○四

七月

二八七○
二九五七
三○○○
三一九三
三一九四
四○一四
四○七○
四二二九
四二七四
四五二五
四五二七
四五三四
四五四二
四五四三
四五七五
四七六二
四七八○
四八四○
四八八九
四八九四
四九一九
五○五二
五二○九
五三○八
五三○九
五三一二
五三二○
五三二三
五三三一
五三三二
五三四五
五三四八
五三五三
五三五四
五三六七
五三六九
五三七八
五三九四
五三九九
五四○一
五四二一
五四二四
五四三二
五四五六
五四五七
五四五九
五四六○
五四六三
五四六八
五四六九
五四七四
五四七七
五四七九
五四九四
五四九五
五四九七
五五○○
五五○三
五五○四
五五○七
五五○九
五五一一
五五二三
五五二七
五五三三
五五三七
五五三九
五五四一
五五四八
五五五一
五五五二
五五六三
五五六七
五五六八
五五七○
五五七一
五五七二
五五九八
五六一一
五六一二
五六一四
五六一八
五六一九
五六二四
五六二八
五六三四
五六三五
五六九九
五七○二
五七一三
五七一四
五七二六
五七三五
六○八七
六一六三
六一八二
六四一二
六四一六

八月

二二五八
三九五九
四五二六
四五三二
四五三三
四五五○
四五七七
四五七九
四五九五
四七○○
四七三三
四七三五
四七五六
四七五九
四七六○
四七六四
四七六五
四七六六
四七七○
四九一七
四九三○
四九三七
四九四三
四九八五
五一五六
五二七二
五三○五
五三○六
五三○七
五三一○
五三一一
五三一三
五三一五
五三一六
五三一八
五三一九
五三二二
五三二四
五三二六
五三二八
五三三○
五三三三
五三三四
五三三五
五三三六
五三三八
五三三九
五三四○
五三四一
五三四三
五三四四
五三四六
五三四七
五三五○
五三五一
五三五二
五三五七
五三六○
五三六一

九月

五八八五
五八八七
五九二七
五九二八
五九三一
五九三七
五九四一
五九五一
五九五三
五九九二
六〇一八
六〇一九
六〇六九
六四一九
六四二〇
六四四七
六八二七
七三二五

十月

六一三
二二二五
二二三五
二二三六
二二四四
二二六〇
二七六二
二八五五
二九二八
二九四九
三二五五
三二九七
三八〇七
三八三六
三八五四
三八六一
三九八六
四〇六五
四二〇九
四二六一
四二八三
四三四七
四五四一
四七〇三
四七三九
四七六八
四七七二
四七七七
四八四二
四八五五
四九二二
四九三三
四九七八
四九八三
五〇六八
五二八六
五六〇〇
五六二九
五六九八
六〇四六
六四五三
七一六二
七一九八
七二〇一
八五七四
八九三三

十一月

三四一
七七〇
七七二
八七九
九〇三
二八〇八
二九三六
二九九五
三三〇九
三三七七
三八〇六
三八八〇
三九四〇
四二九〇
四五八二
四八三五
五三一四
五三一七
五四二七
五六二三
五六三一
五六三九
五六五四
五六九一
五六九二
五七〇五
五七二三
五七二八
五七四八
五七五八
五七九二
五八〇三
五八〇六
五八八二
五九一六
五九一七
五九二〇
五九二一
五九六四
五九六八
五九六九
五九七四
五九七六
六〇一三
六一九三
六二〇〇
六四一五
六五〇〇
六五三〇
六五三一
六九三二
六九七一
七二六五
七三二二
七四二一
七八二七
七九一一
七九四〇
七九五八
八三四三
八六〇八
八六三五
八八一三
八九三二

十二月

二八九五
三二二四
三六七七
四八九一
四九七二
五七四一
六二四〇
六九四一
七二六〇
七三〇四
七三七三

閏月

一四二三
六八三一

無確切月份

一二〇
一六四
一八七
一九一
一九四
二二一
二三九
二六六
二七九
二八〇
二九〇
二九五
三一五
三三六
三五九
三六一
三六二
三六三
三六四
三六五
三六六
三六七
三六八
三六九
三七〇
三七一
三七二
三七三
三七四
三七七
三七九
三八〇
三八一
三八三

三九六七
三九六七
三九六九
三九八五
四〇〇二
四〇一二
四〇三一
四〇三三
四〇三六
四〇三八
四〇四一
四〇四四
四〇七四
四〇八七
四〇九〇
四一二八
四一四二
四一五四
四一八二
四一八九
四一九七
四二〇七
四二一〇
四二一一
四二一八
四二四一
四二四六
四二六二
四二六九
四二七一
四三〇八
四三一三
四三五九
四三九〇
四五二五
四五二六
四五二七
四五三〇
四五三二
四五三三
四五三四
四五三五
四五三八
四五三九
四五四一
四五四二
四五四三
四五五四
四五五五
四五五九
四五六五
四五七〇
四五七七
四五七八
四五七九
四五八四
四五九二
四六〇三
四六〇七
四六二二
四六二五
四六二八
四六四一
四六九四
四六九六
四七〇一
四七〇二
四七〇九
四七一五
四七二〇
四七二二
四七二六
四七三三
四七三五
四七四〇
四七四一
四七四四
四七五二
四七五八
四七六〇
四七六四
四七六五
四七七六
四七七六
四七八二
四八〇九
四八二〇
四八二二
四八二二
四八二五
四八二九
四八三四
四八三八
四八七〇
四八八〇
四八八二
四八八三
四八八五
四八八九
四九〇一
四九一四
四九一五
四九一六
四九二七
四九三〇
四九三一
四九四三
四九四八
五〇〇七
五〇〇八
五〇一一
五〇一五
五〇一七
五〇四八
五〇五四
五〇五六
五〇五七
五〇七二
五〇七五
五〇八三
五一一一
五一二一
五一二七
五一三三
五一四〇
五一四九
五一五五
五一六二
五一七〇
五一八七
五二二四
五二三二
五二三六
五二六四
五二六五
五二六八
五二七一
五二七三
五二七六
五二八一
五二八七
五二九〇
五三〇〇
五三〇二
五三〇三
五三〇六
五三〇七
五三〇八
五三〇九
五三一二
五三一三
五三一四
五三一六
五三一七
五三一九
五三二〇
五三二三
五三二四
五三二五
五三二九
五三三〇
五三三一
五三三二
五三三四
五三三五
五三四〇
五三四一
五三四四
五三四七
五三四八
五三五〇
五三五一
五三五二
五三五三
五三五四

嘉禾三年

正月

二月

三月

四月

四四五
五七五
六二三
七〇七
七〇八
二七一四
二七一八
二七二四
四七二九
五八六四
五月 二五七
二七七
二八〇
二八二
五八三
七〇一
七九五
八〇五
八三五
八六五
八八三
九三四
一四八九
二七二二
二七二三
三四二〇
三九五二
五八八八
六七三二
六八二一
七一八九
七二五六
八九七四
七月 五四七三
六一〇二
八月 三四〇六
五三二七
五三七一
五四七五
五九五六
六二五八
十月 二二三〇
十一月 二七九
六二八
七四七
十二月 四三〇六
八六五四
無確切月份 五三
一八八
五五六
五七八
五八六
七四七
七八九
一一六〇
一二八一
一二九二
一五三五
三二二三
三二三四
四三五三
四三八四
四九五六
五四七五
五六六九
五七〇三
五八六三
六三七六
六三七七
六五二五
六八七四
七一九七
七八五五
八四二六
八五九七
八七六四
八九八五
八九九五
九〇〇三

嘉禾四年

二月 七〇九七
八月 七〇四八
十月 三五五四
十一月 七三〇七
七九三二
無確切月份 三四六七
三五三八
三五四六
三七六一
四二四五
七九五七
八五四八
八七〇四

嘉禾五年

正月 七一九二
二月 三八一五
四月 一四三五
四九六八
五月 七一九五
八月 四七三四
十月 二九三九
十一月 三八二
四六一七
八二七二
八二九四
八三八二
八五一〇
八五九一
十二月 三二四四
七七九五
八〇六一
八二三八
八二四四
八二四六
八二四七
八二五七
八二五八
八二五九
八二六〇
八二六一
八二六三
八二八一
八三二七
八三五四
八三七五
八三八一
八三八三
八三八四
八三八七
八三九二
八四〇四
八四〇五
八四〇六
八四二五
八四二七
八五二五
八五三六
八五四九
八五六五
八六〇三
八六二三
八六三三
八六五六
八八四一
八八四三
八三七八正
無確切月份 九
一一三一
一二五五
三一六七
三七七七
八二一八
八二三八
八二四三
八二四四
八二四五
八二四六
八二四七
八二四九
八二五〇
八二五三
八二五五
八二六一
八二六二
八二六三
八二六四
八二六五
八二八五
八二八八
八二八八
八二八九
八二九七
八三二六
八三三三
八三四一

無確切年號